Claudia Rainville

Metamedizin für die Seele

CLAUDIA RAINVILLE

META MEDIZIN FÜR DIE SEELE

ICH ERFINDE MEIN LEBEN **NEU**

Aus dem Französischen von Anja Schmidtke

SILBERSCHNUR VERLAG

ISBN: 978-3-96933-055-5

1. Auflage 2023

Übersetzung: Anja Schmidtke
Umschlaggestaltung & Satz: XPresentation, Güllesheim; unter Verwendung eines Motivs von © Bisams, www.shutterstock.com
Druck: Finidr, s.r.o. Cesky Tesin

Verlag »Die Silberschnur« GmbH · Steinstraße 1 · D-56593 Güllesheim
www.silberschnur.de · E-Mail: info@silberschnur.de

Inhaltsverzeichnis

Vorwort

2005 stellte ich meiner Leserschaft das Buch *Je me crée une vie formidable ! [Ich erschaffe mir ein wunderbares Leben!]* vor. Danach schrieb ich weitere Bücher, die immer den Etappen meines persönlichen Weges entsprachen. Dieses Buch kam mir deshalb eigentlich veraltet vor.

Allerdings machte es mich immer stutzig, wenn Leser mir sagten, dass ihnen das Buch am meisten gefallen hatte, oder wenn ein Buchhändler mir anvertraute, dass er vorzugsweise dieses empfahl. Das machte mir klar, dass andere gerade erlebten, was ich erlebt hatte, und dass genau die Erkenntnisse, die mir in diesen Lebensphasen geholfen hatten, auch andere gerade gut gebrauchen konnten.

Trotzdem fand ich, dass das Buch durchaus noch verbessert und vertieft werden konnte, was mich dazu motivierte, es noch einmal neu zu schreiben, damit es seine Aufgabe noch besser erfüllt.

Sehr wichtige Elemente aus dem Buch *Je me crée une vie formidable !* habe ich übernommen, aber dennoch ist es ein ganz neues Buch.

Anfangs wollte ich es "Ich ändere mein Leben" nennen. Meine Kinder, denen ich davon erzählte, hielten allerdings gar nichts von dem Titel: "Also Mama, warum sollten sich junge Leute wie wir denn für so einen Titel interessieren? Wir haben unser ganzes Leben doch noch vor uns!"

Da musste ich ihnen recht geben und entschied mich stattdessen für den Titel *Je me crée une vie formidable !*

Doch meine Überraschung war groß, als einige Buchhändler mir anvertrauten, dass manche Leser sich von der Formulierung "wunderbares Leben" abgeschreckt fühlten, weil das für sie eher verträumt und nicht besonders realistisch klang. Also kehrte ich wieder zu meiner Ausgangsidee zurück, die auf dem Gedanken der Veränderung beruhte.

Dieses Buch soll für die Leserinnen und Leser ein Ansatz zur Selbsttherapie sein. Es enthält Werkzeuge, die Großartiges in ihrem Leben und in ihren zwischenmenschlichen Beziehungen bewirken werden.

Wie alle meine Bücher soll auch dieses viele Menschen erreichen, denen all die Erkenntnisse von Nutzen sein könnten, durch die ich und Tausende andere Menschen ihr Leben zum Besseren verändern konnten.

Alle Berichte sind wahre Begebenheiten, die geringfügig abgeändert wurden, um die Anonymität der betreffenden Menschen zu wahren. Manchmal werden sie sehr knapp erzählt, um sich auf das Wesentliche des jeweiligen Themas zu konzentrieren.

Möge dieses Buch, das du in den Händen hältst, dein Leben so verwandeln, wie sein Inhalt meines verwandelt hat.

1. KAPITEL

Ich beginne ein neues Leben

Alles beginnt mit einem Gedanken,
aber ein fester Entschluss
ist tausend gute Gedanken wert.

* Alles beginnt mit einem Entschluss!

Allen großen Veränderungen in meinem Leben ist immer ein fester Entschluss von mir vorausgegangen.

Mit etwa 30 machte ich eine sehr schwierige Phase durch, in der ich ständig mit Situationen konfrontiert wurde, in denen ich mich unverstanden, abgelehnt und verlassen fühlte. Diese Situationen standen in Resonanz zu meinen Wunden aus der Vergangenheit.

Ich fühlte mich wie in einem langen, schwarzen Tunnel und sagte mir: "Ich werde da niemals wieder rauskommen."

Ich fand, dass es nicht normal war, so emotional zu sein, so eine Leere zu empfinden, während alle anderen dachten, ich hätte ein erfülltes Leben. Manchmal glaubte ich, auf dem falschen Planeten geboren worden zu sein.

Ich fühlte mich so einsam in dieser seelischen Verfassung. Ich wusste nicht, an wen ich mich wenden sollte, mit wem ich über meine Todessehnsüchte sprechen konnte, und hatte Angst, psychisch krank zu sein.

Meine Mutter hatte die Angewohnheit, mich mit meinem Vater zu vergleichen, den ich nie gekannt hatte. Manchmal sagte sie zu mir: "Du bist wie dein Vater." Bei anderen Gelegenheiten bemerkte sie: "Dein Vater war geisteskrank."

Das hieß für mich: Wenn ich war wie er, musste ich logischerweise ebenfalls geisteskrank sein.

Diese düsteren Gedanken, verstärkt noch durch meine Beziehungsprobleme, führten mich in eine tiefe Depression, in der ich Jahr für Jahr immer weiter versank. Es kam ein Moment, in dem ich dachte, dass meine Kinder mehr Chancen hätten, glücklich zu sein, wenn ich nicht mehr da wäre. Dann könnten sie mit einer anderen Mutter aufwachsen, die ausgeglichener wäre als ich.

Ein Ereignis war dann der Tropfen, der das Fass zum Überlaufen brachte, das übervoll geworden war von meiner Schwermut. Es bewirkte, dass ich diesem Leid ein Ende setzen wollte, das ich einfach nicht mehr ertragen konnte. Seit Monaten schon hatte ich meinen Mann gedrängt, doch einmal gemeinsam an einem Samstagabend auszugehen, um den Alltag hinter uns zu lassen mit all seinen kleinen Problemen in Verbindung mit den Kindern, der Arbeit und vor allem meiner Langeweile. Ich langweilte mich in dieser Beziehung, fand gar keine Freude mehr darin. Ich wünschte mir so sehr, wenn auch nur für wenige Momente, die Verliebtheitsgefühle vom Anfang unserer Beziehung zurück, aber meine Bitten verhallten ungehört.

An einem Samstag dann kam mein Partner weit nach Mitternacht in Begleitung seines Bruders nach Hause. Nachdem wir auf unser Zimmer gegangen waren, fragte ich ihn:

"Dann hast du gar nicht bis Mitternacht gearbeitet?"

"Nein, mein Bruder hat mich angerufen und mich zum Abendessen eingeladen. Danach sind wir noch zusammen ins Kino gegangen."

Ich bekam einen meiner Wutanfälle, die den ganzen Schmerz zum Ausdruck brachten, den ich ständig mit mir herumtrug.

Sein Bruder, der im Haus schlief, ergriff vor unserem Konflikt die Flucht. Jetzt bekam auch mein Mann einen Wutanfall, was normalerweise nie vorkam. Ich ertrug es nicht mehr, ständig das Gefühl zu haben, wertlos für den Menschen zu sein, den ich liebte. Ich wollte diesem schmerzvollen Leben ein Ende setzen. Also schluckte ich ein komplettes Fläschchen Tabletten und ging schlafen in der Hoffnung, nicht mehr aufzuwachen.

Gegen 5 Uhr morgens hatte ich starke Atemprobleme, durch die mein Mann wach wurde. Durch meine Bewusstlosigkeit alarmiert, rief er den Notarzt. Als man mich zum Wagen hinuntertrug, hatte ich den Eindruck, 50 Zentimeter über meinem Körper zu schweben. Dieser Eindruck verstärkte sich noch in der Notaufnahme, wo ich oben von der Decke hinunterblickte. Ich sah deutlich meinen Körper und die Mitarbeiter, die versuchten, mich zu reanimieren. Ich bekam eine Magenspülung, dann stachen sie mir mit Nadeln in die Haut. Eine Krankenpflegerin pikste mir in die Beine - wohl in der Hoffnung, dadurch eine Reaktion bei mir hervorzurufen. Ich beobachtete die Szene mit absoluter Gleichgültigkeit. Dann hörte ich den Arzt klar und deutlich zu meinem Mann sagen: "Sie hat noch etwa zwei Stunden zu leben."

Ich verspürte nicht die geringste Lust zurückzukehren. Dennoch war ich noch nicht völlig entschlossen, mich von dem Tunnel ansaugen zu lassen, den ich ganz deutlich spürte. Es war, als würde ich auf einem Zaun sitzen; auf der einen Seite sah ich meinen Körper, auf der anderen fühlte ich dieses Licht, bereit, mich anzusaugen. Ohne mir ganz darüber im Klaren zu sein, wusste ich, dass ich die Wahl hatte – zu gehen oder zurückzukehren.

Man schob mich in eine Ecke, wahrscheinlich in Erwartung meines Ablebens, um mich dann in die Leichenhalle zu bringen. Ich blieb lange in diesem Zustand, in dem Raum und Zeit nicht existieren.

Ich dachte: "Ich kann ja durch Wände sehen ..." Ich sah meine Schwiegereltern am Haupteingang des Krankenhauses eintreffen, während die Notaufnahme doch auf der Rückseite des Gebäudes lag.

Um 16 Uhr gab es einen Personalwechsel. Eine junge Krankenschwester, die ihren Dienst antrat, wurde auf mich aufmerksam. Sie kam näher, blickte mich an und sagte: "Ach Gott, das arme Mäuschen!"

In ihren Worten lag so viel Mitgefühl, dass ich in meinem innersten Wesen davon berührt wurde. Meine Gleichgültigkeit war erschüttert, und ich dachte: "Wenn es nur einen einzigen Menschen auf der Welt gibt, der fähig ist, wie sie zu lieben, dann ist es die Mühe wert zurückzukehren!"

Mit diesem Gedanken betrat ich wieder meinen Körper. In der Notaufnahme brach leichte Panik aus. Die Tote hatte ihre Augen geöffnet. In aller Eile brachte man mich auf die Intensivstation.

Diese Erfahrung war so erschütternd, dass ich Jahre brauchte, um darüber sprechen zu können. Sie hatte mir ohne den Schatten eines Zweifels gezeigt, dass es eine Illusion ist zu glauben, dass man, wenn man sein Leben beendet, damit auch sein Leid beendet. Ich war zwar nicht mehr in meinem Körper gewesen, aber die schmerzhaften Gefühle waren in mir geblieben. Ich war sie nicht losgeworden. Hätte ich das Fahrzeug zerstört, das mein Körper ist, dann hätte meine Seele wohl ein anderes Fahrzeug gebraucht, um wieder neu damit anzufangen, um ähnliche Erfahrungen zu machen und die Lektionen zu lernen, die für mich noch anstanden. Aber zu jenem Zeitpunkt wusste ich das nicht. Ich wusste nur, dass es nutzlos war, sterben zu wollen; vielmehr musste ich lernen zu leben.

In den Tagen darauf erholte ich mich und wurde aus dem Krankenhaus entlassen. Als ich nach Hause kam, machte ich mich als Erstes auf die Suche nach meinem bordeauxfarbenen Morgenmantel, in den ich mich immer den ganzen Tag lang hüllte, wenn ich deprimiert war.

Diesen Morgenmantel nahm ich als Symbol für meine depressiven Phasen und sagte laut und deutlich: "Mit diesem Morgenmantel werfe ich meine Depressionen weg. Ich weiß noch nicht, wann oder wie, aber ich werde es schaffen."

In diesem Moment wusste ich noch nichts von der Macht dieses Entschlusses.

Ein fester Entschluss ist eine Richtung, die wir unserem Unterbewusstsein geben.

Der Sommer verging. Langsam lernte ich wieder zu leben. Ich sehnte mich nach Veränderung, wollte in eine andere Haut schlüpfen, den Job wechseln ... mein Leben ändern.

Ich dachte darüber nach, mich beruflich umzuorientieren, da ich glaubte, dass eine neue Herausforderung mir wieder Lebensfreude geben könnte. Ich wandte mich an einen Berufsberater. Bei jedem Termin sagte er mir, dass ich in mir selbst Antworten finden würde. Ich erwartete von ihm, mir eine Anleitung zu geben. Er machte Tests mit mir, schien aber selbst auch nicht ganz zu wissen, was er mit den Ergebnissen anfangen sollte.

Mehr schlecht als recht versuchte er, durch den Schutzschild meines Schmerzes zu dringen, aber ich war einfach noch nicht bereit für einen Großputz meiner Gefühlswelt. Nach mehreren Terminen hatte ich das Gefühl, mich im Kreis zu drehen und nicht weiter zu sein als am Anfang. Ich dachte: 'Wenn ich in mir selbst diese neue Richtung finden muss, was bringt es mir dann, Zeit und Geld mit diesen nutzlosen Terminen zu verschwenden?' Aber die Wahrheit ist, dass diese Termine mich tatsächlich auf die Veränderung im Leben vorbereiteten, nach der ich mich so sehnte.

Dieser Moment kam völlig unerwartet. Ich blätterte durch die Stadtteilzeitung, als mir eine Ankündigung ins Auge fiel. Es handelte sich um einen Informationsabend, bei dem es darum ging zu lernen, auf den eigenen Körper zu hören. Ich beschloss hinzugehen und fragte auch meine Schwester, die dann aber in letzter Minute absagte. Ich war schon kurz davor, es zu lassen, als mein Partner mir anbot, mich zu begleiten. Erstaunt willigte ich ein.

Der Saal war sehr groß für das tatsächliche Publikum. Man ließ uns warten, wohl in der Hoffnung, dass noch ein paar Nachzügler eintrafen. Einige Besucher husteten ungeduldig.

Plötzlich trat eine große, schlanke, etwa 40-jährige Frau ans Podium, die ein enormes Selbstvertrauen ausstrahlte. Sie schien sich überhaupt nicht daran zu stören, dass nur wenige Teilnehmer gekommen waren, und wandte sich in einer familiären, überzeugenden Art an die Zuhörer.

Als ich sie mit dem Mikro in der Hand beobachtete, wusste ich in diesem Moment, dass ich die Antwort gefunden hatte, nach der ich seit Monaten suchte. Ich wusste, was ich wirklich machen wollte. Am Ende des Vortrags trat ich auf sie zu[1] und sagte:

"Was Sie machen, möchte ich auch gerne irgendwann tun!"

"Na ja, du brauchst dich nur zu meinem zehnwöchigen Kurs anzumelden, er beginnt nächste Woche."

"Ich werde darüber nachdenken."

An diesem Abend konnte ich nicht einschlafen. In meinem Kopf ratterte es, ich wälzte unbegründete Sorgen. Ich war von

---

[1] Die Referentin war Lise Bourbeau. Damals hatte sie gerade ihr Seminarzentrum "Centre de croissance personnelle Écoute ton corps" ins Leben gerufen.

Natur aus leicht zu beeinflussen und hatte deshalb aus reinem Selbstschutz den Reflex entwickelt, misstrauisch zu sein. Außerdem hielten mich der Preis und die Zeit ab, die mich das Ganze kosten würde.

Doch dann hörte ich meine innere Stimme sagen: *"Los, mach es!"*

Ich erzählte meinem Mann davon.

"Wenn du dich dann besser fühlst, kann ich ja zusammen mit dir zu dem Kurs gehen."

Ich traute meinen Ohren nicht. Er, der nie irgendetwas mit mir unternehmen wollte, bot mir an, gemeinsam den Kurs zu besuchen! Da ich schon so lange auf gemeinsame Aktivitäten gehofft hatte, konnte ich mir diese tolle Gelegenheit natürlich nicht entgehen lassen.

Am Morgen darauf rief ich an, um uns anzumelden.

Es war der Beginn eines Weges, der mein Leben verändern würde.

Damals habe ich keinen Zusammenhang mit dem Entschluss gesehen, den ich gefasst hatte, indem ich meinen Morgenmantel in den Mülleimer geworfen hatte. Erst viele Jahre später wurde mir die Macht dieses Entschlusses bewusst.

Den Entschluss zu fassen, unser Leben zu ändern, bedeutet, die Opferrolle zu verlassen, um Verantwortung für unser Leben und unser Glück zu übernehmen.

Jedes Mal, wenn ich danach schwierige Momente durchmachte oder in eine Situation geriet, die mich unsicher machte, nutzte ich erneut diese Macht des Entschlusses und sagte mir immer wieder: **"Ich weiß noch nicht, wann oder wie, aber ich werde es schaffen."** Oder: **"Ich weiß noch nicht, wie, aber ich werde da durchkommen."**

Ende 2002 bekam ich ein ernstes Problem mit Tinnitus. Alles, was ich zu dem Thema las, war nicht gerade ermutigend. Es hieß, die Beschwerden seien unheilbar, man könne allenfalls hoffen, sie etwas zu lindern.

Ich nutzte erneut die Macht des Entschlusses und sagte mir immer wieder: **"Ich weiß noch nicht, wann oder wie, aber ich werde wieder gesund."**

Ich wollte daran glauben, aber manchmal waren die Geräusche so stark, so einschränkend, dass ich es nicht schaffte, meine Zweifel zu vertreiben, und mein Geist verstärkte alles noch. Doch statt in diesen Momenten in Mutlosigkeit zu versinken, sagte ich mir immer wieder voller Überzeugung: "Ich weiß noch nicht, wann oder wie, aber ich werde wieder gesund."

Ich stellte fest, dass die Geräusche in manchen Momenten stärker waren und ich sie in anderen gar nicht hörte, und fragte mich nachdenklich: "Da ja nur ich die Geräusche höre, gibt es vielleicht irgendetwas, das ich innerlich nicht hören will?" Mir kam in den Sinn, dass es mein Bedürfnis nach Urlaub sein könnte, denn ich setzte mich selbst stark mit dem Schreiben eines Buches unter Druck, das im Frühling herauskommen sollte. Also beschloss ich, über die Weihnachtszeit eine Pause einzulegen und die Veröffentlichung des Buchs zu verschieben. Ich kapselte mich also in der Dominikanischen Republik ab, um das Buch zu schreiben. Über die Weihnachtsfeiertage reiste ich zurück nach Québec, Kanada. Während dieser Zeit verschwanden die Geräusche. Dann kehrte ich in die Dominikanische Republik zurück, um weiterzuschreiben, und die Geräusche kamen in voller Lautstärke zurück. Ich trat fast in einen Kampf mit mir selbst ein. In einen Kampf zwischen dem Teil von mir, der mir all diese Arbeit aufbürdete, und dem anderen, der ein schönes Leben mit dem Mann haben wollte, den ich liebte. Als ich schließlich die genaue Ursache herausbekam und Lösungen fand, begann mein Tinnitus, sich abzumildern, bis er schließlich ganz verschwand.

Nach wie vor bin ich überzeugt von der Macht dieses Entschlusses, den ich meinem Unterbewusstsein verkündet hatte. Letztendlich hat mein Unterbewusstsein mich dann zur Ursache geführt.

Jesus hat gesagt: **"Bittet, so wird euch gegeben! Klopfet an, so wird euch aufgetan!"**

Du, der du diese Zeilen liest, willst du wichtige Veränderungen in deinem Leben herbeiführen oder ein neues Leben beginnen?

Wenn das dein Wunsch ist, nimm dir ein Notizbuch und nenne es **"Das Buch meiner Veränderung"**.

Schreib auf die erste Seite:

Heute, am (notiere das Datum), beginne ich ein neues Leben und fasse folgende Entschlüsse:

....

....

Schreib die wichtigen Entschlüsse auf, die du treffen willst, um in dein neues Leben zu starten.

Hier ist zum Beispiel das, was ich 2005 geschrieben habe:

"Heute, am 1. März 2005, beginne ich ein neues Leben und fasse den Entschluss, mir selbst das Recht zuzugestehen, glücklich zu sein.

Ich fasse den Entschluss, an harmonischen Orten zu leben, die mit dem Göttlichen in mir im Einklang sind und an denen ich mich absolut wohlfühle.

Ich fasse den Entschluss, mich selbst zu lieben, mich selbst zu respektieren und auf mich selbst zu achten, um niemandem mehr zu erlauben, mich respektlos zu behandeln oder meine Toleranz und Großzügigkeit auszunutzen.

Ich fasse den Entschluss, an mich selbst und an mein Potenzial zu glauben, um in alles, was mir am Herzen liegt, das Beste meines Selbst einzubringen.

Ich fasse den Entschluss, mir selbst mehr Zeit zuzugestehen, um mich zu entspannen und das Leben zu genießen.

All das wird vor dem 1. Mai 2006 geschehen.

Damit es Gestalt annimmt oder Wirklichkeit wird, gehe ich folgende Selbstverpflichtungen ein:

Ich verpflichte mich dazu, optimistisch zu bleiben und zu versuchen, die Ursache meiner Beziehungsprobleme und die Lehren daraus zu verstehen.

Ich verpflichte mich dazu, das Leben als Freund zu sehen, der nur das Beste für mich will.

Ich verpflichte mich dazu, nachsichtiger zu mir selbst und anderen zu sein.

Ich verpflichte mich dazu, dem Leben mehr zu vertrauen.

Ich verpflichte mich dazu, dankbar für alle Geschenke zu sein, die das Leben mir jeden Tag bereitet.

Ich danke für alles, was ich bisher erhalten habe, und für alles, was ich noch erhalten werde."

Was ich 2005 geschrieben habe, hat sich vollständig erfüllt, allerdings nicht ganz vor dem 1. Mai 2006. Mein Unterbewusstsein hat mich dorthin geführt, und deines kann das auch, wenn du dir die Zeit nimmst, ihm die genaue Richtung zu zeigen.

Wenn du diese Zeilen mit einer aufrichtigen, tiefen Absicht schreibst, dann hast du die Chance, dass deine Entschlüsse Wirklichkeit werden.

Denke aber daran, dass du für niemand anderen Entschlüsse fassen kannst und dass dein Entschluss auf deine Weiterentwicklung ausgerichtet sein muss.

* Die Phasen der Veränderung

Wenn wir, auf welcher Ebene auch immer, eine Veränderung in unserem Leben bewirken wollen, sind dafür drei Phasen von wesentlicher Bedeutung.

Die erste Phase ist die **BEWUSSTWERDUNG.**

Wir können nichts verändern, dessen wir uns nicht bewusst sind.

Wenn wir nicht wissen, dass wir Schuldgefühle haben, auf der Welt zu sein, wie sollen wir uns dann von ihnen befreien können?

Wenn wir eine negative Schlussfolgerung aus einer schmerzhaften Erfahrung gezogen haben, kann diese Schlussfolgerung unser Leben bestimmen, ohne dass wir uns dessen bewusst sind.

Wenn wir ständig zornig reagieren, ohne uns darüber bewusst zu sein, was diesen Zorn eigentlich auslöst, wird es uns nicht gelingen, uns von diesem Zorn zu befreien.

Die zweite Phase ist die **AKZEPTANZ.**

Wir können nichts verändern, was wir nicht akzeptieren.

Zu akzeptieren bedeutet, nicht mehr zu leugnen oder zu verweigern, was ist. Es bedeutet, ja statt nein zu sagen. "Ja, mir geht es schlecht", "Ja, ich leide", "Ja, ich brauche Hilfe" und so weiter. Es bedeutet, etwas anzuerkennen oder zuzugeben ... "Ja, ich habe mein Herz verschlossen", "Ja, ich bin emotional abhängig", "Ja, ich kann nicht vergessen", "Ja, ich schaffe es nicht, ihm zu vergeben" ...

Akzeptanz kennt keine Verurteilung unserer selbst oder anderer. Sie kennt nur die Anerkennung dessen, was wir fühlen oder gefühlt haben, was wir denken oder gedacht haben, und der Schwierigkeiten, denen wir begegnen oder begegnet sind.

Solange wir andere dafür verantwortlich machen, was wir erleben, ändert sich nichts. Der andere ist für uns vielleicht ein Anlass für Schmerz, aber es ist illusorisch zu glauben, dass wir davon befreit werden, wenn der andere sich ändert. Solange die Lektion, die in diesem Schmerz liegt, nicht anerkannt und akzeptiert wird, begegnen wir ihm immer wieder neu in anderen Momenten unseres Lebens und mit anderen Menschen.

Nur wenn wir diese Lebenslektion verinnerlicht haben, sehen wir eine Veränderung anderer und der Umstände um uns herum.

Die dritte Phase ist das UMGESTALTENDE HANDELN.

Durch umgestaltendes Handeln können wir Leid in einen Prozess der Heilung und des Wohlbefindens verwandeln.

Wenn wir uns bewusst werden, wie sehr negative Einstellungen verantwortlich für unsere Misserfolge sind, aber weiter an ihnen festhalten, können wir keinen positiven Wandel in unserem Leben bewirken. Nur Bewusstwerdung, Akzeptanz und umgestaltendes Handeln können Veränderungen in unserem Leben herbeiführen, die förderlich für uns sind.

Wie oft habe ich zu Beginn des Seminars "Befreiung des emotionalen Gedächtnisses" gehört: "Claudia, ich kenne die Ursache meiner Probleme, aber ich schaffe es trotzdem nicht, mich davon zu befreien."

Verstehen ist nicht alles – wir müssen unser Leid oder unsere Probleme an der Wurzel packen. Wenn du diese drei Phasen beherzigst, kannst du dein Leben zum Besseren verändern.

Was ist der Unterschied zwischen Akzeptanz und umgestaltendem Handeln?

Es stimmt, dass beide nahe beieinander liegen. Der Unterschied liegt in unserem Umgang damit. Wenn uns etwas bewusst wird und wir gleichzeitig "Ja, aber ..." sagen, deutet das auf Widerstand hin. Unser Geist widersetzt sich.

Wenn mir zum Beispiel ein Therapeut hilft, etwas zu sehen, das mir nicht bewusst war, und ich ihm entgegne: "Ja, aber ...", dann ist das eine Reaktion meines Geistes, der die Kontrolle behalten will. Nur wenn ich das Gefühl anrühre, das in der betreffenden Situation aufgetreten ist, kann ich die Bewusstwerdung auch wirklich verinnerlichen. Das ist wirkliche Akzeptanz, die zum befreienden, umgestaltenden Handeln führt.

* Auf welche Weise hast du zu existieren gelernt?

Hast du schon einmal bemerkt, dass du immer wieder dieselben Szenarien wiederholst? Ein Beispiel: Du hast einen gewalttätigen Mann verlassen, und jetzt hast du einen neuen Freund, der eigentlich nett ist, aber eine Form von psychischer Gewalt auf dich ausübt.

Oder du hast einem anstrengenden Chef gekündigt, und jetzt hast du einen neuen Chef, der dich tyrannisiert.

Verbringst du vielleicht dein Leben damit, jedes Mal die Tür zuzuschlagen, wenn du deine Freiheit bedroht siehst?

Vielleicht hast du das Gefühl, dass alle Männer, die du liebst, dich verlassen? Dass niemand dir zuhört oder dich versteht?

Dass du schreien musst, damit man dir zuhört?

Vielleicht hast du daraus geschlossen, dass das Leben hart ist, dass Glück sich auf seltene Momente beschränkt.

Was musstest du als Kind tun, damit man dich beachtet, sich für dich interessiert hat und dir Zuneigung schenkte? Was musstest du tun, um Wertschätzung zu erhalten oder Selbstvertrauen aufzubauen?

Ich existiere, wenn andere mich brauchen

Cédric verurteilte sich selbst für seine Gefühle: "Es ist lächerlich, sich wegen so etwas aufzuregen!"

Sein Sohn bereitete sich auf einen gemeinsamen Urlaub mit seinem Freund und dessen Vater vor. Cédric haderte damit, ihn gehen zu lassen. Sein Sohn versuchte, ihn zu beschwichtigen: "Papa, das klappt schon. Alles wird gutgehen, mach dir keine Sorgen." Cédric unterdrückte seine Tränen, damit sein Sohn ihn nicht weinen sah.

Cédric fand, dass es keinen Sinn ergab, so bedrückt zu sein. Er versuchte, sich selbst davon zu überzeugen, dass es normal war, dass Kinder sich von ihren Eltern distanzierten, wenn sie größer wurden. Aber er verstand nicht, warum ihn das so aufregte.

Ich fragte ihn, welche Gefühle wohl diesen Kummer in ihm verursachten. Er vertraute mir an, er habe das Gefühl, seinem Sohn immer nur das Beste gegeben zu haben, aber trotzdem zählten Fremde jetzt plötzlich mehr als er selbst.

Ich wollte wissen, ob die Situation ihn an eine andere erinnerte ...

Ihm kam eine Erinnerung in den Sinn. Er hatte einmal einem jungen Mann mit Drogenproblemen geholfen. Er hatte ihm zugehört, ihm Mut zugesprochen, ihn einen Beruf gelehrt. Er hatte ihm geholfen, an sich selbst zu glauben und auf eigenen Beinen zu stehen. Jahre später hatte er ihn auf einer Tagung wiedergesehen. Der junge Mann war sehr erfolgreich geworden und war in seinem Bereich hochgeachtet. Cédric sprach ihn an: "Ich freue mich sehr, dass ich zu deinem tollen Erfolg beigetragen habe." Der Mann entgegnete ihm: "Das hat überhaupt nichts mit dir zu tun!" Diese Worte taten ihm weh, sehr weh. Cédric hatte das Gefühl, benutzt worden zu sein und nicht dafür anerkannt zu werden, was er für den jungen Mann getan hatte. Heute war es sein Sohn, der anscheinend lieber mit seinem Freund Zeit verbrachte.

Cédric dachte:

"Nein, nicht schon wieder! Nicht noch einer, der das Beste, was ich ihm gebe, gerne nimmt, aber mir dann sagt: 'Ich brauche dich nicht mehr!'"

"Führt dich diese Situation mit dem jungen Mann vielleicht auch noch zu einem Ereignis, das du als Kind erlebt hast?"

Cédric überlegte:

"Ich erinnere mich an eine Situation mit meinem Vater, die nicht nur einmal passiert ist. Er rief mich zum Beispiel, um ihm ein Bier aus dem Kühlschrank zu holen, während er ein Spiel im Fernsehen ansah. Als ich es ihm brachte, sagte er zu mir: 'Gut, dann Abmarsch mit dir!'"

"Und wie hast du dich in diesen Momenten gefühlt, Cédric?"

"Ich habe mich wertgeschätzt gefühlt, dass er sich an mich gewandt hat, aber als er dann zu mir gesagt hat: 'Gut, dann Abmarsch mit dir!', hat sich die ganze Wertschätzung in nichts aufgelöst, weil er mich nicht mehr gebraucht hat."

Cédric hätte es so ausdrücken können: **"Ich existiere, wenn ein geliebter Mensch mich braucht."** Oder im Umkehrschluss: **"Ich existiere nicht mehr, wenn der andere mich nicht mehr braucht."**

Cédric begriff mit einem Mal, dass er sein Leben damit verbracht hatte, seinen Lieben zu helfen und sich dabei oft ausgenutzt und nicht wertgeschätzt zu fühlen. Er hatte nie einen Zusammenhang zwischen seiner Handlungsweise und dem Gefühl gesehen, sich von anderen ausgenutzt zu fühlen. Er wurde sich dessen bewusst und beschloss zu lernen, für sich selbst zu existieren, also Dinge zu seinem eigenen Vergnügen zu tun und nicht, um von anderen wertgeschätzt zu werden.

Seine neue Gleichung wurde:
Ich existiere = ich höre auf meine Bedürfnisse.

Auch die Umkehrung trifft zu:
Ich existiere nicht, wenn ich nicht auf meine Bedürfnisse höre.

Mit dieser neuen Gleichung konnte sein limbisches System[2] nicht anders, als ihn zu motivieren, mehr auf seine Bedürfnisse zu hören. Denn unser limbisches System motiviert uns zu wiederholen, was für uns angenehm ist, und zu vermeiden, was unangenehm ist.

Indem er sich selbst also gestattete, auf seine Bedürfnisse zu hören, gestattete Cédric anderen mehr, auf ihre zu hören. So konnte er besser das Bedürfnis seines Sohnes akzeptieren, eine tolle Zeit mit seinem Freund zu verbringen.

* Und du, auf welche Weise hast du zu existieren gelernt?

Auf diese Frage haben mir Seminarteilnehmer so geantwortet:

---

[2] Die Funktionsweise des limbischen Systems wird genauer in einem anderen Buch von Claudia Rainville erklärt (*Metamedizin 2.0. Jedes Symptom ist eine Botschaft*, Silberschnur 2021) sowie im 4. Kapitel dieses Buches.

Nathan:

"Ich habe existiert, wenn ich wütend geworden bin!"

"Und heute?"

"Wenn ich merke, dass man mir nicht zuhört, werde ich tatsächlich auch heute noch sauer. In diesen Momenten liebe ich mich selbst nicht, aber ich schaffe es nicht, meine Wutanfälle zu kontrollieren."

Naël:

"Ich habe existiert, wenn ich gute Noten in der Schule hatte oder Trophäen gewonnen habe. Meine Eltern waren dann stolz auf mich."

"Und heute?"

"Ich existiere, wenn ich Erfolg habe. Das motiviert mich, immer der Beste sein zu wollen, immer gewinnen zu wollen. Wenn ich verliere, gibt mir das das Gefühl, versagt zu haben, das kann ich nur schwer akzeptieren. Dann verdoppele ich meine Anstrengungen, um wieder zu gewinnen."

Sonia:

"Ich habe existiert, wenn ich gesungen habe. In diesen Momenten haben meine Eltern mich beachtet, ansonsten haben sie mich übersehen. Deshalb habe ich gelernt, über das Singen zu existieren, ich habe einen Beruf daraus gemacht. Aber wenn ich nicht singe, fühle ich mich so leer und einsam!"

Wenn wir gelernt haben, durch Erfolg und durch die Anerkennung anderer zu existieren, kann unser Umkehrschluss daraus sein: *Ich existiere nicht mehr, wenn ich Misserfolg habe* (das kann ein Misserfolg in der Liebe oder im Beruf sein). Dann können wir depressiv werden, wenn wir einen Misserfolg nach dem anderen haben.

Daran lässt sich nachvollziehen, warum manche Künstler, die in unseren Augen alles hatten - Schönheit, Geld und Erfolg -, Selbstmord begangen haben.

Ein großer Komiker erzählte, dass sein Vater ihn verließ, als er erst zwei Jahre alt war. Seine Mutter gab ihn danach öfter in eine Betreuung. Er war mit dem Gefühl von großer Einsamkeit aufgewachsen. Als er aufzutreten begann, fühlte er sich plötzlich von seinem Publikum geliebt. Das gab ihm das Gefühl zu existieren.

Für mich war klar, dass er diese Gleichung in sich trug:
Ich existiere = ich fühle mich von anderen geliebt.
Aber auch die Umkehrung trifft zu:
Ich existiere nicht mehr, wenn ich die Liebe anderer verliere.
Und wo suchte er die Liebe anderer?
Auf der Bühne.

Man kann sich den Stress vorstellen, den dieser Komiker jedes Mal durchlebte, wenn er einen neuen Auftritt vor sich hatte. Seinem Publikum nicht zu gefallen, konnte gleichbedeutend damit sein, nicht geliebt zu werden, und nicht geliebt zu werden konnte bedeuten, nicht zu existieren.

Man braucht kein Künstler zu sein, um daraus den Schluss zu ziehen: ***Ich existiere, wenn andere mich lieben,*** und ***ich existiere nicht mehr, wenn der, den ich liebe, mich verlässt.***

Hier haben wir die Ursache für viele Suizidversuche.

Geliebt zu werden, kann auch gleichbedeutend damit sein, wertvoll zu sein. ***Wenn ich geliebt werde, bin ich wertvoll***, aber ***wenn ich nicht mehr geliebt werde, bin ich wertlos.***

Wenn wir uns dieser Gleichungen bewusst werden, die aus unseren Schlussfolgerungen aus vergangenen Erfahrungen stammen, können wir sie in Gleichungen umwandeln, die uns förderlicher sind.

Ob es uns bewusst ist oder nicht – diese Gleichungen bestimmen unser Leben!

Diese Gleichungen werden im emotionalen Gedächtnis unseres limbischen Systems gespeichert.

Unser limbisches System motiviert uns zu wiederholen, was angenehm ist, und hindert uns daran zu tun, was es als unangenehm gespeichert hat.

Hier ein Beispiel: Wenn es ***lieben = leiden*** gespeichert hat, kann es uns dazu veranlassen, einen Konflikt mit einem Menschen heraufzubeschwören, in den wir uns gerade zu verlieben beginnen.

Warum agiert es auf diese Weise? Um uns vor Leid zu schützen.

Dann wieder motiviert es uns manchmal dazu, ein Verhalten zu wiederholen, das uns kurzfristig etwas verschafft, von dem wir meinen, es unbedingt zu brauchen, das aber unserer Gesundheit und unseren Beziehungen schadet. Hier einige Beispiele:

Wenn ich krank bin, kümmert man sich
um mich, schenkt man mir Aufmerksamkeit,
fühle ich mich geliebt = ich existiere.

In meiner Kindheit war meine Mutter immer sehr fürsorglich zu mir, wenn ich krank war, aber sobald es mir wieder gut ging, war es so, als würde sie mich kaum sehen. Damit sie mich also sah, entwickelte ich eine Krankheit nach der anderen. Als Erwachsene wurde ich dann immer krank, wenn ich einen geliebten Menschen halten wollte. Für meinen Partner war das gleichbedeutend mit Manipulation. Für mich war es ein Überlebensmechanismus, der mir nicht bewusst war.

Mir war nicht bewusst, dass ich diese Gleichung in mir trug: ***Um Aufmerksamkeit zu bekommen, muss ich krank werden, und Aufmerksamkeit bekommen = leben.*** Jedes Mal, wenn ich mich verlassen fühlte, befahl mein limbisches System[3] meinem vegetativen Nervensystem und Hormonsystem, mir zu Hilfe zu eilen. Denn es hatte gespeichert, dass ich, um zu leben, Aufmerksamkeit bekommen musste und dass ich, um Aufmerksamkeit zu bekommen, krank werden musste.

Kinder, die sich vernachlässigt fühlen oder aus einem konfliktreichen Umfeld stammen, haben oft Beschwerden oder Krankheitsbilder, die auf eine solche Gleichung hinweisen. Dennoch gibt es einen Unterschied dazwischen, sich vernachlässigt oder verlassen zu fühlen und es auch tatsächlich zu sein.

Eltern können das Gefühl haben, das Beste für ihre Kinder zu tun, während diese sich aber vernachlässigt fühlen.

Manon ist ein brünettes Mädchen mit kleinen braunen Augen. Ihre jüngere Schwester mit ihren blonden Locken und schönen, großen blauen Augen sieht aus wie eine Puppe. Wenn ihre Mutter mit ihren Töchtern unterwegs ist, gibt es nur die jüngere Schwester. Manon fühlt sich ignoriert. Doch in diesem Moment bekommt sie einen Asthmaanfall. Alle ihre Lieben eilen ihr zu Hilfe. Welche Schlussfolgerung zieht Manon aus dieser Erfahrung?

Wenn ich einen Asthmaanfall habe, existiere ich für sie, dann sind sie fürsorglich zu mir.

Was wird passieren, wenn sie sich wieder einmal vernachlässigt fühlt? Ihr limbisches System wird wieder einen Asthmaanfall befehlen, damit man sich um sie kümmert.

Um sich davon zu befreien, muss Manon sich dessen bewusst werden. Dann kann sie ihrem limbischen System eine neue Gleichung mitteilen, um gesund statt krank leben zu können.

---

[3] Das limbische System und das emotionale Gedächtnis, das diese Gleichungen speichert, werden im 4. Kapitel näher erläutert.

Aber nicht nur Kinder entwickeln Krankheiten, damit man sich um sie kümmert. Thalia ist die Einzige unter ihren Geschwistern, die keine Kinder hat. Sie ist sozusagen die Altersstütze ihrer Eltern. Nun lädt Thalia einen ausländischen Dozenten ein, der in ihrem Land sein Konzept der *Pranatherapie* vorstellen möchte. Sie erklärt sich bereit, ihn vom Flughafen abzuholen, ihn zum Hotel zu fahren, ihm zu bringen, was er benötigt, und sich auch noch um die Organisation des Vortrags zu kümmern, so dass sie keine Zeit mehr hat, sich um ihre Eltern zu kümmern. Kurz darauf ruft ihr Bruder sie an und sagt ihr, dass ihre Mutter krank sei. Was bringt ihre Mutter mit dieser Krankheit zum Ausdruck? "Seit dein Dozent da ist, existiere ich nicht mehr für dich, du rufst mich nicht mehr an, du hast keine Zeit mehr, mich besuchen zu kommen. Ich war immer für dich da, wenn du mich gebraucht hast." Das führt dazu, dass Thalia sich beeilt, ihre Mutter anzurufen, um sie zu beschwichtigen und ihr zu sagen, dass sie bei ihr vorbeikommen wird.

Ich existiere, wenn man sich Sorgen um mich macht.

Patrick hat einen dreijährigen Bruder, der sehr oft krank ist. Da er sich vernachlässigt fühlt, zieht Patrick sich zurück. Seine Mutter bemerkt, dass ihr Sohn traurig ist, wendet sich ihm zu und fragt ihn mit sanfter Stimme: "Was ist denn los, kleiner Mann, warum bist du so traurig?" Damit schenkt sie ihm die Aufmerksamkeit, die er sonst nie von ihr bekommt.

Patrick versteht: ***Ich existiere für meine Mutter, wenn sie sich Sorgen um mich macht.***

Als er zu mir in die Therapie kam, wurde Patrick gleichzeitig von einer Psychologin und einem Psychiater betreut, die sich uneins waren, ob er an Asperger Autismus oder Schizophrenie litt.

Patrick willigte ein, an einem Seminar teilzunehmen, das ich für Jugendliche anbot. Bei diesem Seminar zeigte sich wieder sein Muster. Die Jugendlichen meinten es gut und versuchten auf jede erdenkliche Weise, ihn dazu zu animieren, Spaß mit ihnen zu haben, oder sie versuchten, ihm zu helfen, aber ohne Ergebnis.

Ich schlug meiner kleinen Gruppe vor, Patrick nicht allzu viel Aufmerksamkeit zu schenken, wenn er sich zurückzog, sondern ihm im Gegenteil mehr Aufmerksamkeit zu schenken, wenn er an einer Aktivität mit ihnen teilnahm. Die Jugendlichen willigten ein, aber an Patricks Verhalten änderte sich nichts.

Das einwöchige Seminar fand in einem Ferienhaus an einem Fluss statt. Am vierten Seminartag verschwand Patrick. Wir bemerkten es beim Mittagessen. Die Jugendlichen schlugen mir vor, ihn suchen zu gehen.

Ein Teil der Gruppe war schon wieder zurück, als Patrick auftauchte. Wir warteten mit dem Mittagessen, bis die Gruppe wieder komplett war. Als Patrick seine Kameraden vor dem Essen sitzen sah, ohne dass sie es anrühren durften, weil die anderen, die noch nach ihm suchten, noch nicht zurück waren, wurde ihm klar, welche Konsequenzen sein Verhalten für die anderen hatte.

Dann kamen die drei fehlenden Teilnehmer zurück. Ein etwa 12-jähriges Mädchen trat mit durchnässter Kleidung und tropfenden Haaren auf ihn zu und sagte zu ihm: "Patrick, wir haben dich überall gesucht, sogar im Fluss. Wenn du daran nicht siehst, dass wir dich gern haben, dann merkst du es nie!" Ihre Worte schockierten Patrick. Er begriff, dass er nicht traurig und finster zu sein brauchte, um geliebt zu werden. Von da an öffnete er sich für die Gruppe und entdeckte auf diese Weise eine andere Art zu existieren, die ihm große Freude machte.

Ein paar Wochen nach dem Seminar vertraute seine Mutter mir an, dass die Psychologin, die Patrick betreute, zu ihr gesagt hatte: "Ich muss alle meine Methoden auf den Prüfstand stellen. Ich kann mir diesen Wandel in so kurzer Zeit nicht erklären!"

Ich existiere, wenn ich Probleme habe.

Stéphanie war fünf Jahre alt, als ihre Mutter in die Psychiatrie eingewiesen wurde. Ihr Vater, der nicht mehr an eine Heilung seiner Frau glaubte, reichte die Scheidung ein und erhielt das Sorgerecht für die beiden Töchter. Einige Jahre später heiratete er erneut. Seine neue Frau nahm sich vor, ihr Bestmögliches zu tun, um die kleinen Mädchen glücklich zu machen. Dann kam ein kleiner Junge auf die Welt, so dass ihr weniger Zeit für die Töchter blieb. Trotzdem nahm sie sich immer Zeit, um ihnen bei den Hausaufgaben zu helfen.

Wenn Stéphanie eine Lektion nicht verstand, hielt ihre Stiefmutter sich länger bei ihr auf. Stéphanie wurde klar: Wenn sie etwas nicht verstand, blieb Mama länger. Da sie sich auch in der Schule so verhielt, schlossen die Lehrer daraus, dass Stéphanie Lernprobleme hatte.

Mit 17 Jahren ging Stéphanie immer noch in eine Einrichtung für Kinder mit Lernproblemen. Ihre Eltern machten sich große Sorgen um ihre Zukunft. In der Hoffnung, dass ich ihr helfen könnte, vertrauten sie sie mir an. Sie ging in eines meiner Seminare.

In dem Seminar bat ich die Gruppe, eine relativ einfache Übung zu machen. Alle waren fertig, und ich schlug eine Pause vor, als ich bemerkte, dass Stéphanie noch über der Übung brütete.

Ich erkannte ihr Muster, in das sie jedes Mal verfiel, wenn sie besondere Aufmerksamkeit erlangen wollte. Ich half ihr, sich dessen bewusst zu werden, damit sie die Gleichung umwandeln konnte, die diesem Muster zugrunde lag.

Nach der Aufdeckung ihres Überlebensmechanismus hatte sie keine andere Wahl mehr, als ihn anzuerkennen. Aber Stéphanie war nicht bereit, die Phase der Akzeptanz und die Phase des umgestaltenden Handelns anzugehen. Ich vermutete, dass ein ähnliches Muster ihre Mutter in die Psychiatrie geführt hatte.

Wieder zu Hause, geriet sie in eine echte Existenzkrise. Ihre Mutter, die nicht verstand, was passierte, rief mich verzweifelt an. Ich schlug ihr vor, es ihr in Stéphanies Beisein zu erklären, die dafür einen zweiten Telefonhörer nahm. Ich erklärte es ihr und wiederholte alles nochmals für Stéphanie, damit sie verstand, dass es ein Überlebensmechanismus war, weil sie keine andere Möglichkeit sah, um die Aufmerksamkeit zu erhalten, die sie brauchte, und dass dieser Mechanismus sie daran hinderte, ihr volles Potenzial zu entfalten. Diesmal sah sie es ein und akzeptierte die Hilfe ihrer Mutter, um für sich eine neue Art zu existieren zu finden, die förderlich für sie war.

Für Stéphanie waren es Lernprobleme, für andere sind es Geldprobleme, für wieder andere sind es psychologische Probleme, mit denen sie viele Jahre in Therapien verbringen.

Wie viele Menschen haben sich schon bei mir vorgestellt und mir anvertraut: "Mein Therapeut hat gesagt, dass es mir immer besser geht und ich nicht weiter betreut werden muss, aber das stimmt nicht, mir geht es immer schlechter ..."

Was ihr Therapeut ihnen nicht gesagt hatte, wohl um sie nicht zu verletzen, war: "Bei jedem Termin rauben Sie mir Energie. Wenn Sie gehen, bin ich jedes Mal ausgelaugt. Deshalb sage ich Ihnen lieber, dass Sie mich nicht mehr brauchen."

Es braucht Fingerspitzengefühl und viel Erfahrung, um diese Menschen mit ihrem geistigen Zustand zu konfrontieren, ohne sie zu verletzen, und ihren Geist dahin zu führen, sich selbst zu betrachten und loszulassen.

Manche Menschen können sich durchaus bewusst sein, einen dieser Überlebensmechanismen verinnerlicht zu haben, wissen aber nicht, wie sie anders existieren sollen.

Ich erinnere mich an eine Seminarteilnehmerin, der ich geholfen hatte, den Ursprung ihrer pulmonalen *Aspergillose*[4] herauszufinden. Zur Verblüffung ihrer Krankenpfleger wurde sie wieder gesund.

Seit Jahren bezog sie eine Rente für Schwerbehinderte. Ihre Heilung stellte diese Rente infrage, aber viel mehr noch ihre ganze Lebensweise. Sie hatte gelernt, durch diese Krankheit zu existieren, und wusste nicht, wie sie anders leben sollte.

Ich hatte ihr geholfen, sich den Ursprung ihrer *Aspergillose* bewusst zu machen und sich davon zu befreien. Aber da ich nur auf der Durchreise war, konnte ich ihr nicht die Betreuung anbieten, die sie gebraucht hätte, um wieder Vertrauen in sich selbst und das Leben zu gewinnen, um wieder selbstständig zu werden. Da sie nicht auf ihre Rente für Schwerbehinderte verzichten wollte, kehrte die *Aspergillose* zurück und die Krankheit hatte wieder die Oberhand.

Auch wenn uns also bewusst sein kann, auf welche Weise wir zu existieren gelernt haben, können wir wieder rückfällig werden, wenn wir nicht wissen, wie wir anders existieren sollen.

Erst wenn uns der Preis klar wird, den uns das in Sachen Gesundheit, Glück und Beziehungen kostet, sind wir bereit, alles zu unternehmen, um uns von diesen Überlebensmechanismen zu befreien.

Unsere Tricks, um Aufmerksamkeit zu erlangen,
haben uns geholfen zu überleben,
aber heute hindern sie uns daran zu leben.

[4] Befall der Lunge mit dem Schimmelpilz Aspergillus

Warum hindern sie uns daran zu leben?

Weil sie uns in einer Form der Selbstsabotage gefangen halten.

Mit der Gleichung ***Krank sein = andere kümmern sich um mich*** sabotieren wir unsere Gesundheit. Mit der Gleichung ***Schwierigkeiten oder Probleme haben = ich bekomme Unterstützung von anderen*** sabotieren wir unsere Erfolgschancen.

Mit der Gleichung ***Die Aufmerksamkeit anderer haben = ich existiere*** sabotieren wir unsere Beziehungen, denn wovon jede Beziehung lebt, ist der Austausch, das Geben und Nehmen. Doch wenn wir in diese Mechanismen verfallen, nehmen wir nur und geben anderen nichts. Dadurch rauben wir anderen all ihre Energie, weshalb sie sich dann von uns distanzieren.

Dann fühlen wir uns allein, vernachlässigt, abgelehnt und verlassen und möchten am liebsten sterben.

Die Lösung lautet:

1. Wir machen uns das bewusst, um zu lernen, in einer Weise zu existieren, die förderlicher für uns ist.
2. Wir vergeben uns selbst dafür, solche Tricks oder Überlebensmechanismen genutzt zu haben, indem wir akzeptieren, dass unser inneres Kind keine anderen Wege kennt, um die Aufmerksamkeit zu erlangen, die es braucht.
3. Wir machen uns auf die Suche nach dem vernachlässigten oder unglücklichen Kind, das wir waren - das in unserer Erinnerung lebt -, um ihm zu sagen, dass wir nun für es da sind und ihm alle Aufmerksamkeit und Liebe schenken, die es braucht.
4. Wir ersetzen diese für uns nachteiligen Schlussfolgerungen oder Gleichungen durch neue Gleichungen, die förderlich für uns sind.

Beispiele:
Wenn ich krank bin = kümmert man sich um mich = existiere ich
durch:
Wenn ich krank bin, lebe ich nicht, sondern überlebe nur. Wenn ich gesund bin, profitiere ich voll und ganz von meinem Leben.

Wenn ich Probleme habe = macht man sich Sorgen um mich = existiere ich
durch:
Wenn ich Probleme habe, verliere ich Energie.
Wenn alles gut läuft, habe ich Energie, um Pläne zu verwirklichen, die mir am Herzen liegen.

Wenn ich traurig oder mutlos bin = gibt man mir Unterstützung = existiere ich
durch:
Wenn ich mich nicht selbst liebe, brauche ich Liebe von anderen.
Wenn ich mich selbst liebe, kann ich anderen Liebe schenken, und diese Liebe kommt vielfach zu mir zurück.

Jetzt lade ich dich dazu ein herauszufinden, auf welche Weise du zu existieren gelernt hast.

Auf welche Weise habe ich zu existieren gelernt?

Ich habe existiert, wenn ich ....

Ich habe existiert, wenn ich ....

Ich habe existiert, wenn ich ....

Existierst du immer noch auf diese Weise?

Falls ja, in welchen Situationen?
Ist das förderlich für dich?
Falls nein, wie könntest du das ändern?

Wann habe ich das Gefühl, nicht zu existieren?

Raphaël ist der einzige Sohn der Familie. Sein Vater verlässt sich darauf, dass er ihm mit der Arbeit auf ihrem Bauernhof hilft. Eines Tages lädt einer seiner Klassenkameraden ihn auf eine Geburtstagsparty ein. Raphaël will sehr gerne mit dabei sein. Um sicher zu sein, dass er abends keine Aufgaben mehr zu erledigen hat, achtet er am Vortag darauf, mit seinem Vater zu klären, was er tagsüber alles erledigen soll.

Raphaël steht im Morgengrauen auf, um alle Aufgaben zu erledigen, die sein Vater ihm aufgetragen hat. Gegen 15 Uhr kommt der Vater seines Freundes, um ihn abholen. Als sein Vater ihn losgehen sieht, stoppt er ihn:

"Wo willst du hin?"

"Ich habe alles gemacht, worum du mich gebeten hast. Das kannst du selbst nachprüfen."

Der Vater seines Freundes wirft ein:

"Mein Sohn hat Geburtstag, wir haben ihm eine Party mit seinen Freunden organisiert. Deshalb kommen wir Raphaël abholen. Mit Ihrem Einverständnis natürlich."

"Raphaël hat Besseres zu tun, als seine Zeit mit Purzelbäumen und verwöhnten Gören zu verbringen."

Dann dreht er sich zu Raphaël um und sagt zu ihm:

"Zieh dich schnell um, du hast noch andere Aufgaben zu tun."

Raphaël schließt daraus:

Ich kann nicht für mich selbst existieren, ich kann nur für die Bedürfnisse anderer existieren.

Als Raphaël 18 Jahre alt wurde, verließ er den elterlichen Bauernhof in dem Glauben, endlich für sich selbst existieren zu können. Aber jedes Mal, wenn er in einer Liebesbeziehung war, gab er, ohne sich dessen bewusst zu sein, der Schlussfolgerung recht, die er aus der früheren Erfahrung gezogen hatte.

Um von seiner Freundin geliebt zu werden, versuchte er, ihren Erwartungen zu entsprechen, indem er seine eigenen Bedürfnisse außer Acht ließ oder zurückstellte, um Konflikte zu vermeiden, so wie er es auch mit seinem Vater getan hatte.

Die Schlussfolgerung *Ich kann nicht für mich selbst existieren, ich kann nur für die Bedürfnisse anderer existieren* entwickelte sich zu dieser Gleichung weiter:

In einer Liebesbeziehung sein = nicht existieren, nicht frei sein. Allein leben = existieren, frei sein.

Mit dieser Gleichung konnte Raphaël nie eine Liebesbeziehung aufrechterhalten und erlebte sie immer als Misserfolg. Er war sich nicht der Sackgasse bewusst, in die diese Gleichung ihn führte. Wenn er allein lebte, litt er darunter, sein Leben nicht mit einer Partnerin teilen zu können. Aber wenn er in einer Beziehung war, litt er darunter, nicht mit seiner Partnerin zusammen existieren zu können.

Anfangs glaubte er, dass es einfach daran lag, dass er noch nicht die passende Frau gefunden hatte, aber da sich dieses Szenario öfter wiederholte, gestand er sich schließlich ein, dass das Problem in ihm selbst lag. Dass es eine Illusion war zu glauben, alles wäre anders, wenn er nur die Richtige treffen würde.

Um aus dieser Sackgasse herauszukommen, musste Raphaël seine Gleichung ändern. Hierfür musste er dorthin zurückgehen, wo sie ihren Anfang genommen hatte.

Ich schlug ihm vor, in die Erfahrung zurückzugehen, die ihn zu der Schlussfolgerung gebracht hatte, dass er nicht für sich selbst und nur für andere existieren konnte, unter anderem für seinen Vater.

Ich bat ihn, sich zu entspannen, die Augen zu schließen und sich in seiner Vorstellung in die Szene zurückzuversetzen, in der er ins Auto des Vaters seines Freundes steigen möchte und sein Vater ihn abfängt und zu ihm sagt: "Wo willst du hin?"

Ich befrage ihn:

"Warum, glaubst du, hat dein Vater dir die Party verboten?"

"Weil er mich nicht liebt! Er liebt sowieso niemanden! Es muss alles immer genau so sein, wie er es will!"

"Könnte es sein, dass dein Vater dir die Party verboten hat, weil er sich nicht respektiert gefühlt hat? Achtung: Ich sage nicht, dass du ihm keinen Respekt gezeigt hast. Ich sage, dass es sein könnte, dass er das Gefühl hatte, vor vollendete Tatsachen gestellt zu werden, da du ihn wegen der Party nicht um Erlaubnis gefragt hattest."

"Wenn ich ihn gefragt hätte, hätte er nein gesagt. Deshalb habe ich es so organisiert, dass er zufrieden war, damit er mich gehen lässt, aber das reichte wohl nicht."

"Wenn du ihm am Tag vorher, statt ihn zu fragen, welche Aufgaben du am nächsten Tag erledigen sollst, von der Geburtstagsparty für deinen Freund erzählt und ihm gesagt hättest, wie gerne du hingehen würdest, glaubst du, dass dein Vater dann eingewilligt hätte?"

"Die Frage würde ich gerne bejahen, aber es stimmt, dass ich nie gesagt habe, was ich wollte, weil ich dachte, dass er sowieso nein sagen würde.

Jetzt beim Reden mit dir realisiere ich gerade, dass ich genauso auch immer auf meine Partnerinnen reagiert habe. Ich habe nichts gesagt in der Hoffnung, dass sie meine Bedürfnisse schon verstehen. Da sie keine Rücksicht darauf genommen haben, habe ich daraus geschlossen, dass ich ihnen nicht wichtig war, habe mich verschlossen und bin im Umgang mit ihnen distanziert geworden. Das wiederum hat, das erkenne ich jetzt, zur Trennung geführt. Ich habe ihnen nie gesagt, dass es mir wichtig war. Ich habe einfach gehofft, dass sie es verstehen."

"Wie mit deinem Vater?"

"Ja, wie mit meinem Vater!"

Ich schlug ihm diese neue Gleichung vor:

Wenn ich meine Bedürfnisse aufgebe, weil ich glaube, dass es nutzlos ist, sie mitzuteilen = existiere ich nicht.

Wohingegen:

Wenn ich kommuniziere, was mir wichtig ist, werde ich gehört = existiere ich.

Möglich ist auch:

Wenn ich andere für mich entscheiden lasse oder zulasse, dass sie mich dazu bringen zu tun, was sie wollen = existiere ich nicht.

Wohingegen:

Wenn ich für meine Vorstellungen einstehe, damit andere mich respektieren = existiere ich.

Und du, in welchen Situationen hast du das Gefühl gehabt, nicht mehr zu existieren?

Ich habe nicht existiert, wenn ....

Ich habe nicht existiert, wenn ....

Ich habe nicht existiert, wenn ....

Hier einige Beispiele:

Ich habe nicht mehr existiert, wenn mein Vater mich terrorisiert hat.

Ich habe nicht existiert, wenn meine Mutter mich ignoriert hat.

Ich habe nicht existiert, wenn meine Eltern sich gestritten haben.

Ich habe nicht mehr existiert, wenn mein Vater wütend geworden ist.

Ich habe nicht existiert, wenn ich meine Mutter leiden gesehen habe.

Ich habe nicht mehr existiert, wenn mein Lehrer mich verspottet hat.

Ich habe nicht mehr existiert, wenn ich von meiner Familie getrennt gewesen bin.

Ich habe nicht mehr existiert, wenn man sich über mich lustig gemacht hat.

Ich habe nicht mehr existiert, wenn ich mich ausgeschlossen gefühlt habe.

Und heute, wenn du in einer ähnlichen Situation bist, hast du da immer noch dasselbe Gefühl, nicht zu existieren?

Ist es möglich, dass du nicht existierst, wenn du allen anderen den Vortritt lässt?

Ist es möglich, dass du nicht existierst, wenn du dich nach einer in die Brüche gegangenen Liebesbeziehung selbst aufgibst?

Ist es möglich, dass du nicht existierst, wenn du andere für dich entscheiden lässt?

Nachdem du dir jetzt darüber bewusst geworden bist, auf welche Weise du zu existieren gelernt hast oder in welchen Situationen du nicht existierst, kannst du deine Entscheidungskraft nutzen, um zu beschließen, dass du von nun an auf eine andere Weise existieren wirst.

Ich lade dich dazu ein, diese Sätze zu vervollständigen:

Heute beschließe ich:

Ich existiere, wenn ....

Ich existiere, wenn ....

Ich existiere, wenn ....

Hier einige Beispiele:
Ich existiere, wenn ich mich äußere.
Ich existiere, wenn ich tue, was mir gefällt.
Ich existiere, wenn ich Zeit für mich selbst habe.
Ich existiere, wenn ich meinen Bedürfnissen nachkomme.
Ich existiere, wenn ich mich selbst wertschätze.
Ich existiere, wenn ich mein Revier verteidige.
Ich existiere, wenn ich ich selbst bin.
Und so weiter.

Wenn wir lernen, uns selbst genug zu lieben,
um nicht mehr von der Liebe anderer abhängig zu sein,
werden wir frei.

2. KAPITEL

Ich entdecke mich selbst

Am Anfang war die Präsenz des Sich-Selbst.
Dann begann die Verbesserung der uns umgebenden
Welt durch die Verbesserung des Sich-Selbst.
Am Ende war die Präsenz des Selbst.

Verfasser unbekannt

Für viele Menschen ist "Kenne dich selbst" gleichbedeutend mit "Wisse, was diejenigen gedacht haben, die dir in deinem Leben wichtig waren".

* Wie entsteht unser Selbstbild?

Es entstand auf den folgenden Grundlagen:

- **Aussagen anderer über uns**

Worte wie "Du bist ein Versager", "Du bist nichts wert", "Aus dir wird nie was", "Du bist ein böses Mädchen", "Dich würde sich niemand als Kind wünschen", "Man kann dir nicht über den Weg trauen!" können uns ein negatives Selbstbild vermitteln.

Im Gegensatz dazu können uns anerkennende Kommentare wie "Du bist hübsch", "Du bist intelligent", "Du bist ein Gewinner", "Du wirst im Leben weit kommen", "Ich bin stolz auf dich" ein positives Selbstbild vermitteln.

- **Vergleiche, die wir zwischen uns und unserem Umfeld gezogen haben oder die Angehörige oder Freunde geäußert haben**

Unsere Schwester wurde für hübscher befunden, unser Bruder für intelligenter, unsere Schulkameraden für bessergestellt ... Oder wir selbst fanden uns weniger hübsch, weniger intelligent oder begabt und so weiter.

Unsere Eltern oder Großeltern haben uns vielleicht mit einem Familienmitglied verglichen: "Dein Bruder ist jünger als du, aber er hat es geschafft", "Deine Schwester ist gewissenhaft und hat gute Noten in der Schule, aber du ...", "In deinem Alter habe ich schon gearbeitet und war nicht so ein Faulpelz wie du", "Du bist wie deine Tante, die war auch so verkorkst", "... wie dein Vater, der Nichtsnutz", "... wie deine Mutter, das unschuldige Opfer".

Die Vergleiche konnten aber auch anerkennend sein: "Du bist genauso begabt wie dein Onkel, er ist ein großer Musiker", "Du bist genauso ein kluger Kopf wie deine Mutter", "Du hast das tolle Charisma deiner Tante."

- **Unsere Erfolge und Misserfolge**

Womöglich haben immer neue Misserfolge unserem Selbstbild geschadet und es vermindert, wohingegen Erfolge vielleicht zu einem besseren Selbstbild geführt haben.

Ein gesundes Selbstbild hilft, uns selbst wertzuschätzen und Selbstvertrauen zu haben. Ein negatives Selbstbild dagegen wird sich ungünstig auf unser Leben auswirken, wenn wir es weiter hegen.

Ich habe mich jahrelang hinter einem gefühllosen Schutzschild verschanzt, damit andere mich nicht verletzen konnten.

Als Jugendliche galt ich als harte Nuss. Wenn ich vor die Tür geschickt wurde, schlenderte ich mit einem gleichgültigen Lächeln hinaus. Und wenn mir auf die rechte Wange schlug, hielt ich lässig auch noch die linke hin.

Als ich 13 Jahre alt war, fand eine Lehrerin, die sich sehr über mein aufsässiges Verhalten ärgerte, eine Gelegenheit, meinen Schutzschild anzugreifen. Ihr waren fünf Dollar aus der Handtasche gestohlen worden. Alles deutete auf mich als Übeltäterin hin. Ihre Tasche war auf der Treppe einer Kirche gefunden worden, in die ich jeden Morgen vor der Schule ging. Ich hatte fünf Dollar, die ich in meinem Job als Babysitterin verdient hatte, auf mein schulisches Bankkonto eingezahlt. Mehr brauchte sie nicht, um sicher zu sein, dass ich die Diebin war. Sie beschuldigte mich vor allen meinen Klassenkameraden. Ich schämte mich so sehr, dass ich mich am liebsten in Luft ausgelöst hätte.

Nach dem Unterricht fing sie mich ab, um mir den Rest zu geben. Mitten in ihrem Wutanfall, der den ganzen Ärger zum Ausdruck brachte, der sich seit dem Beginn des Schuljahrs in ihr aufgestaut hatte, sagte sie zu mir: "Meine Güte, was bist du abscheulich! Deine Geschwister mögen dich nicht, deine Schulkameraden mögen dich nicht, niemand mag dich und niemand wird dich jemals mögen, so abscheulich bist du!"

Obwohl sie mich zutiefst getroffen hatte, weigerte ich mich, ihr zu zeigen, wie verletzt ich war, verkroch mich einmal mehr hinter meinem Schutzschild und erwiderte: "Ihr Hagel aus Beschimpfungen kann meinem Regenschirm aus Gleichgültigkeit nichts anhaben."

Dieses Vorkommnis hatte verheerende Auswirkungen auf mich. Jahrelang lebte ich danach mit der Vorstellung, ich sei nicht liebenswert.

Mit diesem Selbstbild konnte ich nicht glauben, dass mich irgendjemand lieben könnte. Selbst wenn die ganze Welt mir gesagt hätte, ich sei einfach wundervoll, hätte ich daran gezweifelt. Um mit diesem Selbstbild zu überleben, versuchte ich, den anderen das Bild einer perfekten Person zu vermitteln, der man nichts vorwerfen konnte. Ich sorgte dafür, dass ich in allem, was ich tat, erfolgreich war. Aber in meinen Beziehungen reihte sich ein Misserfolg an den nächsten.

Während der Zeit, in der ich hinter dieser Fassade lebte, sagte einmal eine Freundin zu einer meiner Schwestern: "Deine Schwester ist ein sehr sensibler Mensch." Meine Schwester, baff erstaunt, antwortete: "Claudia und sensibel? Wohl eher das Gegenteil." Aber die Freundin fügte hinzu: "Nein, nein, hör ihr mal zu, wenn sie redet, wie ihre Stimme vibriert. Nur sensible Menschen haben so eine Stimme."

Ich hatte mir so eine perfekte Maske zugelegt, dass meine eigene Familie nichts von meinem Leid wusste.

Eines Tages überreichte eine Arbeitskollegin mir eine Medaille: "Ich verleihe dir hiermit die 'Claudiaismus'-Medaille", sagte sie, denn ich hätte ja so eine tolle Lebensphilosophie. Wie gerne hätte ich zu ihr gesagt: "Wenn du wüsstest, wie weit du damit von der Wahrheit entfernt bist!", aber ich wusste gar nicht mehr, wie ich meine Fassade wieder ablegen sollte, um ich selbst zu sein. Schließlich war ich davon überzeugt, dass mein wahres Ich verabscheuenswürdig, minderwertig und erbärmlich war.

Mein Selbstbild war so armselig, dass ich es nicht schaffte, mich selbst zu lieben. Allerdings tat ich alles dafür, dass andere mich liebten, zweifelte dann aber ständig ihre Gefühle für mich an.

Jahrelang war ich der Überzeugung, dass meine Lehrerin damals meine Klassenkameraden aufgefordert hatte, mich auszuschließen.

Mit Anfang 50 traf ich meine beste Freundin aus jener Zeit wieder. Ich fragte sie, ob sie sich an die Sache mit dem Diebstahl aus der Handtasche unserer Lehrerin erinnere und ob sie noch wisse, dass diese Lehrerin sie aufgefordert hatte, nicht mehr mit mir zu reden. "Ja, ich kann mich an die Sache erinnern, aber nicht daran, dass sie uns gesagt hätte, wir sollten kein Wort mehr mit dir reden", antwortete sie.

Als ich ihr zuhörte, wurde mir klar, dass ich mich tatsächlich selbst ausgeschlossen hatte. Ich hatte mich völlig eingeigelt, weil ich mich schämte, und mir fiel ein, dass ich nach dieser Sache sogar auf Distanz zu meiner Freundin gegangen war. Am Ende des Schuljahrs zogen wir um, was mir half, dieses Schamgefühl zu überwinden. Aber ich vertraute niemandem mehr. Die Jahre vergingen, ich begann ein Hochschulstudium. Stolz auf meine Erfolge legte ich mir eine oberflächliche Maske zu, die mir den Spitznamen "Miss Snob" einbrachte.

Auch meine eigene Familie sah nur noch den Snob in mir und fällte immer wieder Urteile über mich, wie alle, die nie die wahre Claudia gesehen hatten.

Wie eine Schildkröte hatte ich mir einen Panzer zugelegt, um mich vor der Bosheit der anderen zu schützen. Denn in Wahrheit war ich extrem sensibel - eine kleine Aufmerksamkeit konnte mich stark berühren, genauso wie ein bestimmtes Verhalten oder Wort mich zutiefst verletzen konnte.

Diese extreme Sensibilität empfand ich als Schwäche, die ich nicht akzeptierte und die mich daran hinderte, mich selbst zu lieben. Ich wusste noch nicht, dass sie in Wahrheit eine große Stärke war, und noch weniger, wie ich sie nutzen konnte.

Und du, hast du vielleicht auch Erfahrungen gemacht, die dich dazu gebracht haben, ein negatives Selbstbild zu entwickeln?

Nimm dir Zeit, um sie dir noch einmal ins Gedächtnis zu rufen und aufzuschreiben. Hier einige Beispiele:

Ich bin böse

Als Nina klein war, kam ein Onkel von ihr manchmal die Familie besuchen. Jedes Mal nahm er sie auf seinen Schoß und nutzte das dann aus, um sie an ihren Genitalien zu berühren. Als sie versuchte wegzulaufen, sagte ihre Mutter, sie solle stillsitzen. Da sie nicht wusste, wie sie ausdrücken sollte, was sie fühlte, wurde sie unfreundlich und aufsässig, weil sie sich nicht gehört, verstanden und beschützt fühlte. Dann sagte man zu ihr, sie sei ein richtig böses Mädchen. Das führte dazu, dass sie in ihrem Leben jedes Mal, wenn sie sich nicht gehört oder respektiert fühlte, einen Wutanfall bekam, der sie in dem Glauben bestärkte, böse zu sein.

Kinder drücken mit Wut sehr oft Gefühle aus, die sie nicht in Worte fassen können. Wenn ein Kind daher wütend ist, können wir ihm helfen, indem wir zu ihm sagen: “Sag mir in Worten, was du fühlst”, statt ihm vorzuwerfen, unartig oder böse zu sein. Um uns von diesem Glauben zu befreien, können wir Kontakt mit dem Kind aufnehmen, das wir einmal waren (unserem inneren Kind), und ihm helfen, die Gefühle zu verbalisieren, die es mit seiner Wut zum Ausdruck gebracht hat.

Ich bin nicht wie die anderen

Als Louise in die Schule kommt, nimmt sie ihren Stift instinktiv in die linke Hand. Ihre Lehrerin kann ihr als Rechtshänderin nicht beibringen, wie man mit links schreibt, weshalb sie Louise verpflichtet, mit rechts zu schreiben. Louise kehrt aber instinktiv wieder zu ihrer linken Hand zurück. Die Lehrerin interpretiert das als mangelnden Willen und verpasst ihr Schläge mit dem Lineal. Louise unternimmt immer größere Anstrengungen, um gegen ihre Natur als Linkshänderin anzukämpfen. Mit einem Ohnmachtsgefühl gegenüber der Autorität, die die Lehrerin verkörpert, denkt Louise: **"Ich bin nicht wie die anderen, ich kann nie so gut sein wie die anderen."**

Das war das Bild, das Louise von sich selbst hatte. Überzeugt, dass sie nicht so gut sein konnte wie die anderen, zog sie alle möglichen Ereignisse an, die ihren Gedanken recht gaben. Als sie zu mir in die Beratung kam, schaffte sie es nie, ihren Job zu behalten. Jeder neue Job war noch erniedrigender als der davor. Ich half ihr, wieder ein gesundes Selbstbild zu entwickeln und ihren Unterschied zu akzeptieren, um sich niemandem gegenüber mehr minderwertig zu fühlen. Ganz allmählich gelang es ihr, ihr Selbstvertrauen wiederzugewinnen.

Ich bin nicht intelligent

Eine Pädagogin, die mit mir zusammenarbeitete, hatte regelmäßige Termine mit einem 14-jährigen Jungen, der große Probleme in der Schule hatte. Sein Vater hatte ihm den Spitznamen "Gaga" verpasst, was gleichbedeutend mit "Vollidiot" war und ihn meistens dazu veranlasste, den Mund zu halten und blöd zu grinsen. Er fand sich selbst so minderwertig, dass er glaubte, nichts auf die Reihe zu bekommen. Deshalb strengte er sich gar nicht erst an und verbrachte die meiste Zeit damit, den Clown zu spielen.

Der Pädagogin gelang es, sein Vertrauen zu gewinnen, so dass er sich ihr öffnen konnte. Sie schlug ihm vor, Tests zu machen, um seinen Intelligenzquotienten zu bestimmen. Sie staunte über die Ergebnisse. Die Tests ergaben ohne den geringsten Zweifel, dass er hochintelligent war. Sie sagte es ihm und bot ihm ihre Hilfe an, um sein negatives Selbstbild zu verändern. Sie half ihm, seinen Rückstand aufzuholen. Innerhalb weniger Monate verbesserten sich seine Schulnoten enorm.

Manchmal brauchen wir jemanden, der an uns glaubt, um selbst an uns zu glauben.

Ich bin hässlich

Als 12-Jährige war ich einmal zu Fuß unterwegs, als ein Junge mit dem Rad an mir vorbeifuhr und mir zurief: "Weißt du eigentlich, wie hübsch du bist?" Ich fasste seine Bemerkung als Beleidigung auf, weil ich davon überzeugt war, dass er sich über mich lustig machte. Wenn ich mir heute Fotos von mir in diesem Alter anschaue, kann ich nur feststellen, dass ich tatsächlich sehr hübsch war. Ich selbst fand mich aber hässlich.

Mein Selbstbild fußte auf den Spötteleien meines Bruders. Als Nesthäkchen erhielt ich oft eine Vorzugsbehandlung, die er nicht bekam. Wenn unsere Mutter mir zum Beispiel ein kleines Törtchen gab, das sie mir aus einem Rest Kuchenteig gebacken hatte, steckte er seinen Finger hinein. Das reichte für mich aus, um es nicht mehr essen zu wollen, und er, stolz auf seinen Streich, nahm es dann gerne für sich. Er suchte ständig nach Unzulänglichkeiten an mir, sagte zu mir, dass ich eine große Nase hätte, meine Arme seien zu lang und so weiter. Er nannte mich "Klappergerüst" und machte mich glauben, ich sei zu dünn, während ich tatsächlich schlank, aber nicht mager war. Um allem noch die Krönung aufzusetzen, nannte er mich als 14-Jährige dann "Die Kirche", weil ich ihm zufolge wie eine Kirche mit heiligem Bimbam (Brüsten) aussah.

Das bescherte mir eine Menge Komplexe gegenüber meinen Freundinnen, die ich tausend Mal hübscher fand als mich! Ich war davon überzeugt, nicht so hübsch zu sein wie meine Schwester, und bei Treffen mit Freunden war ich dann auch immer diejenige, die links liegen gelassen wurde.

Alles änderte sich, als ich 17 Jahre alt war. Meine Schwester hatte versucht, einen Jungen für sich zu gewinnen, der sich aber eher von mir angezogen fühlte. Er war mein erster richtiger Freund. Er fand mich schön. Das half mir, mein negatives Selbstbild zu verändern, und ich blühte auf wie eine Rosenknospe. Und siehe da, plötzlich fanden mich alle hübsch, einschließlich meines Bruders, der sich immer so über mich lustig gemacht hatte.

Was andere über uns sagen, ist sehr oft
nicht mehr als ein Spiegelbild ihrer selbst.
Aber das eigentliche Drama ist,
dass wir ihnen geglaubt haben.

Wir haben ihnen geglaubt, wenn sie uns gesagt haben, wir seien Versager und niemand interessiere sich für uns. Wir haben ihnen geglaubt, wenn sie uns gesagt haben, wir würden ihnen nichts als Ärger machen. Wir haben ihnen geglaubt, wenn sie uns gesagt haben, wir seien selbst verantwortlich für die Gewalt, die uns angetan wurde.

Wir haben ihnen geglaubt, wenn sie uns gesagt haben, wir bekämen nichts auf die Reihe. Und wir versuchen mit allen Mitteln, anderen zu zeigen, dass wir tüchtig sind. Wenn andere uns dann aber loben, zweifeln wir ihre Worte an. Oder sogar noch schlimmer: Wir glauben, dass sie versuchen, uns zu manipulieren oder uns zu verführen.

Wie sollen wir glauben, dass wir liebenswert sind, wenn wir geglaubt haben, dass wir abscheulich oder gemein sind und sich niemand für uns interessiert?

Wie sollen wir glauben, dass wir ein angenehmer Mensch sind, wenn wir geglaubt haben, dass wir böse sind?

Wie sollen wir glauben, dass wir wertvoll sind, wenn andere uns gesagt haben, dass wir Versager, dumm oder hirnlos sind?

Wie sollen wir glauben, dass wir hübsch sind, wenn andere sich über uns lustig gemacht haben oder mit dem Finger darauf gezeigt haben, was wir an uns selbst nicht akzeptiert haben, etwa unser Übergewicht, unsere Größe, das Aussehen unseres Haars, unserer Haut oder unserer Brüste?

* Wie finden wir wieder zu einem gesunden Selbstbild?

Indem wir in einem entspannten Zustand wieder Kontakt mit dem Kind aufnehmen, das wir waren, wenn wir uns verunglimpft, verspottet, abgelehnt, schuldig oder gedemütigt gefühlt haben.

Lass diese Bilder deiner Vergangenheit wieder in dir aufsteigen, ohne etwas zu erzwingen, einfach, indem du die Erinnerungen willkommen heißt, die an die Oberfläche kommen. Vielleicht siehst du den Menschen, der du heute bist, ins Bild treten, um dieses Kind zu begrüßen, das sich schämte, unglücklich war oder sich am liebsten in Luft aufgelöst hätte. Du nimmst es in die Arme, um es zu trösten und ihm zu sagen, dass es nicht stimmt, was man zu ihm gesagt hat, dass es nicht böse ist, sondern liebenswert.

Du hilfst ihm zu verstehen, dass diese Worte nur die Ungeduld, den Ärger oder den Schmerz des anderen zum Ausdruck gebracht haben. Du hilfst ihm, diese Worte an den Menschen zurückzugeben, der dich verletzt, verunglimpft oder gedemütigt hat.

Hier ein Beispiel:

Wie habe ich die Worte "Meine Güte, was bist du abscheulich! Niemand mag dich, und niemand wird dich jemals mögen, so abscheulich bist du" an meine Lehrerin zurückgegeben?

Nachdem meine Schullehrerin diese verletzenden Worte zu mir gesagt hatte, ging ich zum Flussufer und setzte mich auf die Steine, um zu weinen. Ich war zornig auf Gott und schrie ihn an: "Wie kannst du gütig und gerecht sein, wenn du einem alles gibst und dem anderen nichts?" (Ich verglich mich dabei mit meiner besten Freundin, die es meiner Meinung nach besser hatte als ich.) "Wieso hast du zugelassen, dass ich zu Unrecht beschuldigt werde, wo du doch weißt, dass ich die Handtasche nicht gestohlen habe und jeden Morgen in die Kirche gehe, um zu dir zu beten?"

Ich sah mich als Erwachsene in das Bild treten, um mich neben dieses 13-jährige Mädchen zu setzen.

Ich tröstete sie und sagte zu ihr, dass sie nicht mehr allein sei, dass ich da sei und ihren Kummer und ihren Zorn verstehe.

Dann fragte ich sie:

"Letztes Jahr ist es mit deiner Lehrerin gut gelaufen, du hast ihr Pult abgewischt, hast ihre Bücher getragen. Warum, glaubst du, ist es gut mir ihr gelaufen?"

"Weil ich mich von ihr geliebt gefühlt habe."

"Könnte es sein, dass du dieses Jahr versucht hast, die Aufmerksamkeit deiner Lehrerin mit einem Verhalten zu erlangen, das sie gestört hat?"

"Ja, das stimmt."

"Ein Kind, das Aufmerksamkeit braucht, ist das ein abscheuliches Kind oder ein Kind, das Liebe braucht?"

"Ein Kind, das Liebe braucht."

"Könnte es sein, dass deine Lehrerin das nicht verstanden hat?"

"Das kann sein!"

"Und wenn wir es ihr sagen? Wenn wir ihr ihre verletzenden Worte zurückgeben?"

"Das fände ich gut."

"Dann komm mit, wir gehen deine Lehrerin suchen."

Ich stellte mir meine Lehrerin vor, wie sie ihre Sachen aufräumte, bevor sie nach Hause gehen wollte. Ich sah mich, wie ich mein Mädchen zu ihr führte, damit sie ihrer Lehrerin die verletzenden Worte zurückgeben konnte, die sie zu ihr gesagt hatte.

Dialog zwischen meinem Mädchen und ihrer Lehrerin:

"Ich bin zurückgekommen, weil ich Ihnen etwas zu sagen habe."

"Was willst du mir denn sagen?"

"Ich bin nicht abscheulich, aber Sie sind keine gute Pädagogin. Als gute Pädagogin hätten Sie versucht, mich zu verstehen, statt mich zu verurteilen. Ich habe keinen Vater, meine Mutter arbeitet viel außer Haus, so dass ich sie kaum sehe. Und ich habe einen Bruder, der mir dermaßen Angst einjagt, dass ich mich nicht traue, nach Hause zu gehen, wenn meine Mutter nicht da ist. Ich wollte, dass ein Erwachsener mich versteht, aber ich wusste nicht, wie ich es sagen sollte. Deshalb habe ich versucht, Ihre Aufmerksamkeit auf mich zu ziehen.

Ihre Handtasche habe ich nicht gestohlen. Das Geld, das ich auf mein Konto eingezahlt habe, war aus meinem Job als Babysitterin. Sie haben mich beschuldigt, ohne überhaupt mit mir zu klären, woher das Geld kam. Sie haben mich beschuldigt, eine 'Diebin' zu sein, vor der ganzen Klasse. Bevor Sie zu mir gesagt haben, wie abscheulich ich bin, waren Sie da etwa besonders freundlich zur mir?"

"Ich wusste nicht, wie es bei dir zu Hause zugeht. Alles, was ich wusste, war, dass du ständig die Klasse gestört hast. Und da mir am Herzen liegt, dass meine Schüler erfolgreich in der Schule sind, konnte ich dein Verhalten nicht mehr ertragen. Aber es stimmt, dass ich nicht versucht habe, dich zu verstehen, und dass ich nicht mit dir geklärt habe, ob du meine Handtasche genommen hast. Dafür bitte ich dich um Entschuldigung. Wenn ich zu dir gesagt habe, dass du abscheulich bist, dann habe ich damit nur meinen Ärger zum Ausdruck gebracht. Und wenn ich zu dir gesagt habe, dass dich niemand mag, dann wollte ich dir damit eigentlich sagen: 'Wenn du dich weiter so aufsässig beträgst, riskierst du, ständig abgelehnt zu werden. Aber wenn du dich so verhältst wie gerade, zeigt uns das, dass du nicht so hartgesotten bist, wie du versucht hast, uns glauben zu machen, und dass man, wenn man dich näher kennenlernt, gar nicht anders kann, als dich zu mögen.'"

"Danke, dass Sie mir zugehört haben, auch dafür, was Sie mir gerade gesagt haben."

"Danke, dass du zurückgekommen bist und mir erklärt hast, warum du so gehandelt hast. Jetzt verstehe ich alles viel besser."

Nach dieser gemeinsamen Arbeit mit dem 13-jährigen Mädchen, das in meiner Erinnerung lebte, fiel es mir wesentlich leichter, die Liebe anderer für mich wahrzunehmen.

Wir können nur dann glauben, dass wir liebenswert sind,
wenn wir uns wirklich geliebt gefühlt haben.
Und wir können uns nur wirklich geliebt fühlen,
wenn wir glauben, dass wir liebenswert sind.

Daher ist es so wichtig, sich von diesen Worten zu befreien, die uns glauben gemacht haben, wir seien nicht liebenswert.

Später können wir das dann auch auf unser heutiges Leben anwenden. Denn wenn wir uns angeklagt, beschuldigt, gedemütigt oder abgewertet gefühlt haben, neigen wir dazu zu glauben, es sei unsere Schuld, wenn etwas nicht funktioniert, ohne zu überprüfen, ob das überhaupt stimmt.

Ich habe mich jahrelang verantwortlich für alle Probleme gefühlt, die ich in meinen Liebesbeziehungen hatte. Mein Partner war der Nette, der alles tat, um es mir recht zu machen, während ich ihm zufolge diejenige war, die nie zufrieden war und immer wollte, dass alles nach ihren Vorstellungen lief. Ich dachte, dass er recht habe, dass ich egoistisch sei und nie auf ihn Rücksicht nehme.

Dennoch tat ich alles, um ihm zu gefallen, versuchte ständig, mich zu verbessern, aber es war nie genug.

Ich erinnere mich an einen Tag, an dem ich Vorbereitungen dafür traf, eine Gruppe Seminarteilnehmer bei uns zu Hause zu begrüßen. Ich musste einen kleinen Einkauf in der Nähe erledigen, als mir einfiel, dass ich ja auch noch einen Friseurtermin hatte. Sofort eilte ich weiter zum Friseursalon. Da ich so spät dran war, wollte ich den Friseur keine Sekunde länger warten lassen. Zwei Stunden später kam ich nach Hause zurück. Als ich das Haus betrat, blickte mein Mann mich finster an. Ich erklärte ihm, was passiert war und warum ich ihn nicht angerufen hatte. Ich half ihm, das Wohnzimmer für die Seminarteilnehmer zu Ende herzurichten, und bereitete das Essen zu.

Die Zeit verging, und ich hatte das Vorkommnis schon vergessen, als mein Mann mich eines Tages in einer konfliktgeladenen Diskussion beschuldigte, nie auf ihn Rücksicht zu nehmen. Ich bat ihn, mir ein Beispiel zu nennen. Er kam auf dieses Vorkommnis zurück und sagte: "Ich habe den ganzen Tag damit verbracht, das Wohnzimmer für deine Gruppe aufzuräumen, und du hast dich noch nicht mal darum geschert, mir zu sagen, wohin du gefahren bist. Was für einen Eindruck habe ich wohl am Telefon gemacht? Ich wusste noch nicht mal, wo meine Frau ist. Und ich hatte noch nicht mal mehr Zeit zu essen, bevor die Leute kamen."

Ich fühlte mich sehr undankbar ihm gegenüber, da er den ganzen Tag damit verbracht hatte, das Wohnzimmer herzurichten. Ich war böse auf mich selbst, dass ich mich so egoistisch verhalten hatte, und fand, dass ich keine gute Ehefrau war. Mit diesen Schuldgefühlen ging ich schlafen, aber nachdem ich mich hingelegt hatte, gingen mir noch einmal die Bilder jenes Tages durch den Kopf. Er hatte den Tag damit verbracht, seine Garage aufzuräumen. Bei meiner Ankunft hatte er gerade erst angefangen, das Wohnzimmer herzurichten, und ich hatte ihm geholfen, es fertig aufzuräumen. Er hatte viel Zeit zum Essen gehabt, hatte aber, weil er schlecht gelaunt war, zu mir gesagt: "Ich habe keinen Hunger!"

Plötzlich begriff ich, dass ich das, was ich gerade mit meinem Partner erlebte, genauso auch mit meiner Mutter erlebt hatte, wenn sie mir Vorwürfe machte. Ich hielt diese Vorwürfe für begründet und fühlte mich undankbar, als schlechte Tochter nach all den Opfern, die meine Mutter für uns gebracht hatte, um uns großzuziehen.

Um mich von dem Glauben zu befreien, ich sei undankbar, egoistisch, launenhaft und niemals zufrieden, musste ich mich von meiner Vergangenheit und allem befreien, was ich von den Aussagen meiner Mutter geglaubt hatte. Ich musste wieder Kontakt mit meinem kleinen Mädchen aufnehmen, das all das geglaubt hatte, damit es sich von diesen irrigen Überzeugungen befreien konnte. Nur weil es nicht immer die Erwartungen ihrer Mutter erfüllen wollte, war es nicht direkt egoistisch und undankbar für das, was seine Mutter für es getan hatte. Nur weil ihm ein Essen nicht schmeckte, war es nicht direkt launenhaft und niemals zufrieden.

> **Wer sich selbst keine Liebe schenken kann, beschuldigt andere, herzlos zu sein.**
>
> **Wer selbst an die zweite Stelle tritt, beschuldigt andere, ihn nicht zu beachten.**
>
> **Wer sich kein Recht zugesteht, an sich selbst zu denken, beschuldigt andere, egoistisch zu sein.**
>
> **Wer sich kein Recht zugesteht, sich auszuruhen, beschuldigt andere, faul zu sein.**
>
> **Wer Angst hat, seine Wünsche zu äußern, beschuldigt andere, launenhaft zu sein.**
>
> **Wer Angst hat, Fehler zu machen, beschuldigt andere, immer über alles zu entscheiden.**
>
> **Wer nicht für sich selbst einsteht, beschuldigt andere, keine Rücksicht auf ihn zu nehmen.**

Um mich von dem gewohnheitsmäßigen Glauben zu befreien, alles, was mir passierte, sei meine Schuld, lernte ich, mich selbst zu fragen: **“Bin ich schuld?”** Dann setzte ich mich mit den Äußerungen des anderen auseinander und übernahm meinen Anteil, ohne mich für alles verantwortlich zu fühlen, was der andere mir vorwarf.

Was die Sache mit dem Friseur betraf: War ich schuld? Was war mein Anteil, und was lag nicht an mir? Da ich jahrelang allein gelebt hatte, hatte ich nicht den Reflex entwickelt, dem anderen Bescheid zu sagen. Ich musste das erst lernen, um ein vertrauensvolles Verhältnis aufzubauen.

Ich verstehe, dass mein Mann sich Sorgen gemacht hat, mir wäre es genauso gegangen. Aber es lag an ihm, seinen Geist zur Ruhe zu bringen, der ihn innerlich angespannt und ärgerlich machte mit Gedanken wie: “Sie hat dir gesagt, dass sie in einer Viertelstunde zurück ist. Das ist jetzt schon fast eine Stunde her. Sie hat keinen Respekt vor dir. Sie nimmt keine Rücksicht auf dich. Du bist ihr egal. Du bist gut genug dafür, das Wohnzimmer für sie aufzuräumen, sie betrachtet dich als ihren Lakaien.” Je mehr sein Geist die Oberhand gewann, desto mehr wuchs sein Ärger und desto mehr machte er mich für alles verantwortlich.

Dieser Anteil war nicht mir zuzuschreiben.

Als wir uns scheiden ließen, machte er mich erneut für das Scheitern unserer Beziehung verantwortlich. Und ich gestand mir jahrelang nicht das Recht zu, mit meinem neuen Partner glücklich zu sein.

Schuldgefühle haben sehr tiefe Wurzeln, denen wir große Beachtung schenken müssen, um uns davon befreien zu können.

Wir wissen, dass wir Fortschritte gemacht haben, wenn wir Situationen dieser Art nicht mehr anziehen und auch keine Menschen mehr, die versuchen, uns zu beschuldigen.

* Entdecke deine Stärken

Ich habe jahrelang das Seminar “Trau dich, du selbst zu sein” moderiert. Wie oft konnte ich im Laufe dieses Seminars feststellen, dass es den meisten Menschen wesentlich leichter fällt, ihre Fehler zu sehen, als ihre Qualitäten anzuerkennen.

Das wird wohl an unserer Erziehung liegen, in der man uns glauben gemacht hat, es sei eitel, sich selbst Stärken zuzuerkennen.

Kennst du deine Qualitäten und Stärken? Schreib sie hier einmal auf:

....

....

....

....

....

Du hast wesentlich mehr Qualitäten und Stärken, als du glaubst!

Wie kannst du sie entdecken? Überlege einmal, was du bei anderen bewunderst. Zum Beispiel:

Ich bewundere die Herzlichkeit von ...

Ich bewundere die Entschlossenheit von ...

Ich bewundere die Ehrlichkeit von ...

Ich bewundere die Unkompliziertheit von ...

Ich bewundere die innere Schönheit von ...

Ich bewundere die Güte von ...

Ich bewundere die Großzügigkeit von ...

Ich bewundere den Humor von ...

Ich bewundere den Optimismus von ...

Ich bewundere die Liebenswürdigkeit von ...

Ich bewundere die respektvolle Art von ...

Ich bewundere die Geduld von ...

Ich bewundere den Einfallsreichtum von ...

Alles, was du bei anderen bewunderst, sind deine eigenen Stärken.

Wenn du sie nicht hättest, würdest du sie bei anderen nicht erkennen.

Als ich am Anfang meines spirituellen Weges Lise Bourbeau begegnete, bewunderte ich sehr ihre Führungsqualitäten, hätte aber niemals gedacht, dass ich diese Stärke selbst besaß. Ich dachte: Führung durch eigene Ideen, schön und gut, aber ganz sicher nicht durch eigenes Handeln. Lise wusste ihre Teams unheimlich gut zu führen, während ich mich dazu absolut nicht in der Lage fühlte. Deshalb schob ich diese Verantwortung auf andere und reihte einen Misserfolg an den nächsten. Ich brauchte viele Jahre, bis ich verstand, warum ich trotz dieser Stärke nur Misserfolge hatte. Es lag daran, dass ich im Gegensatz zu Lise zu sehr nur auf meine weibliche Seite setzte. Ich musste wieder zu einem Gleichgewicht mit meiner männlichen Seite finden[5]. Heute führe ich mehrere Teams in verschiedenen Ländern und werde von den Teammitgliedern sehr geschätzt. Kürzlich habe ich einen kleinen Test auf Facebook gemacht, um meine besten Qualitäten herauszufinden. An erster Stelle stand: 100 % Führungskraft. Das brachte mich zum Lächeln. Jetzt erkannte ich mich selbst darin wieder.

Wenn du akzeptierst, dass das,
was du bei anderen bewunderst, ein Teil von dir selbst ist,
erlaubst du diesen Stärken, sich zu entwickeln.

[5] Dieses Thema wird in einem künftigen Buch der Autorin eingehender behandelt werden, Anm. d. Übers.

Wenn du kurz davor stehst, dich selbst abzuwerten, denk am besten direkt an jemanden, den du bewunderst, und erinnere dich auch daran, dass andere in dir sehen, was ein Teil von ihnen ist. Wenn man dir also irgendeinen Vorwurf macht, nimm das nicht mehr wörtlich. Schau, ob es dir nützlich sein kann, und wenn nicht, mach dir deswegen keine Gedanken.

Eine Seminarteilnehmerin fragte mich einmal:

“Aber wie kann man jemanden bewundern, der gut organisiert ist, während man selbst komplett chaotisch ist?”

“Ganz einfach: Wenn du dir deine Zeit gut einteilst oder deine Sachen in Ordnung sind, dann fühlst du dich gut. Wenn du dich aber verzettelst, kannst du das Gefühl bekommen, Zeit zu verlieren, Energie zu verschwenden. Du besitzt also die Stärke, deine Zeit und dein Umfeld gut organisieren zu können, aber vielleicht musst du ja lernen, dich selbst zu disziplinieren, um dich nicht so zu verzetteln?”

Schau dir jetzt einmal an, welche Fehler du zu haben glaubst.

....

....

....

....

....

Was wir für Fehler halten, bremst uns aus, während das Wissen um unsere Stärken uns Flügel verleiht.

Was lässt dich glauben, dass etwas ein Fehler ist?

Was wir Fehler nennen, sind sehr oft Stärken, die wir nicht erkennen.

Sieh dir einmal genauer an, welche Fehler man dir vorwirft oder vorgeworfen hat, und frage dich, ob es wirklich Fehler sind. Sehr oft wirft man kleinen Kindern vor, zu viel Charakter zu haben, und wenn sie dann erwachsen sind, wirft man ihnen vor, dass es ihnen an Charakter fehle.

Eine meiner Seminarteilnehmerinnen sagte einmal zu mir, einer ihrer größten Fehler sei ihre Sturheit. Man hatte ihr immer wieder gesagt, sie sei starrsinnig wie ihr Vater und seine ganze restliche Familie.

Ich fragte sie:

“Könnte es sein, dass dein Vater und seine Familie entschlossene Menschen sind, die, wenn sie sich etwas in den Kopf gesetzt haben, das dann auch durchziehen?”

Sie bejahte.

Ich fuhr fort: “Ist Entschlossenheit eine Stärke oder ein Fehler? Eine Stärke. Könnte es sein, dass ein Zuviel dieser Stärke als Fehler angesehen wird?”

Sie antwortete. “So habe ich das noch nie gesehen. Aber es ist mir lieber, das so zu sehen.”

Die Stärke zu sehen statt den Fehler, half ihr, sich mit sich selbst zu versöhnen.

Als Kind wurde mir immer vorgeworfen, geschwätzig zu sein. Jahrelang habe ich geglaubt, das sei einer meiner schlimmsten Fehler. Ich versuchte, mich zu korrigieren, indem ich mich selbst, so gut ich konnte, vom Sprechen abhielt. Wenn ich einmal mehr gesprochen hatte, als ich mir selbst erlaubte, liebte ich mich selbst nicht mehr und lehnte mich ab.

Irgendwann begriff ich, dass das, was ich als Fehler, als Schwäche betrachtete, in Wahrheit eine große Stärke war. Mir fiel es sehr leicht, mich auszudrücken, aber manchmal nutzte ich diese Stärke im Übermaß. Dann war mir nicht bewusst, dass ich zu viel Raum einnahm und anderen weniger Raum zugestand. Ich musste die Stärke erkennen, die darin lag, was ich für einen Fehler hielt, und lernen, sie gut zu nutzen.

Als ich diese Stärke in mir erkannte, hörte ich damit auf, mich selbst abzulehnen. Diese Stärke erlaubte es mir, Moderatorin von Wachstumsgruppen, Schriftstellerin, Dozentin und Trainerin von Referenten im Bereich der Metamedizin zu werden.

Was wäre geschehen, wenn ich weiter geglaubt hätte, dass Redseligkeit ein Fehler ist? Ich hätte niemals all das Potenzial entwickelt, das in mir steckte. Was nicht ausschließt, dass ich auch lernen musste zuzuhören.

Meine Ex-Partner warfen mir vor, sprunghaft zu sein. Ich fasste das als Kritik auf. Und es stimmt, dass ich, da ich ein eher visueller Typ bin, manchmal dazu neige, zu schnell loszupreschen, so dass ich dann wieder einen Schritt zurück machen muss. Auch die **Angst davor, Fehler zu machen**, machte mich **unentschlossen.** Wenn ich also eine Entscheidung treffen musste, blockierte diese Angst mein Gefühl für die Situation. Das führte dann meistens dazu, dass ich nicht die richtige Entscheidung traf und mich danach anders besinnen musste. Das nannten meine Partner dann "sprunghaft".

Als mir das bewusst wurde, erkannte ich die Angst, die mich unentschlossen machte. Ich befreite mich von dieser Angst, indem ich mir das Recht zugestand, Fehler zu machen. Dann entwickelte ich meine auditive Seite weiter, um zu lernen, mich zu bremsen, wenn ich kurz davor war, zu schnell loszupreschen. Und wie ich es auch schon mit dem Etikett "geschwätzig" getan hatte, das man mir aufgedrückt hatte, erkannte ich schließlich in dieser sprunghaften Seite von mir meine Fähigkeit, flexibel zu sein.

Wo ich mich bisher selbst abgelehnt hatte, weil ich fand, dass ich sprunghaft war, liebte ich mich jetzt selbst, weil ich fand, dass ich flexibel war.

Begib auch du dich einmal auf die Suche nach der Stärke in dem, was du als Fehler von dir betrachtest. Durch diese Suche wirst du sehen, dass wir in Wahrheit gar keine Fehler haben - sondern ganz einfach Stärken, die sich manchmal im Übermaß zum Ausdruck bringen und die wir lernen müssen zu kontrollieren.

Nur diejenigen, die ihre Stärken erkennen und einsetzen, erzielen große Erfolge.

Im Studium hat unser Philosophieprofessor uns immer gesagt: "Nur die Besten haben Erfolg." Da ich mich selbst nicht als Beste in irgendetwas betrachtete, dachte ich, dass ich keinerlei Chance haben würde, erfolgreich zu sein.

Meine Beobachtungen zeigten mir dann allerdings zweifelsfrei, dass nicht immer nur die Besten Erfolg haben. Viel öfter waren diejenigen am erfolgreichsten, die ihre Stärken erkannten und sich mit Menschen zu umgeben wussten, die ihnen geben konnten, was ihnen fehlte.

Wenn wir versuchen, unsere Stärken herauszufinden, ist es normal, den Menschen imitieren zu wollen, den wir bewundern oder der tut, was wir selbst gerne tun würden. Im Allgemeinen ist das der erste Schritt hin zur Selbstverwirklichung.

Der zweite Schritt besteht darin, mit unseren ganz eigenen Handlungsweisen zu experimentieren - die sich davon unterscheiden, was andere tun.

Alle, die sich einen Ruf aufgebaut haben - ob in Mode, Musik, Malerei, Bildhauerei, Architektur, Schriftstellerei und so weiter -, sind Menschen, die ihren eigenen Stil gefunden haben und ihn zu nutzen wissen.

Andere zu imitieren bedeutet, an deinem eigenen Potenzial vorbei zu arbeiten. Imitatoren haben nur einen sehr mäßigen Erfolg.

Besser ist es, in einem Bereich hervorragend zu sein statt in mehreren Bereichen mittelmäßig.

* Hör auf, dich mit anderen zu vergleichen

Wir alle haben Stärken, Grenzen und Schwächen; der einzige Unterschied ist, dass es nicht dieselben sind.

Wenn ich früher vor jemandem stand, der eine höhere Universitätsausbildung hatte als ich, fühlte ich mich demjenigen unterlegen. Als ich verstand, dass wir alle Stärken in einigen Bereichen haben und Schwächen in anderen, bemühte ich mich, diese Stärken in anderen zu sehen, ohne meine eigenen zu unterschätzen. So konnten mir ihre Kenntnisse zugutekommen, ich konnte sie von meinen profitieren lassen und ich fühlte mich nie mehr irgendwem unter- oder überlegen. Ich habe meine Stärken anerkannt, ich kenne meine Grenzen und schäme mich nicht mehr dafür, und ich fühle mich nicht unterlegen, wenn ich jemanden um Hilfe bitte, der kompetenter ist als ich. Im Gegenteil, ich weiß das sogar zu schätzen.

Worauf ich besonders stolz bin und was ich als einen meiner schönsten Erfolge im Leben sehe, ist, dass ich es geschafft habe, Gruppen darin anzuleiten, ihre Stärken zu vereinen, um die Metamedizin weiter voranzutreiben.

Das war nicht einfach, und ich musste sehr oft von neuem beginnen, denn um das zu schaffen, musste ich die einzelnen

Mitglieder der Gruppe zu der Erkenntnis führen, dass sie gemeinsam viel stärker sein würden als jeder allein. Die Schwierigkeit lag darin, dass bei Menschen mit großen Stärken auch das Ego sehr präsent ist. Sobald sie Selbstvertrauen gefasst hatten, wollte ihr Ego sich mit mir messen und sich hervortun, um anerkannt zu werden.

Während ich davon sprach, gemeinsam eine große Kathedrale zu errichten, nahmen einige lieber die Baustoffe der Metamedizin, um ihre eigene kleine Kirche zu bauen. Wie viel Mut ich brauchte, um weiterzumachen! Und wie sehr musste mein Ego loslassen, um zu akzeptieren, dass alle diese kleinen Kirchen auch zum Erwachen des Bewusstseins beitrugen. Denn genau darauf kam es ja an. Heute sehe ich, wie diese Kathedrale Gestalt annimmt, und es erfüllt mich mit dem wunderbaren Gefühl, etwas erreicht zu haben.

Wenn unsere Welt sich mehr auf die Entwicklung von Zusammenarbeit konzentriert, wenn also Einzelne ihre Stärken zum Wohle des Ganzen bündeln können, wird unsere Welt Zugang zu einem neuen Bewusstsein erhalten, einem neuen Menschsein. Aber um dorthin zu gelangen, müssen wir damit aufhören, den Wettbewerb aufzuwerten, durch den unser Ego, Spaltungen und Konflikte genährt werden.

Unser Wahlsystem ist ein System des Wettbewerbs. Kriege wurden schon immer vom Wettbewerb befeuert – die einen werden gegen die anderen aufgewiegelt. Heißt es nicht "Teile und herrsche"? Selbst die Religionen, die doch Liebe predigen sollen, erleben, dass ihre Anhänger Kriege gegen andere führen, die Gott oder der Lebensenergie einen anderen Namen geben. Wie können wir auf Frieden in unserer Welt hoffen, wenn unsere Systeme sich nicht verändern?

* Ich mache mir die Ängste bewusst, die mich einschränken

Welche Ängste hindern mich daran, ich selbst zu sein?

Wie wir im vorigen Kapitel gesehen haben, motiviert uns unser limbisches System, das unser emotionales Gedächtnis in sich trägt, dazu, die Erfahrungen zu wiederholen, die wir für angenehm befunden haben, und aktiviert unser handlungshemmendes System, wenn wir uns an eine Erfahrung erinnern, die wir als unangenehm abgespeichert haben.

Sehen wir uns dazu einmal folgendes Beispiel an:

Ein Schüler wird aufgefordert, vor die Klasse an die Tafel zu treten. Der Lehrer befragt ihn zu einem Thema, das er lernen sollte, sich aber nicht angeschaut hat. Bei jeder Frage des Lehrers stammelt er herum, gibt falsche Antworten, bei denen die anderen Schüler in Lachen ausbrechen. Er kommt sich lächerlich vor und fühlt sich durch den Lehrer gedemütigt.

Was wird in seinem Leben geschehen, wenn man ihn dazu auffordern wird, in der Öffentlichkeit zu sprechen? Er wird Angst haben und sich vielleicht absolut unfähig dazu fühlen, und wenn man ihn zwingt, kann es sein, dass er sich schlecht fühlt oder sogar in Ohnmacht fällt. Was passiert da? Sein limbisches System hat sein handlungshemmendes System aktiviert.

Der Großteil unserer Ängste rührt aus unangenehmen Erfahrungen, die wir fürchten, wieder zu erleben.

Angst lässt sich nicht wegargumentieren.
Entweder flüchten wir vor ihr
oder wir stellen uns ihr.

Davor zu flüchten, ist keine Lösung. Früher oder später werden wir mit der Angst erneut konfrontiert. Außerdem ist eine Entscheidung, die auf Angst basiert, nie eine gute Entscheidung.

Hier als Beispiel einige Abwehrmechanismen, in die wir verfallen können:

- Du hast Angst, von einer Gruppe abgelehnt zu werden. = *Du ziehst dich zurück oder du lehnst die Gruppe ab.*
- Du hast Angst, enttäuscht zu werden. = *Du unternimmst nichts.*
- Du hast Angst zu missfallen. = *Du versuchst, allen zu gefallen, und missfällst allen.*
- Du hast Angst, nein zu sagen. = *Du sagst ja und hast das Gefühl, ausgetrickst zu werden, oder du nimmst es anderen übel, dass sie dich ausnutzen.*
- Du hast Angst, anderen wehzutun. = *Du schluckst herunter, was du zu sagen hast, und wenn du es sagst, dann in einem Wutanfall, der den anderen noch mehr verletzt.*
- Du hast Angst, dich zu Dank verpflichtet zu fühlen. = *Du willst nichts von anderen erhalten.*
- Du hast Angst, mehr zu haben als andere. = *Du vernichtest, was du hast, oder du verzichtest auf Dinge, die du dir wünschst.*
- Du hast Angst zu stören. = *Du schlägst dich alleine durch, auch wenn du Hilfe brauchst.*
- Du hast Angst, zu wenig Geld zu haben. = *Du kaufst nach dem Preis und nicht nach deinen Wünschen.*
- Du hast Angst davor, was andere sagen oder denken. = *Du tust, was andere wollen.*

- Du hast Angst vor Kritik. = *Du lässt eine gute Gelegenheit verstreichen, dich selbst zu übertreffen.*
- Du hast Angst davor, verlassen zu werden. = *Du erdrückst den Menschen, den du liebst, und er geht.*

Um diesen Fallen zu entkommen, gibt es nur eine Lösung: das Risiko einzugehen,

- zu leiden,
- enttäuscht zu werden,
- abgelehnt zu werden,
- kritisiert zu werden,
- nicht verstanden zu werden,
- verurteilt zu werden,
- verraten zu werden,
- verlassen zu werden.

Hier ein Beispiel:

Ich hatte einen Sommerjob angenommen, der darin bestand, fremdsprachigen Kindern Französischunterricht zu geben. Unsere Gruppe erhielt zunächst ein Training dafür. Danach wurde die Gruppe in vier Untergruppen mit etwa zehn Personen aufgeteilt, die gemeinsam in einer Schule arbeiten sollten. Eines der Mitglieder meiner Untergruppe hatte die blendende Idee, *Wer hat Angst vor Virginia Woolf?* zu spielen. Das Spiel bestand darin, ehrlich und ungehemmt alles zu sagen, was wir während des Trainings über die einzelnen Mitglieder der Gruppe gedacht hatten.

Wir trafen uns zu einem Picknick auf einer Wiese. Nach dem Essen wurde jedes Mitglied aufgefordert zu sagen, welchen Eindruck jeder der Anwesenden bei ihm hinterlassen hatte. Ich war als Vorletzte an der Reihe. Nacheinander äußerten die anderen ihre Kritik an mir und sagten, wie abgehoben, snobistisch, unangenehm, selbstgefällig und so weiter sie mich fanden.

So also hatten diese Menschen meinen Schutzschild wahrgenommen! Wenn ich auf diesen Sommerjob nicht so viel Wert gelegt hätte, hätte ich sicherlich getan, was ich schon unzählige Male getan hatte: Ich hätte alles hingeschmissen, wäre gegangen und hätte gedacht: "Wofür halten die sich, so über mich zu urteilen?" Mein Ego wäre gerettet gewesen, und mein Minderwertigkeitskomplex wäre niemandem aufgefallen.

Aber diesmal hatte ich keine Wahl, ich brauchte diesen Job, um mein Studium zu bezahlen. Also ging ich ein Risiko ein – das Risiko, meine Maske abzulegen, meine Verletzlichkeit zu zeigen, indem ich ihnen meine Ängste offenbarte. Als ich daher an der Reihe war, gestand ich ihnen, dass ich nicht wusste und noch nie gewusst hatte, wie man sich in Gruppen wohlfühlen soll, weil ich innerlich von der Angst gelähmt war, abgelehnt zu werden. Außerdem fragte ich sie, ob sie mir helfen wollten.

Es war ein genialer Sommer. Alle reichten mir die Hand. Es war das erste Mal, dass ich mich in einer Gruppe pudelwohl fühlte. Ich hatte unglaublich viel Spaß mit ihnen. An unserem letzten Tag veranstalteten wir eine tolle Party, und ich erhielt viel Lob und Anerkennung. Dadurch konnte ich meinem limbischen System eine neue Gleichung präsentieren.

Bevor ich dieses Risiko eingegangen war, war meine Gleichung immer gewesen: *Gruppe = Ablehnung*. Ich lehnte die Mitglieder einer Gruppe schon ab, bevor sie überhaupt Zeit gehabt hatten, mich abzulehnen.

Diese neue Erfahrung hatte mir nun eine neue Gleichung beschert: *Gruppe = Spaß*.

Und den erlebe ich nun seit 35 Jahren mit meinen Gruppen.

Frage dich also ab jetzt immer dann, wenn du zögerst, etwas zu sagen oder zu tun: "Welche Angst verbirgt sich hinter diesem Zögern?"

Wenn du nichts zu verlieren und alles zu gewinnen hast, dann tu es, ohne zu zögern.

Von allen Ängsten, die wir empfinden, ist die Angst davor, Fehler zu machen, oft diejenige, die uns in unserem Handeln am meisten lähmt.

Als ich in der medizinischen Mikrobiologie arbeitete, hatte ich ein großes Interesse an persönlicher Weiterentwicklung. Aber ich machte mir Sorgen, was dann aus meinen Finanzen würde, denn ich hatte ein sehr gutes Gehalt und einen sicheren Arbeitsplatz. Ich war für den Aufbau der Mikrobiologieabteilung eines neuen Krankenhauses verantwortlich, und ich wusste, dass ich wahrscheinlich keinen so guten Posten mehr finden würde, wenn ich kündigte. Daher hatte ich Angst, einen Fehler zu machen und dann keinen Rückzieher mehr machen zu können. Mein Körper sprach zu mir: Ich bekam Zahnschmerzen, Blähungen und Schmerzen in den Beinen.

Dann eines Tages hatten wir im Centre Écoute ton Corps, in dem ich ausgebildet wurde, das Glück, den Arzt Herbert Beierle kennenzulernen, der das Seminar "*Master your life*"[6] leitete. Nach dem Seminar bot sich mir die Gelegenheit, kurz allein mit ihm zu sprechen. Ich schilderte ihm meine Ängste. Er fragte mich:

"Wofür, glaubst du, bist du auf diese Welt gekommen?"

"Um mich weiterzuentwickeln!"

"Und wie wirst du dich weiterentwickeln?"

"Durch die Erfahrungen, die ich mache und machen werde!"

[6] "Meistere dein Leben"

"Nun, weißt du, man macht im Leben nie Fehler, sondern nur Erfahrungen!"

Es waren genau die Worte, die ich brauchte. Ich dachte: "Wenn ich keine Fehler machen kann, sondern nur Erfahrungen, gut, dann gehe ich das Risiko ein." Am Tag darauf ging ich zu meinen Chefs und teilte ihnen meine Kündigung mit. Ich habe schon oft gesagt, dass dies das schönste Risiko meines Leben war. Ich ging in das Zentrum für persönliche Entwicklung, das ich schon eine ganze Weile besucht hatte.

Als ich meinen Lieben mitteilte, dass ich mich womöglich beruflich umorientieren würde, warnten sie mich: "Denk daran, du wirst nie so viel verdienen wie jetzt, es wäre ein schwerer Fehler, so eine gute Stelle zu kündigen, das meinst du doch nicht ernst ... Dir wurde der Kopf verdreht, du hast jahrelang studiert, um so einen Job zu bekommen, und jetzt wirfst du all das hin, um Kurse für Selbstentwicklung zu geben ..." Es hätte nur noch gefehlt, dass sie sagten, ich sei in eine Sekte eingetreten.

Wenn wir Angst haben oder an uns selbst zweifeln, ziehen wir Menschen an, die unsere Ängste und Zweifel auf uns projizieren.

An dem Tag, als ich meine Entscheidung traf, fest entschlossen, mich meinen Ängsten zu stellen, gab mein Partner mir seine Zustimmung.

Heute sagen meine Lieben zu mir: "Wir sind sehr stolz auf dich, Claudia, sehr stolz auf alles, was du erreicht hast."

Dank diesem Risiko konnte ich Vertrauen ins Leben entwickeln und den Weg der Liebe wählen statt den Weg der Angst.

Vertrauen ist das beste Mittel gegen Angst, und um es zu entwickeln, müssen wir den Willen entwickeln, an uns selbst und an das Leben zu glauben.

* Der Wille, an uns selbst zu glauben

Dieser Wille kann vorübergehender Natur sein, aber er kann auch beständig vorhanden sein. Der beständige Wille, an dich selbst zu glauben, wird dich dorthin tragen, wohin du gehen willst. Er wird dir helfen, deine Talente zu entfalten, und es dir ermöglichen aufzusteigen, ohne andere dabei zu vernichten.

Der Wille, an uns selbst zu glauben, wird uns nicht bei der Geburt geschenkt, sondern wir entwickeln ihn durch unsere Lebenserfahrungen.

Als ich mich in Kurse für persönliche Weiterentwicklung einschrieb, tat ich das vor allem für mich selbst, um die Depressionen loszuwerden, in denen ich Jahr für Jahr immer tiefer versank. Außerdem faszinierte es mich, mich selbst zu entdecken. Ich fand heraus, dass ich, indem ich anderen half, mir selbst half. Denn wenn ich jemandem Mut zusprach, sprach ich mir selbst Mut zu, und wenn ich jemandem half zu sehen, was in ihm vor sich ging, sah ich auch in mir selbst die Dinge klarer.

Es kam die Zeit, als ich die Gelegenheit erhielt, meine ersten Kurse in persönlicher Weiterentwicklung zu geben. Meine größte Angst war, dem nicht gewachsen zu sein, aber ich hatte auch Angst davor, kritisiert, verurteilt und abgelehnt zu werden.

Alle diese Ängste bescherten mir Magenkrämpfe und Hitzewallungen und bewirkten, dass ich stotterte oder mich ständig wiederholte. Ich hörte mir selbst zu und kritisierte mich.

Manchmal sagte ich mir: "Warum habe ich mich bloß in dieses Abenteuer gestürzt, obwohl mir die Mikrobiologie immer so leichtgefallen ist?"

Um meine Ängste zu überwinden, machte ich mir diese positive Affirmation zu eigen: ***"Ich habe alles in mir, um erfolgreich zu sein, und ich bin in allem erfolgreich."***

Ich wiederholte diese Affirmation innerlich immer wieder, während ich die Leitung des Kurses innehatte. Anfangs glaubte ich nicht daran, aber ich stellte fest, dass mir das Wiederholen half, die Furcht zu überwinden, all dem nicht gewachsen zu sein. Außerdem bemerkte ich, dass die Affirmation mir half, mehr Selbstvertrauen zu gewinnen.

Durch mein neu gewonnenes Selbstvertrauen lief alles immer besser, was wiederum bewirkte, dass ich der Affirmation allmählich Glauben schenkte. Je mehr ich daran glaubte, umso erfolgreicher war ich in meinem Tun.

Die Ängste, die mich noch plagten, waren, verurteilt und abgelehnt zu werden. Um sie zu überwinden, legte ich mir ebenfalls eine positive Affirmation zu, die ich innerlich immer wieder wiederholte: **"Ich bin ein toller Mensch, der genauso wichtig ist wie die anderen. Ich bin mir bewusst, dass ich vieles kann und andere mich sehr wertschätzen. Mein Leben ist von Tag zu Tag immer schöner."**

Eine meiner Seminarteilnehmerinnen hatte eine dunkle Hautfarbe und fürchtete ständig, von Weißen abgelehnt zu werden. Ich erzählte ihr, dass einer meiner Freunde eines Tages innegehalten und sich gesagt hatte: "Wenn ich ständig bedauere, schwarz zu sein, riskiere ich, mein Leben lang unglücklich zu sein. Das Beste, was ich tun kann, ist, es zu akzeptieren und zu lernen, glücklich mit meiner Hautfarbe zu sein." Dieser Freund war oft der Erste, der mit einem Augenzwinkern über seine Hautfarbe witzelte. Dann sagte er Dinge wie: "Ich und mein schwarzer Humor!" Man musste ihn einfach lieben.

Ich sagte der Teilnehmerin auch, dass die Hautfarbe nur eine Frage der Sonneneinstrahlung ist. Je weniger jemand im Leben der Sonne ausgesetzt ist, desto heller ist seine Haut, denn dann braucht sie den Schutz der Melaninpigmente vor der Sonneneinstrahlung nicht. Je dunkler die Hautfarbe eines Menschen ist, desto mehr Sonne waren seine Vorfahren ausgesetzt. Rassismus entsteht aus Angst, Unwissen und Vergleichen, die unser geliebtes Ego zieht, um sich höher- oder minderwertig zu fühlen.

Die Frau beschloss, sich weißen Menschen gegenüber nicht mehr abzuwerten. In den folgenden Wochen und Monaten merkte sie, dass sie überhaupt nicht mehr mit rassistischen Menschen konfrontiert wurde. Im Gegenteil sagten ihr weiße Menschen, denen sie begegnete, wie hübsch sie war. Für sie war das wie eine Offenbarung. Als ich sie wiedersah, erzählte sie mir davon und fügte hinzu: "Genau das sage ich jetzt auch meinen Lieben."

Unser Umfeld ist nichts anderes als ein Spiegelbild dessen, was wir in uns selbst kultivieren.

Ändere dein Selbstbild, und du wirst sehen, wie sich dein Umfeld ändert!

Ein starkes Selbstvertrauen und
ein gesundes Selbstbild
sind die wichtigsten Zutaten
für Glück und Erfolg.

Zusammengefasst musst du, um Selbstvertrauen und ein gesundes Selbstbild zu entwickeln, Folgendes tun:

- dich von den negativen Überzeugungen befreien, die du bisher über dich gehabt hast,
- deine Stärken anerkennen,
- über deine Grenzen hinausgehen,
- dich wertschätzen, statt dich abzuwerten,
- deine Angst vor den Urteilen anderer überwinden,

- dich für genauso wichtig erachten wie die anderen,
- das Leben als Freund sehen, der das Beste für dich will,
- offen dafür sein, aus jeder Erfahrung zu lernen,
- dir eine positive Einstellung gegenüber Schwierigkeiten zulegen, denen du begegnest,
- dich Herausforderungen stellen, indem du Risiken eingehst.

Denke daran:

Gefühle zu zeigen bedeutet zu riskieren, nicht verstanden oder nicht akzeptiert zu werden.

Zu weinen bedeutet, das Risiko einzugehen, deine Empfindsamkeit zu zeigen.

Zu lachen bedeutet, das Risiko einzugehen, ein bisschen verrückt zu erscheinen.

Dich zu amüsieren bedeutet, das Risiko einzugehen, lächerlich zu erscheinen.

Deine Ideen und Kenntnisse zu teilen bedeutet zu riskieren, kopiert zu werden.

Deine Träume zu offenbaren bedeutet zu riskieren, dass deine Fähigkeit angezweifelt wird, sie zu verwirklichen.

Deine Freude und dein Glück zu zeigen bedeutet zu riskieren, beneidet zu werden oder dass andere eifersüchtig auf dich sind.

Zu hoffen bedeutet zu riskieren, enttäuscht zu werden.

Wahrhaftig zu sein bedeutet zu riskieren, zu missfallen oder zu enttäuschen.

Zu lieben bedeutet zu riskieren, darunter zu leiden, nicht zurückgeliebt oder verlassen zu werden.

Etwas zu wagen bedeutet, ein Scheitern zu riskieren.

Zu leben bedeutet zu riskieren, vor Prüfungen gestellt zu werden.

> Wenn du im Leben auf Nummer sicher gehen willst,
> hast du dich dafür entschieden,
> nicht mehr wachsen zu wollen.
>
> Shirley Hufstedler

3. KAPITEL

Ich traue mich zu sein, wer ich bin

Wir sind frei von dem,
was wir akzeptieren, wozu wir ja sagen.

Wir sind gefangen von dem,
was wir ablehnen, wozu wir nein sagen.

Arnaud Desjardins

Wenn ein kleines Kind auf die Welt kommt, ist es voll und ganz es selbst. Es ist ein Baby und versucht nicht, anders zu sein. Es hat Bedürfnisse und fordert sie ein. Die einzige Möglichkeit, die es besitzt, um seine Bedürfnisse auszudrücken, ist das Weinen. Leider hat man Müttern nicht beigebracht, diese Sprache zu verstehen; schlimmer noch: Manchmal hat man ihnen beigebracht, dass Babys durch ihr Weinen Launen zum Ausdruck bringen oder manipulieren wollen.

Wenn ein Baby weint und seine Mutter positiv auf sein Rufen reagiert, bildet das Kind eine Assoziation zwischen seinem Gefühl, der Unterstützung seiner Mutter und der Befriedigung

seiner Bedürfnisse. Das stärkt Verbindungen zwischen **Amygdala, cingulärem Kortex** und **orbitofrontalem Kortex.** Es ist die Grundlage für eine **sichere Bindung, Vertrauen in das Elternteil** und **einen freien Ausdruck von Gefühlen,** die dann vom orbitofrontalen Kortex reguliert werden können.

Falls das Elternteil nicht auf die Bedürfnisse des Kindes reagiert, ärgerlich wird oder bedrohlich auf das kleine Kind wirkt, verbietet der cinguläre Kortex diesem Gefühl künftig, die **Amygdala** zu verlassen, damit es nicht mehr ausgedrückt wird, weil es zu Unannehmlichkeiten oder Gefahren für das Kind geführt hat. **Das Kind schneidet sich dadurch nicht nur von seinen eigenen Gefühlen ab,** ist sich ihrer nicht mehr **bewusst** und erkennt sie nicht mehr, sondern **wird auch unfähig sein, sie zu regulieren und auszudrücken.** Diese unvollständigen Gehirnverknüpfungen haben so lange weiter Bestand, wie das Individuum sich dieser prägenden Vergangenheit nicht bewusst geworden ist.[7]

Als ich mit meiner Tochter schwanger war, hielt meine Mutter es für richtig, mir aus ihrer Sicht kluge Ratschläge zu geben. "Wenn dein Baby gut gefüttert wurde, du es gewickelt hast und es in seiner Wiege weint, lass es weinen, denn wenn du auf das Weinen reagierst, verhätschelst du es, was dir später Probleme mit ihm bereiten wird." Wahrscheinlich hatte ihre eigene Mutter das schon so gehandhabt.

Als ich mit meiner Tochter aus der Klinik nach Hause kam, erinnerte ich mich an diesen Rat meiner Mutter. Nachdem ich also mein Kind gestillt und gewickelt hatte, legte ich es in seine hübsche kleine Wiege. Meine Kleine begann zu weinen, um mich zu sich zu rufen. Aus Furcht, sie zu verhätscheln, ließ ich

[7] Diese Zeilen sind Auszüge aus der Fachzeitschrift Cerveau & Psycho, Nr. 69. Sie werden durch ein Video ergänzt, in dem Catherine Gueguen erläutert, wie wichtig es ist, ein Baby nachts nicht weinen zu lassen.

sie weinen. In der ersten Nacht weinte sie mehr als zwei Stunden. Es war für mich sehr schwer, sie weinen zu hören, ohne etwas tun zu können. Ich wäre gerne zu ihr gegangen, aber ich riss mich zusammen und hielt auch meinen Mann davon ab, in dem Glauben, das Richtige zu tun. In der zweiten Nacht weinte sie erneut, etwa eine Stunde, und in der dritten etwa eine Viertelstunde. Danach weinte sie nie mehr, wenn ich sie in ihr Bettchen legte. Ich war überzeugt, "die richtige Methode" angewandt zu haben. Erst viele Jahre später, nachdem ich begonnen hatte, mich näher mit den Verletzungen meines inneren Kindes zu befassen, erkannte ich die Folgen, die das für meine Tochter gehabt hatte. Sie wusste nicht, wie sie ihre Gefühle in Worte fassen sollte, und zog es vor, sich auf ihrem Zimmer einzuschließen, so wie auch ich meine Gefühle für einen Großteil meines Lebens versteckt hatte, bis diese Überfülle an Gefühlen dazu führte, dass ich mir das Leben nehmen wollte. Durch die Arbeit mit meinem inneren Kind konnte ich verstehen, dass ein Baby mehr benötigt als Milch und frische Windeln: Es braucht auch die Arme seiner Mutter, um sich geliebt und sicher zu fühlen.

Das kleine Kind, das wir weinen lassen, kann aufgeben und denken: "Wozu noch rufen, sie kommen ja sowieso nicht!" Also hört es auf zu weinen und sucht sich einen tröstenden Gegenstand wie seinen Daumen, seinen Schnuller, ein Plüschtier oder den Rand einer Decke, an dem es nuckelt. Als Erwachsener wird dieser Mensch nicht um Hilfe bitten können, da er es gewohnt ist, dass er sich nur auf sich selbst verlassen kann. Wenn er schmerzhafte Gefühle durchlebt, zieht er sich in seinem Leid zurück und sucht sich wieder einen Trost, diesmal vielleicht eine Zigarette, Essen (das er mit Genuss assoziiert: Pommes Frites, Chips, Eiscreme, Schokolade, Bonbons und so weiter), Glücksspiele, Sex oder Zwangskäufe. Jede Form von Zwangshandlung zielt darauf ab, das Vakuum verlorener Energie zu füllen.

Ein Kind, das sich von seinen eigenen Gefühlen abschneidet, kann sehr hart zu seiner Mutter werden, sogar so hart, dass es sie schlägt. Manchmal sagt die Mutter dann: "Ich verstehe es nicht, draußen sagen mir alle, dass er freundlich ist, sich gut benimmt, aber zu Hause ist er ein kleiner Tyrann. Da bestimmt er, wo es langgeht." Als Erwachsener kann es ihm sehr schwerfallen, Gefühle auszudrücken und Liebe zu empfinden. Häufig werfen seine Partnerinnen ihm vor, gefühlskalt zu sein, und er fühlt sich vielleicht blockiert darin, seine Empfindungen zum Ausdruck zu bringen.

Er kann auch von Unterwürfigkeit zu Rebellion wechseln.

Ein unterwürfiger Mensch unterwirft sich aus Furcht, die Liebe eines geliebten Menschen zu verlieren. Wenn ihm das Verhalten des anderen nicht passt, spricht er es nicht an, bis schließlich ein kleiner Tropfen das Fass zum Überlaufen bringt. Dann verschließt er sich, widersetzt sich oder explodiert.

Wenn er explodiert, weiß er, dass er damit den geliebten Menschen verletzt. Dann fühlt er sich schuldig und nimmt dem anderen gegenüber wieder seine unterwürfige Haltung ein, bis er es nicht mehr aushält, solche Situationen zu erleben. Deshalb beendet er dann die Beziehung und verschafft sich damit die Illusion, sich wieder selbst zu gehören. Aber das ist nur eine Illusion, denn solange er nicht lernt, sich genug zu lieben, wird er ständig weiter Situationen anziehen, in denen er das Gefühl hat, der Verlierer zu sein.

Können wir unterwürfig und rebellisch zugleich sein? Wir können durchaus beide Verhaltensweisen an den Tag legen, indem wir zum Beispiel unterwürfig in der Schule oder am Arbeitsplatz und rebellisch zu Hause sind. Genauso wie wir vielleicht als Kind unterwürfig und als Teenager rebellisch waren, können wir auch heute zwischen beidem hin- und herwechseln und mal unterwürfig und mal rebellisch sein.

Bis zum Alter von zehn Jahren war ich ein unterwürfiges kleines Mädchen, das seiner Mutter Freude bereiten wollte. Ab elf Jahren bekam ich Taschengeld. Als der Muttertag näher rückte, fragte ich meine Mutter: “Mama, was wünschst du dir zum Muttertag?” Sie antwortete: “Ach, alles, was ich will, ist, dass du nett und freundlich bist!” Es wäre einfacher gewesen, wenn sie sich eine Schachtel Pralinen gewünscht hätte, denn nett und freundlich zu sein, wo begann das – und wann hörte es auf? Ich versuchte also, nett und freundlich zu sein, um ihr eine Freude zu machen, aber wenn ich ein Verhalten an den Tag legte, das ihr nicht gefiel, sagte sie zu mir. “Du bist ja kein bisschen nett und freundlich, ich habe dir den schönen Mantel gekauft, den du dir gewünscht hast, ich habe dir das tolle Fahrrad gekauft, das du so sehr haben wolltest ...” (auch wenn das zwei Jahre zurücklag). Und sie zählte mir weiter alles auf, was sie mir geschenkt hatte, bis hin zu: “Bei all den Opfern, die ich bringe, um euch großzuziehen ...”

Bei diesen Worten fühlte ich mich schuldig, als hätte ich ihr gerade das Geschenk weggenommen, das sie sich von mir gewünscht hatte. Ich fühlte mich undankbar, als schlechte Tochter, so dass ich wieder in meine Rolle als unterwürfige Tochter zurückkehrte, um von ihr geliebt zu werden. Dann irgendwann war ich es leid, vergeblich zu versuchen, ihr zu gefallen, und wurde sehr rebellisch ihr gegenüber und damit auch gegenüber jeder Form von Autorität.

Meine Rebellion brachte zum Ausdruck: “Liebe mich doch, wie ich bin, hör auf, von mir zu verlangen, perfekt zu sein!”

Bei meinem ersten Ehemann hatte ich das Gefühl, dass er auf seine Weise von mir verlangte: “Sei hübsch, sei nett und halt den Mund!” Damals erkannte ich noch nicht, dass ich damit dasselbe Szenario wie mit meiner Mutter wiederholte.

Ich war mir nicht bewusst, dass ich es war, die von sich selbst verlangte, perfekt zu sein, denn ich hatte ja immer geglaubt, dass ich perfekt sein musste, um geliebt zu werden. Wenn ich alles tat, um meinem Mann zu gefallen, war ich nicht ich selbst, sondern versuchte zu sein, was er meiner Meinung nach von mir erwartete. "Ich selbst sein" - ich wusste gar nicht, was das überhaupt bedeuten sollte. Alles, was ich wusste, war, dass es mir nicht gut ging in unserer Beziehung. Ich fühlte mich nicht frei, hatte das Gefühl, in einem goldenen Käfig zu sitzen. Seine überfürsorgliche Art erdrückte mich, was mich dazu brachte, ihn zu verlassen.

Ich machte einen Neuanfang und schwor mir, mich nie mehr in einen Käfig sperren zu lassen. Meine zweite Beziehung ähnelte eher einem Boxring, in dem sich unsere Egos bekämpften, um jeweils recht zu behalten. Dennoch war es diese zweite Beziehung, in der ich den Weg der persönlichen Weiterentwicklung einschlug. Dann beendete ich auch diese Beziehung, da sie nicht mehr dem entsprach, was ich leben wollte. Ich blieb eine Zeit lang Single, dann begegnete ich meiner großen Liebe. Diesmal war ich bereit, mich voll und ganz in dieser neuen Beziehung zu engagieren. Ich war bereit, mich selbst infrage zu stellen. Ich las alle Bücher, die ich über Paarbeziehungen finden konnte. Diese Beziehung dauerte 12 Jahre. Ich weiß noch, wie ich ihm vor unserer Scheidung sagte: "Du weißt, dass ich mein Möglichstes tue, um dir zu gefallen, und ich weiß, dass auch du alles tust, was du kannst, um mir zu gefallen, aber am Ende funktioniert es nicht!"

Als ich ihm das sagte, waren meine Worte mehr eine Feststellung, denn ich wusste nicht, wo das Problem lag. Rückblickend sehe ich deutlich, dass wir beide uns nicht wohlfühlten, weil wir nicht einfach wir selbst sein konnten. Wir hatten beide Angst, dem anderen zu missfallen. Er aus Furcht, dass ich ihn ablehnte, und ich aus Angst, ihn zu verlieren.

Hier ein Beispiel: Es war ein Wintermorgen, das Wetter war herrlich und ich hatte Lust, Ski fahren zu gehen. Ich schlug ihm vor mitzukommen. "Ich kann nicht", sagte er, "ich muss noch diese Reparatur zu Ende machen, dann muss ich sie noch verschicken ..." Ich fand Lösungen für ihn, so dass er keine Ausrede mehr hatte und sich genötigt sah zu sagen: "Okay, einverstanden ..."

Auf der Piste sah ich ihm an, dass er keine Lust hatte, Ski zu fahren. Ich fuhr zu ihm hin und fragte ihn: "Hattest du überhaupt Lust, Ski fahren zu gehen?" Er antwortete verärgert: "Nein, ich hatte keine Lust, aber es muss ja immer alles nach dir gehen."

Ich hatte mein Spiegelbild direkt vor Augen. So wie glaubte, dass meine Mutter von mir verlangte, perfekt zu sein, glaubte auch er, dass ich von ihm verlangte, allen meinen Wünschen zu entsprechen, damit ich ihn liebte. Mir etwas zu verweigern, bedeutete für ihn zu riskieren, abgelehnt zu werden. Als er sagte: "Okay, einverstanden ...", war er nicht ehrlich zu sich selbst, und da er nicht ehrlich zu sich selbst war, konnte er nicht er selbst sein.

Er sendete mir eine doppelte Botschaft: "Ich sage ja zu dir, um sicherzugehen, dass du mich nicht ablehnen wirst, aber das ist nicht, was ich eigentlich will." Wie sollte ich auf diese doppelte Botschaft reagieren? Wenn er einfach zu mir gesagt hätte: "Wenn du Lust hast, Ski zu fahren, dann mach doch, ich habe keine Lust." Damit hätte ich eine klare Botschaft gehabt, aber er hatte Ausreden benutzt, um nicht nein zu mir sagen zu müssen.

Aber auch ich war nicht ich selbst. Wäre ich ich selbst gewesen, dann hätte ich auf mein Bedürfnis gehört, ohne darauf zu bestehen, dass er mitkommt. Warum bestand ich darauf? Weil ich mir nicht das Recht zugestand, mir dieses Vergnügen für mich allein zu gönnen. Ich hatte diese Gleichung in mir: ***Haben, wenn jemand anderes nicht hat = ungerecht.*** Ich gestattete mir also selbst nicht, mir eine schöne Zeit zu machen, während er arbeitete.

Dadurch, dass wir beide nicht auf unsere Bedürfnisse hörten, um einander nicht zu missfallen, verwehrten wir uns beide, was uns Freude machte: Ski zu fahren beziehungsweise für sich allein zu sein. Ich warf ihm vor, böswillig zu sein, und er warf mir vor, nie seine Bedürfnisse zu berücksichtigen. Das ist nur ein Beispiel von vielen, die zur Trennung und Scheidung führten, obwohl wir uns sehr liebten.

* Wie können wir wir selbst sein?

Um wir selbst zu sein, müssen wir die Angst überwinden, den anderen zu verlieren, die Beziehung zu verlieren, den Job zu verlieren und so weiter.

Um wir selbst zu sein, müssen wir uns genügend lieben, um frei in unseren Entscheidungen zu sein, um frei zu sein, uns auszudrücken, um frei zu sein, etwas abzulehnen, um frei zu sein, anders zu denken oder zu handeln, als unser Umfeld es von uns erwartet.

Um wir selbst zu sein, müssen wir aufhören, in Reaktion zu leben.

Wenn wir in Reaktion leben, sind wir nicht wir selbst.

Hast du schon einmal gedacht oder gesagt "Ich werde niemals so werden wie meine Mutter", "Ich will nicht so sein wie mein Vater" oder " ... wie diese Person"?

Meine Mutter hat mir eines Tages einmal anvertraut, dass ihre eigene Mutter sie als Kind mit einem Stock schlug. Sie hatte sich geschworen, niemals die Hand gegen ihre eigenen Kinder zu erheben. Wenn ich ungehorsam war, sagte meine Mutter immer zu mir: "Warte nur, bis Jacques kommt!" Für mich klangen diese Worte wie eine Drohung. Jacques war mein älterer Bruder, dem sie die Rolle als Ersatzvater zugeteilt hatte, aber er hatte weder das Alter noch die Reife, um diese Rolle glaubhaft zu verkörpern.

Die Folge war, dass ich ständig in Angst lebte, denn Jacques war manchmal sehr grob zu meinen Schwestern.

Ich versprach mir selbst, meinen eigenen Kindern niemals zu drohen und dass ich, wenn einmal ein Klaps nötig sein sollte, das auch selbst tun würde. Woraus folgt: Meine Mutter hat ihre eigene Mutter verurteilt und geglaubt, es besser zu machen als sie. Ich wiederum habe meine Mutter verurteilt und ebenfalls geglaubt, es besser zu machen als sie - aber das Ergebnis war dasselbe. Ich habe Angst vor meinem Bruder gehabt, und meine Tochter hatte Angst vor mir.

Wenn wir sagen “Ich werde niemals so sein wie ...”, handeln wir zwar nicht ganz genauso, aber das Ergebnis ist sehr oft dasselbe.

Wir verfallen ins andere Extrem, um uns selbst davon zu überzeugen, dass wir nicht so sind wie die von uns verurteilte Person, aber dieses extreme Verhalten sind nicht wir selbst.

Ich werde mein Haus in Ordnung halten

Als Kind verglich ich meine Mutter, die arbeiten ging, mit der Mutter meiner besten Freundin, die zu Hause arbeitete. Im Vergleich zu ihr fand ich meine Mutter ziemlich unordentlich. Ich wollte meiner Mutter nicht ähnlich sein, da ich lieber eine ordentliche Frau sein und ein immer tadellos sauberes Haus haben wollte. Wie viele schöne Tage habe ich zu Hause verbracht, um alles auf Hochglanz zu polieren, an denen ich mir auch mehr Zeit für mich selbst hätte nehmen oder mir eine tolle Zeit mit meinen Kindern hätte machen können. Zum Glück habe ich das begriffen. Auch wenn ich gerne in einem sauberen, ordentlichen Haus lebe, hat das für mich keine Priorität mehr.

Für mich wird meine Arbeit keinen Vorrang vor meinen Kindern haben

Kathy wuchs auf zwischen einem Vater, den sie nur an einem Wochenende im Monat sah, und einer Mutter, die sehr von ihrer Arbeit in Beschlag genommen war. Kathy träumte davon, eine Familie wie ihre Freundinnen zu haben. Sie schwor sich, dass, wenn sie heiratete, es fürs Leben sein würde und sie für ihre Kinder da sein würde.

Als sie Dylan traf, fragte sie ihn als Erstes: "Willst du später Kinder haben?" Wenn er das verneint hätte, hätte sie ihn nach dem ersten Date nicht mehr getroffen. Aber da auch Dylan unter der Abwesenheit seiner Eltern gelitten hatte, wünschte er sich genau wie sie, eine Familie zu gründen. Kathy heiratete Dylan, und sie bekamen zwei hübsche Kinder.

Als Kathy zu mir in die Beratung kam, war sie am Rande der Erschöpfung. Ich fragte sie, was sie so belastete.

"Ich finde das Leben belastend, voller Zwänge. Ich habe das Gefühl, nicht frei zu sein, keine Zeit mehr für mich selbst zu haben. Ich weiß, dass es meine Entscheidung war, eine Familie zu gründen, und dass ich dazu stehen muss, aber es gibt Momente, in denen ich mich so allein fühle, und das belastet mich."

"Was meinst du damit, dass du dich so allein fühlst?"

"Ich liebe meine Kinder über alles, und trotzdem habe ich manchmal das Gefühl, nicht genug für sie zu tun. Aber ich habe auch das Gefühl, meine Familie am Laufen zu halten. Wenn ich zum Beispiel von der Arbeit nach Hause komme, habe ich noch nicht mal meinen Mantel ausgezogen, und schon kommt mein Mann an, der mich braucht, dann wollen die Kinder meine Aufmerksamkeit, es muss Essen gekocht werden, die Küche muss aufgeräumt werden, die Kinder müssen ins Bett gebracht werden, die Wäsche wartet auch noch auf mich ... Dann gehe ich erschöpft ins Bett, nur um am nächsten Morgen wieder von vorne anzufangen, und dann fühle ich so eine Leere, so eine Einsamkeit in mir ..."

"Wie ist deine Beziehung zu deinem Mann?"

"Ich sehe ihn viel mehr als Vater meiner Kinder statt als Liebespartner."

"Könnte es sein, dass ihr beide so sehr nur das Beste für eure Kinder wollt, dass euch nur noch sehr wenig Energie bleibt, um euch eure eigenen Bedürfnisse zu erfüllen, und dass das dein Einsamkeitsgefühl erklären könnte?"

"Das ergibt Sinn, denn ich habe noch nicht mal mehr Lust auf ihn ... Und es fehlt mir, mich wie eine Frau geliebt zu fühlen und einen Mann zu begehren ..."

"Meinst du damit, dass dir ein bisschen Romantik in deiner Beziehung fehlt?"

"Ja, ich würde so gerne Küsse und Zärtlichkeiten austauschen, mich in die Arme eines Mannes schmiegen, in den ich verliebt bin ..."

"Du hast mir gesagt, dass du als Kind darunter gelitten hast, dass du oft dir selbst überlassen wurdest, weil deine Mutter viel arbeiten ging. Könnte es sein, dass du dir selbst versprochen hast, es nicht so zu machen wie deine Mutter, also immer für deine Kinder da zu sein?"

"Ja, das stimmt."

"Und ist das Ergebnis nicht genau dasselbe? Du wolltest eine Familie haben, um dich nicht mehr allein zu fühlen, und jetzt fühlst du dich mit deiner Familie allein?"

"Das ist wahr, das habe ich so noch gar nicht gesehen."

"Könnte es sein, dass du, weil du es nicht so machen willst wie deine Mutter, dein Leben damit verbringst, dir selbst aufzuerlegen, die perfekte Mutter zu sein, so dass dir keine Zeit mehr für dich selbst und eine erfüllende Liebesbeziehung bleibt?"

“Ich hätte nie gedacht, ich könnte in Reaktion auf meine Mutter leben, da ich sie liebe und wir eine gute Beziehung zueinander haben.”

“In Reaktion zu leben bedeutet nicht, in einem Konflikt zu leben, sondern das Verhalten eines Menschen oder eine Situation, in die er uns gebracht hat, nicht akzeptiert zu haben.”

“Wie kann ich es schaffen, nicht mehr in Reaktion zu leben?”

“Auch wenn deine Mutter meistens wegen ihrer Arbeit nicht da war, kann sie deshalb trotzdem eine gute Mutter für dich gewesen sein. Inwiefern war das für dich nachteilig?”

“Es war nachteilig für mich, weil ich darunter gelitten habe, so oft mir selbst überlassen zu werden. Aber es stimmt, dass sie eine gute Mutter war. Und wenn sie da war, schenkte sie mir manchmal besondere Momente, an die ich sehr schöne Erinnerungen habe.”

“Was konntest du daraus lernen, dass du dir selbst überlassen wurdest?”

“Ich habe daraus gelernt, verantwortungsvoll und selbstständig zu sein.”

“Was würdest du sagen, wenn du dem kleinen Mädchen wiederbegegnen würdest, das dachte ‘Ich werde es nicht so machen wie meine Mutter, ich werde für meine Kinder da sein’, um ihm zu verstehen zu geben, dass seine Mutter ein Gleichgewicht zwischen ihrem Berufsleben und ihrem Familienleben finden musste, was aber nicht bedeutete, dass sie keine gute Mutter war?

Könnte es sein, dass du ins andere Extrem verfallen bist, um dir zu versichern, dass du eine bessere Mutter sein würdest als sie, und dass du gerade dabei bist, in diesem Extrem auszubrennen? Müsstest nicht auch du ein Gleichgewicht zwischen deinem persönlichen Leben und deinem Familienleben finden?”

“Ja, jetzt verstehe ich es!”

“Glaubst du, dass dein Leben, wenn du dieses Gleichgewicht findest, leichter und glücklicher sein könnte?”

“Ja! Ich muss dieses Gleichgewicht finden.”

Ich werde nicht so feige sein wie mein Vater

Olivier leidet seit über zehn Jahren an Multipler Sklerose. Als kleiner Junge hat Olivier seinen Vater, einen brillanten Rechtsanwalt und geachteten Politiker, sehr bewundert. Olivier machte es immer viel Freude, das prunkvolle Büro seines Vaters zu betreten, der sein Held war.

Dann erlebte Olivier, wie dieser machtvolle Held in sich zusammenfiel. Er verstand nicht, warum sein Vater sein Büro verließ, um stundenlang im Wohnzimmer fernzusehen oder auf dem Sofa zu liegen und in die Luft zu starren. Von seiner Mutter erfuhr er, dass sein Vater eine nervöse Depression hatte. Jahr für Jahr musste er hilflos dem Verfall seines Vaters und ihres schönen Hauses zusehen. Seine Mutter kritisierte seinen Vater und sagte, dass er sich keine Mühe gebe, da wieder herauszukommen. Olivier versprach sich selbst, es nicht so zu machen wie sein Vater und, was auch immer geschehen würde, Mut zu beweisen.

Er fing an zu studieren und engagierte sich danach in größeren Projekten, die ihm lange Arbeitszeiten abverlangten. Selbst wenn er völlig erschöpft war, weigerte er sich, auf seine Müdigkeit zu hören, und brachte sich selbst immer wieder an die Grenze des Erträglichen. Als seine Multiple Sklerose begann, weigerte er sich aufzuhören, und beschränkte sich nur auf die Behandlung, die man ihm anbot. Je mehr die Erkrankung fortschritt, desto mehr Schwierigkeiten bekam er zu gehen. Seine Beine sagten zu ihm: “Wir wollen dir nicht mehr folgen, hör auf!” Um nicht auf seine Erschöpfung zu hören und sich nicht gehen zu lassen, wie es seiner Meinung nach sein Vater getan hatte, war er ins andere Extrem verfallen. Er erkannte nicht, wie sehr er in Reaktion auf das Verhalten seines Vaters lebte.

Schließlich wurde er sich dessen bewusst und er verstand, dass sein Vater nicht aus Feigheit in diese Depression versunken war, sondern weil er zutiefst verzweifelt gewesen war und Zuspruch gebraucht hätte, um wieder herauszufinden.

Er hörte auf, in Reaktion darauf zu leben, wie es seinem Vater ergangen war, und ständig beweisen zu wollen, dass er alles schaffen würde. Er verstand, was ihn in die Multiple Sklerose geführt hatte, und beschloss, seinem Körper zu helfen, wieder gesund zu werden.

Wenn wir keine Angst mehr haben, dem Menschen zu ähneln, den wir abgelehnt haben, wissen wir, dass wir nicht mehr in Reaktion auf ihn leben und wieder zur Harmonie mit uns selbst gefunden haben.

Du wirst nicht über mein Leben bestimmen

Jedes Mal, wenn Louis seinen Eltern eine junge Frau vorstellte, bekam er negative Kommentare von seiner Mutter zu hören. Als er ihr Christine vorstellte, wertete seine Mutter sie dermaßen ab, dass Louis beschloss, sie zu heiraten. Er heiratete Christine nicht aus Liebe, sondern in Reaktion auf seine Mutter. Es war seine Art und Weise, ihr zu sagen: "Du wirst nicht über mein Leben bestimmen." Louis war nicht in Christine verliebt, aber konnte sich nicht dazu durchringen, mit ihr Schluss zu machen. Manchmal wurde er grundlos böse, und Christine verstand es nicht. Sie versuchte, ihn zu beschwichtigen, und manchmal wurde er so wütend, dass er dabei Gegenstände zerstörte. Louis fühlte sich in einer Sackgasse und wusste nicht, wie er wieder hinausfinden sollte. Christine zu verlassen, hätte seiner Mutter Recht gegeben, und weiter mit ihr zusammenzubleiben bedeutete, ein Leben voller Frustration zu führen, die er mit seinen Wutanfällen zum Ausdruck brachte.

Du hast für mich entschieden und wirst es bereuen

Viviane traf sich mit einem jungen Mann, den ihre Mutter sehr schätzte. Sie sah in ihm den idealen Ehemann für ihre Tochter. Viviane fühlte sich nicht bereit zu heiraten, sie wollte reisen und ihr eigenes Leben führen. Ihre Mutter fürchtete, dass sie sich diese gute Partie entgehen lassen könnte, drängte sie zur Heirat und übernahm die komplette Organisation der Hochzeit - von den Einladungen bis zur Feier.

Viviane fühlte, dass diese Ehe mehr den Wünschen ihrer Mutter entsprach als ihren eigenen, und dachte: "Du wolltest meinen Ehemann für mich auswählen und meine Hochzeit organisieren, und du wirst es bereuen, denn ich werde mit diesem Mann niemals glücklich sein."

Philippe, Vivianes Ehemann, tat alles, um sie glücklich zu machen, aber Viviane verschloss sich der Liebe, die er ihr schenkte. Irgendwann war er die Anstrengungen leid, eine schöne Beziehung mit ihr zu führen, und reichte die Scheidung ein. Viviane wurde klar, dass sie Philippe liebte und sich nicht scheiden lassen wollte, aber Philippe hatte seine Entscheidung lange reifen lassen. Für ihn war ein Zurück unvorstellbar. Viviane war verzweifelt. Das führte sie zu mir in eine Beratung. Sie wurde sich bewusst, wie sehr diese Reaktion auf ihre Mutter sie daran gehindert hatte, ihr Herz diesem Mann zu öffnen, mit dem sie hätte glücklich sein können.

Wir können in Reaktion auf etwas leben, das zu uns gesagt worden ist

Irma hatte schiefe Zähne, die ihrem Aussehen nicht besonders zuträglich waren. Eines Tages sagte ihre Mutter zu ihr: "Mit solchen Zähnen findest du niemals einen Mann, der dich heiraten will." Aber sie weigerte sich, ihre Zähne richten zu lassen. Sie wollte ihrer Mutter beweisen, dass sie auch mit schiefen Zähnen heiraten konnte. Sie begegnete einem attraktiven Mann und heiratete ihn. Die Zahnfehlstellung führte dazu, dass sie sich selbst abwertete und ständig in der Sorge lebte, ihr Mann könnte sich in eine hübschere Frau verlieben.

Ich habe sehr viele Menschen wie Irma getroffen, die sich nicht bewusst waren, dass ihre Probleme aus einer Reaktion auf einen Angehörigen herrührten. So hatte zum Beispiel eine übergewichtige Frau eine Mutter, die sehr auf ihre Linie achtete. Sie hörte nicht auf, ihre Tochter zu warnen: "Pass auf, iss nicht so viel, iss keine Süßigkeiten, du wirst dick davon." In Reaktion auf ihre Mutter dachte die Tochter: "Ich will mein Leben nicht mit Diäten verbringen wie du. Ich will nicht für meine Kleidergröße geliebt werden, sondern dafür, wer ich bin. Also wirst du mich so lieben, wie ich bin, sogar wenn ich dick bin."

Wir können in Reaktion auf eine Vorhersage leben

Ich hatte gerade eine Beziehung angefangen, in die ich große Hoffnung setzte. Auf einer Messe für Alternativmedizin, an der ich teilnahm, traf ich einen Hellseher wieder, der mir bereits früher Dinge mitgeteilt hatte, die sich als richtig herausgestellt hatten. Er sagte mir voraus, dass ich eine sehr große Liebe erleben würde, wie sie nur wenigen Menschen zuteilwird. Ich hatte zwar die große Liebe noch nicht getroffen, von der er sprach, wollte aber gerne wissen, ob meine neue Liebe vielleicht derjenige war, den er mir vorausgesagt hatte.

Ich hielt ihm meine Hand hin, damit er mir sagte, was er sah. Da der Ort und das Licht nicht besonders gut dafür waren, schlug er mir vor, ihn auf meiner Reise nach Montréal zu Hause zu besuchen. Als ich ihn dort wiedertraf, bestätigte er mir, was er mir bereits über diese große Liebe gesagt hatte, ohne dass ich ihn daran erinnert hatte. Ich fragte ihn also, ob mein neuer Freund derjenige war, mit dem ich diese große Liebe erleben würde. Er blickte aufmerksam auf die Linien meiner Hand und antwortete. "Nein, er ist es nicht." Dann fügte er hinzu: "Diese Beziehung, in der du gerade bist, wird nicht länger als drei Jahre dauern." Ich war mehr als erstaunt. Als er meine Skepsis sah, nahm er sein Pendel, das bestätigte, was er gesehen hatte. Doch da ich weiter skeptisch blieb, schlug er mir vor, die Karten des Orakels von Belline zu befragen. Die Antwort ging in dieselbe Richtung. Er fügte hinzu: "Ich habe mich noch nie geirrt." Fassungslos verließ ich das Treffen. Ich erzählte meinem Freund davon, der mich beschwichtigte und sagte, dass ich mich von solchen "Futurologen" nicht beeinflussen lassen sollte. Ich wollte nicht glauben, was der Hellseher mir gesagt hatte, ja wollte ihm sogar beweisen, dass er sich geirrt hatte.

Wenn wir anderen zeigen wollen,
dass sie Unrecht damit hatten,
was sie zu uns gesagt haben,
lebt der Zweifel in uns fort,
und am Ende bekommen sie doch recht.

Jedes Mal, wenn wir Beziehungsprobleme hatten, dachte ich wieder an das, was der Hellseher mir gesagt hatte, und verdoppelte meine Anstrengungen, um unsere Beziehung zu retten und ihm am Ende nicht recht geben zu müssen. Ich glaubte, dass ich, wenn diese drei Jahre erst einmal vorbei waren, das Spiel gewonnen hätte. Aber selbst nach diesen drei Jahren wollte ich diesem Hellseher auch weiterhin beweisen, dass er sich geirrt hatte.

In Momenten, in denen ich alles infrage stellte, dachte ich manchmal, dass ich mich vielleicht abmühte, ein untergehendes Boot über Wasser zu halten, während irgendwo anders ein wunderschönes Schiff auf mich wartete. Am Ende ist unser Boot nicht mehr aufgetaucht. Wir sind getrennte Wege gegangen.

Rückblickend ist mir klar geworden, dass ich mit all der Energie, die ich in meine Bemühungen steckte, diesen Hellseher der Lüge zu überführen, seinen Aussagen mehr Macht verlieh, so dass er am Ende recht behielt.

Seit dieser Erfahrung wollte ich nie mehr von Hellsehern meine Zukunft erfahren, denn ich bin mir sehr bewusst, dass zwar einige Hellseher ihre außersinnlichen Fähigkeiten aufrichtig dazu nutzen, Rat suchenden Menschen zu helfen, andere aber Zweifel und Ängste in uns schüren können, die wir manchmal nur schwer wieder loswerden können.

Ich weiß auch: Anderen beweisen zu wollen, dass sie sich in ihren Aussagen geirrt haben, führt uns in einen Konflikt mit uns selbst.

Ich bereue diese Beziehung nicht, ich empfinde sie sogar als Segen, denn sie hat es mir ermöglicht, meine Liebe auf eine neue Stufe zu heben und viele Wunden aus meiner Vergangenheit zu heilen. Dadurch konnte ich mich für mich selbst entscheiden, statt zu versuchen so zu sein, wie ich glaubte, dass andere mich haben wollten.

Heute weiß ich, dass die große Liebe, die dieser Hellseher in meiner Hand gesehen hat, nicht auf eine Paarbeziehung beschränkt war.

Eines Tages werdet ihr schon noch sehen, was aus mir geworden ist!

Mit neun Jahren hat Georges einen Fahrradunfall, bei dem er sich beide Beine bricht. Sein langer Krankenhausaufenthalt hat zur Folge, dass er bei seiner Rückkehr in die Schule in eine Klasse mit Kindern versetzt wird, die Lernschwierigkeiten haben. Da er diese Probleme nicht hat, wird er Klassenbester. Am Ende des Schuljahrs werden alle Eltern zur Aushändigung der Zeugnisse in die Aula eingeladen. Nacheinander werden die Klassenbesten auf das Podium gerufen und begeistert beklatscht. Georges wird nicht dazu aufgefordert. Er ist zutiefst enttäuscht und wütend. Innerlich denkt er: "Wartet nur, eines Tages werdet ihr schon noch sehen, was aus mir geworden ist! Ich werde mich an euch allen rächen." Und dann arbeitet Georges jahrelang mit Hochdruck daran zu erreichen, was er wirklich will. Seine einzige Motivation ist es, der Welt zu zeigen, wozu er imstande ist. Dafür opfert er einen guten Teil seiner Jugend, vernachlässigt seine Frau und seine Kinder und ist am Ende allein und komplett ruiniert und hat schwere gesundheitliche Probleme, nachdem seine Frau und seine Freunde ihm und seinem törichten Ehrgeiz den Rücken zugekehrt haben.

Geschickt fädelte einer der wenigen Freunde, die ihm geblieben waren, einen Termin mit mir ein, denn Georges war zwar völlig am Ende, konnte aber nicht selbst um Hilfe bitten. Im Laufe unseres Termins vertraute er mir an: "Seit ich meine Firmen verloren habe, habe ich eine Geliebte, der ich in drei Monaten mehr Zeit geschenkt habe als meiner Frau in 15 Ehejahren. Aber ich habe meine Frau immer sehr geliebt."

Georges wollte beweisen, wozu er imstande war, aber niemand interessierte sich für seine Beweise. Alles, was seine Angehörigen sich wünschten, war, dass er sich Zeit nahm, um mit ihnen zusammen zu sein. Ich half Georges, sein Erlebnis mit neun Jahren anders zu verstehen. Man hatte ihn vielleicht deshalb nicht auf das Podium gerufen, weil in dieser Klasse jedes Kind nach seinen individuellen Fortschritten bewertet wurde. Die beklatschten Schüler wurden nach einem vorgegebenen Programm bewertet.

Der kleine Georges verstand es und erkannte, dass es nicht wichtig war, was die anderen dachten. Am wichtigsten war, was er über sich selbst dachte.

Wisse, wer du bist, und vergiss es niemals …

Ihr werdet niemals irgendetwas Gutes im Leben zustande bringen …

Meine Schwester und ich saßen am Tisch und erzählten uns lachend von unseren Schulstreichen. Leicht verärgert fuhr mein Stiefvater uns an: "Ihr seid Versagerinnen, ihr werdet niemals irgendetwas Gutes im Leben zustande bringen." Erstaunt und verletzt über seinen Kommentar, wollte ich ihn herausfordern und erwiderte: "Eines Tages, Jos, wirst du einfach nur 'Wow' zu mir sagen!" In dem Sinne, dass er sich vor mir verbeugen würde. Seine Worte hatten durchaus ihr Gutes, denn sie motivierten mich zu einem erfolgreichen Studium, während ich bisher meine Zeit in der Schule nur abgesessen hatte. Danach wollte ich erfolgreich in meiner Arbeit sein und stellte mich immer größeren Herausforderungen. Ich wollte meinem Stiefvater beweisen, dass er sich mit seiner Behauptung geirrt hatte, ich sei eine Versagerin. Ich zahlte den Preis dafür, Erfolg erzwingen zu wollen, und arbeitete genau wie Georges sieben Tage in der Woche, sah meinen Mann und meine Kinder nur wenige Stunden und hatte ihnen meist nur meine Erschöpfung anzubieten.

Wenn ich meine Mutter besuchte, fragte sie mich: "Wie läuft es denn mit deinem Zentrum, machst du denn auch Geld damit?" Ich nahm ihre Frage wie eine Ohrfeige auf, die mich wütend machte. Wie gerne hätte ich zu ihr gesagt: "Ja, Mama, ich verdiene sehr gut mit meinem Zentrum!" Aber da das nicht der Fall war, bedeutete das für mich, erfolglos zu sein und ihren Stolz nicht zu verdienen.

Dennoch wurde ich immer wieder Zeugin wunderbarer Veränderungen und Heilungen bei meinen Seminarteilnehmern.

Dann geriet ich mit meinem Zentrum in schwere finanzielle Schwierigkeiten. Ich musste Konkurs anmelden. Ich erlebte das wie ein Scheitern. Ich hörte innerlich die Worte meines Stiefvaters, als würde er mir ins Ohr flüstern: "Da siehst du, dass du eine Versagerin bist. Da siehst du, dass du niemals etwas Gutes im Leben zustande bringen wirst", und prompt setzte ich mich selbst komplett herab.

Zu meinem großen Glück hatte ich gelernt, auf meinen inneren Meister zu hören. Er gab mir zu verstehen, alles loszulassen und fortzugehen. Und so ging ich für drei Monate ins Ausland. Diese Reise war für mich eine der heilsamsten. Sie ermöglichte es mir, Bilanz in meinem Leben zu ziehen, darauf zu lauschen, was in mir vor sich ging. Durch dieses Auf-mich-selbst-Hören lernte ich, besser auf die Botschaften zu achten, die sich in den Erfahrungen meines Lebens verbargen.

Ich meditierte über das Scheitern, das ich erlebt hatte, und wurde mir bewusst, wie sehr ich meinem Stiefvater hatte beweisen wollen, dass er sich geirrt hatte, als er zu mir gesagt hatte, ich sei eine Versagerin. Ich musste mich mit seinen Worten versöhnen und die wahre Botschaft darin erkennen. In diesem Alter hatten meine Schwester und ich Spaß daran gehabt, unsere Lehrer zu provozieren. Da wir nicht auf dieselbe Schule gingen, erzählten wir uns eben zu Hause von unseren Schulstreichen.

Mein Stiefvater war ein Mann, der gerne lernte, und ich verstand den tiefen Sinn seiner Worte, die sagten wollten: "Ich hätte sehr gerne so viel Glück wie ihr gehabt, studieren zu können, und ihr verschwendet diese kostbare Zeit damit, Blödsinn zu machen ... Wenn ich euch Versagerinnen nenne, dann will ich damit sagen, dass ich Angst habe, dass ihr weder in der Schule noch im Leben Erfolg haben werdet, und das will ich nicht für euch."

Mit diesem neuen Verständnis erkannte ich, wie sehr er uns wie seine eigenen Kinder liebte. Ich hörte auf, in Reaktion auf ihn und seine Worte zu leben. Ich verstand, wie wichtig es war, die wunderbaren Chancen zu nutzen, die mir geschenkt wurden, und stolz auf mich zu sein.

Zurück von dieser Reise hatte ich keine Lust mehr, irgendjemandem irgendetwas zu beweisen. Ich tat, worauf ich Lust hatte, was mir Freude und persönliche Zufriedenheit bereitete, auch wenn nur ich selbst davon wusste. Dass andere wussten oder sahen, was ich tat, war nicht mehr wichtig. Indem ich darauf verzichtete, von anderen anerkannt werden zu wollen, erkannte ich mich selbst an. Das öffnete mir die Türen zum Erfolg.

Solange wir anderen beweisen wollen, was wir wert sind, glauben wir selbst nicht daran, und deshalb scheitern wir.

Und du, hast du in Reaktion auf einen deiner Angehörigen gelebt?

Falls ja, auf wen? Und aus welchem Grund?

Ist das immer noch so?

Wie könntest du damit aufhören?

* Wie können wir wir selbst sein und mit uns selbst im Einklang leben?

Suche nicht mehr die Zustimmung oder Anerkennung anderer.

Sein zu wollen, wovon wir glauben, dass andere es von uns erwarten, hindert uns daran, wir selbst zu sein. Wenn wir uns von dem ständigen Bedürfnis nach Anerkennung befreien, können wir mehr zum Ausdruck zu bringen, wer wir wirklich sind. Wenn wir jedem gefallen wollen, verleugnen wir uns selbst. Das Bedürfnis zu gefallen, anerkannt zu werden, wurzelt auch in unserer Kindheit. Anerkennung war gleichbedeutend mit Liebe und Wertschätzung.

Ich werde es niemals schaffen, denen zu gefallen, die ich liebe!

Philippe ist der älteste Sohn in seiner Familie. Sein Vater, ein gesellschaftlich hochgestellter Mann, hat große Ambitionen für seinen Sohn. Wenn Philippe sein Schulzeugnis nach Hause bringt, ist sein Vater nie zufrieden. Wenn er eine Drei hat, sagt sein Vater zu ihm: "Du hättest eine Zwei haben können." Philippe verdoppelt seine Anstrengungen, aber jedes Mal ist es dasselbe. Wenn er keine Eins hat, reicht es seinem Vater nicht. Philippe ist am Boden zerstört und denkt: "Ich werde es niemals schaffen, den Menschen zu gefallen, die ich liebe. Ich bin nicht gut genug. Mein Vater hat einen besseren Sohn verdient als mich." Das ist das Bild, das Philippe von sich hat: nicht dem zu entsprechen, was man von ihm erwartet. Und um dieses Minderwertigkeitsgefühl gegenüber seinem Vater nicht wieder zu erleben, geht er nach der Schule lieber kein Wagnis ein. Obwohl sich ihm viele Möglichkeiten bieten, wählt er einen Routinearbeitsplatz, wo er selbst keine Entscheidungen treffen muss. Aber gleichzeitig lebt er mit einem tiefen Versagens- und Minderwertigkeitsgefühl.

Philippe erlangte seine Selbstachtung wieder, als er begriff, dass er für seinen Vater der Beste war. Denn sein Vater hätte ihm eine Eins gegeben.

Was sein Vater damit hatte sagen wollen, dass er eine Zwei hätte haben können, war: "Ich bin mir sicher, dass man dich unterbewertet hat, du hast eine Zwei verdient."

Philippe verstand, dass er selbst es war, der sich seinem Vater gegenüber, den er bewunderte, immer abgewertet hatte. Er hatte nie gesehen, wie stolz sein Vater auf ihn war. Dadurch konnte er seinen Wert anerkennen und verstehen, dass auch weniger als eine Eins sehr gut, ja sogar exzellent sein kann.

Was bringt es, sich anzustrengen, es fällt ja sowieso niemandem auf!

Alice ist sehr erfolgreich in der Schule. Doch jedes Mal, wenn sie ihrer Mutter ihr Schulzeugnis zeigt, sagt die zu ihr: "Das kannst du aber besser." Alice strengt sich an, um besser zu werden, aber ihre Mutter würdigt es nicht. Alice verliert den Mut und ihr Selbstvertrauen und denkt: "Was bringt es, sich anzustrengen, wenn sie es noch nicht mal merkt!" Nach dem Abitur verlangte ihr Vater von ihr, zugunsten ihres Bruders auf die Universität zu verzichten, mit der Begründung, dass sie so eine Ausbildung nicht brauche, da ihr Ehemann ja später für ihren Lebensunterhalt sorgen werde.

Über weite Strecken ihres Lebens nahm Alice nichts in Angriff, wenn sie von niemandem Rückhalt hatte, oder sie verlor den Mut, wenn sie für ihre Arbeit und ihre Bemühungen keine Komplimente bekam. Alice gab sich mit einer Arbeitsstelle zufrieden, die sie intellektuell unterforderte.

Wie schaffte Alice es, da herauszukommen? Indem sie sich eingestand, dass sie immer auf den Rückhalt oder die Zustimmung anderer gewartet hatte, um etwas zu unternehmen, statt etwas allein in Angriff zu nehmen oder sich ins Ungewisse zu wagen. Wie Philippe musste sie sich von ihrem Bedürfnis befreien, für alles, was sie unternahm, anerkannt und wertgeschätzt zu werden. Indem sie Risiken einging und Neues ausprobierte, konnte sie Selbstvertrauen gewinnen, um über sich hinauszuwachsen und stolz auf sich selbst zu sein.

Schätze dich doch einmal selbst ein. Frage dich: "Bin ich zufrieden mit dem, was ich gemacht habe?", "Habe ich mein Bestes versucht?", "Was könnte ich beim nächsten Mal besser machen?"

Das schließt nicht aus, die Meinung anderer zu übernehmen, aber tu das nur, wenn sie dir helfen kann, und keinesfalls, um dich selbst herabzusetzen oder zu entmutigen.

Lerne, dich selbst zu beglückwünschen, statt auf die Glückwünsche anderer zu warten.

Jedes Mal, wenn du findest, dass du eine gute Idee hattest oder etwas bewerkstelligt hast, sag dir selbst direkt: **“Glückwunsch!”**

Zum Beispiel: “Glückwunsch an mich selbst, dass ich daran gedacht habe, ...”, “Glückwunsch an mich selbst, dass ich mich getraut habe, ...”, “Glückwunsch an mich selbst, dass ich mich selbst respektiert habe”, “Glückwunsch an mich selbst, dass ich auf meine Intuition gehört habe”, “Glückwunsch an mich selbst, dass ich mich nicht damit zufrieden gegeben habe, was man mir gesagt hat” und so weiter.

Lerne, Grenzen zu setzen. Um Grenzen zu setzen, lerne, Sätze dieser Art zu benutzen, um für dich selbst einzustehen: “Das passt mir nicht”, “Damit bin ich nicht einverstanden.”

Und um etwas abzulehnen, beginne Sätze mit: “Wenn ich auf meine Bedürfnisse höre, ...”, “Wenn ich mich selbst respektieren will, ...”

Löse dich davon, was andere sagen oder denken könnten.

Bevor ich zu einer Reise aufbrach, die eine Initiationsreise für mich werden würde, besuchte ich meine Mutter, um ihr mitzuteilen, dass ich mein zwei Jahre zuvor eröffnetes Zentrum für persönliche Entwicklung schließen und nach Schottland reisen würde. Meine Mutter sagte darauf: “Mein armes Mädchen, du hast wirklich überhaupt kein Glück im Leben! Nichts, was du unternimmst, funktioniert. Du hattest eine gute Stelle in der medizinischen Mikrobiologie mit gutem Gehalt und hast sie aufgegeben. Du hast eine Filiale des Centre Écoute ton Corps eröffnet und bist gegangen. Dann hast du das Zentrum für persönliche Entwicklung eröffnet, und jetzt erzählst du mir, dass du damit vor der Pleite stehst. Nein, ehrlich, du hast einfach kein Glück!”

1989, als ich mein erstes Buch, Participer à l'Univers sain de corps et d'esprit[8] vorstellte, war meine Mutter bei der Buchvorstellung mit dabei. Bei der Veranstaltung erzählte ich eine Geschichte aus einem Zeichentrickfilm.

Eine Vogelmutter machte sich Sorgen, weil ihr Letztgeborenes noch nicht flügge geworden war. Sie schob es ein bisschen an, damit es losflog. Als die Nacht hereingebrochen war, waren alle Jungvögel zurück, bis auf das Kleine. Die Mutter begann zu weinen und sagte sich, dass sie es bei sich hätte behalten müssen. Spät in der Nacht kehrte das Junge zurück. Doch seine Mutter zeigte ihm nicht, welche Sorgen sie sich gemacht hatte, sondern sagte zu ihm: "Warum bist du erst so spät zurückgekommen? Warum hast du nicht wie deine Geschwister einen Zweig oder einen Wurm mitgebracht? Warum kehrst du mit leerem Schnabel zurück?" Der kleine Vogel blickte seine Mutter an, neigte den Kopf und antwortete lächelnd: "Das würde ich so nicht sagen!" Am Rücken trug er einen Dinosaurierschwanz.

Wie dieser kleine Vogel war ich die Letztgeborene unter meinen Geschwistern und machte nichts so wie meine Brüder und Schwestern.

Nach der Veröffentlichung dieses ersten Buches hatte ich viel Erfolg. Diesmal sagte meine Mutter zu mir: "Du hattest viel Glück im Leben im Vergleich zu deinen Geschwistern."

Wenn ich meiner Mutter hätte gefallen wollen, dann würde ich immer noch in der medizinischen Mikrobiologie arbeiten und wäre wahrscheinlich auch immer noch mit meinem ersten Mann zusammen. In ihren Augen wäre ich ein stabiler statt instabiler Mensch. Aber ich bin glücklich, mein Leben so gewählt zu haben, und würde es jederzeit wieder tun, denn ich hatte das große Privileg, immer zu lieben, was ich tat, und ein erfülltes Leben

[8] Claudia Rainville, Participer à l'Univers sain de corps et d'esprit, FRJ, 1990.

zu führen. Das erste Seminar, das ich leitete, hatte übrigens den Titel: "Wege in ein erfüllteres Leben!" Denn was wir geben, kommt zu uns zurück.

Die Menschen aus der Generation meiner Mutter, die noch den Krieg erlebt haben, lebten ständig in der Angst vor Mangel. Deshalb zogen sie Sicherheit dem Unbekannten vor. Meine Mutter war deshalb nicht weniger großherzig und immer sehr stolz auf alles, was ich erreichte, auch wenn sie nicht verstand, was mich antrieb, ständig über mich selbst hinauszuwachsen.

Suche dir Menschen, die dich in deinen Entscheidungen unterstützen können.

Wenn wir uns scheiden lassen wollen oder erfahren, dass wir eine schwere Krankheit haben, ist es nicht immer einfach, mit den Sorgen unserer Angehörigen konfrontiert zu werden.

Marguerite leidet an Brustkrebs. Ihr Arzt empfiehlt ihr, sich eine Brust entfernen zu lassen und sich einer Chemotherapie zu unterziehen. Marguerite denkt: "Vielleicht gibt es noch andere Möglichkeiten, die nicht so radikal sind." Innerlich spürt sie, dass sie nicht direkt an eine Operation denken sollte, aber ihre Angehörigen sagen zu ihr: "Was tust du da?", "Du spielst mit deinem Leben!", "Du gehst ein zu großes Risiko ein!", "Mach es wenigstens für uns!"

Manchmal ist es sehr schwierig, dem Druck unserer Angehörigen standzuhalten. Dann kann es hilfreich sein, sich einen Menschen zu suchen, dem wir vertrauen, der uns unterstützt und der uns in der Entscheidung, die uns richtig erscheint, Mut zuspricht. Dieser Mensch kann ein Freund sein, ein Arzt oder jemand, der dasselbe durchgemacht hat wie wir. Wenn es einen Zeitpunkt gibt, an dem es wichtig ist, im Einklang mit uns selbst zu leben, dann, wenn es um unsere Gesundheit, unser Wohlbefinden und unser Leben geht.

Lerne, dich selbst zu fragen: "Was will ich?" Frage dich: "Welche Entscheidung würde ich unter idealen Umständen treffen?", "Wäre ich mit diesem Partner zusammen?", "Würde ich an diesem Ort leben?", "Würde ich diese Arbeit machen?", "Würde ich dieses Leben führen?"

"Warum mache ich mit diesem Menschen oder mit diesem Job weiter?"

"Was hindert mich daran anzustreben, was ich mir wünsche?"

Wenn wir unsere eigenen Bedürfnisse, Wünsche und Bestrebungen respektieren, leben wir im Einklang mit uns selbst. Aber wenn wir ständig Kompromisse eingehen, um den Erwartungen anderer zu entsprechen oder ihnen einen Gefallen zu tun, leben wir nicht im Einklang mit uns selbst.

Wenn wir uns selbst verleugnen aus Furcht, andere zu verlieren, neigen wir dazu, andere verändern zu wollen, damit sie so sind, wie wir es gerne hätten. Dann kann uns der andere wie ein "Klotz am Bein" vorkommen.

Wenn zum Beispiel einer eher sesshaft und gerne zu Hause ist, während der andere von Reisen und neuen Erfahrungen träumt, wird der Sesshafte anfangs versuchen, mit dabei zu sein, oder er lässt seinen Partner bereitwillig losziehen. Doch der wird sich dann allein fühlen, ohne jemanden, mit dem er neue Entdeckungen und Leidenschaften teilen kann. Deshalb wird er eher darauf aus sein, dass der andere ihn auf seinen Reisen begleitet oder seine Lebenserfahrungen teilt. Er wird sich mit Reisen zurückhalten, um bei seinem Gefährten zu bleiben. Der Sesshafte wiederum wird sich immer gezwungen fühlen, seinen Partner zu begleiten, und wird sich in seinen Bedürfnissen unverstanden und nicht respektiert fühlen.

Ein Fisch und ein Vogel können sich sehr lieben, aber wo sollen sie leben?

Jemand anderen auf Kosten unserer Selbstachtung zu lieben,
ist keine Liebe, sondern Abhängigkeit.

Als kleines Baby musstest du nichts Besonderes tun, um geliebt zu werden. Du musstest nur du selbst sein. Was hältst du also davon, einfach du selbst zu sein?

Wer an sich selbst glaubt,
versucht nicht, andere zu überzeugen.

Wer mit sich selbst zufrieden ist,
braucht nicht den Beifall anderer.

Wer sich selbst akzeptiert,
den akzeptiert die ganze Welt.

Laotse

4. KAPITEL

Ich entdecke mein emotionales Gedächtnis

Leiden ist ein Korrektiv, um uns eine Lektion zu lehren, die wir durch andere Mittel nicht begriffen haben, und wir werden niemals davon frei werden, es sei denn, wir lernen die Lektion.

Dr. Edward Bach

Am Beginn meines persönlichen Weges fragte ich mich selbst: "Warum scheinen manche Menschen zum Glück prädestiniert zu sein, während andere nur Krankheiten, Misserfolge oder Unglück anzuziehen scheinen? Ist das Schicksal? Oder Karma? Warum werden wir in eine Familie und nicht in eine andere hineingeboren? Warum will ein Mann, den ich so sehr liebe, nichts mit mir zu tun haben, während alle, die Interesse an mir haben, für mich nicht infrage kommen? Warum geschieht jedes Mal, wenn ich glücklich bin, kurze Zeit später etwas ebenso Trauriges, oder warum erlebe ich nach einem Erfolg immer einen Misserfolg?" Ich war zu dem Schluss gelangt, dass ich wohl irgendwann einmal beschlossen hatte, es nicht verdient zu haben, glücklich zu sein! Aber wann und warum? Wo sollte ich die Antworten darauf finden?

Ich bin durch mehrere Denkschulen gegangen, bis ich entdeckte, dass die Ursache unseres Leids in Schlussfolgerungen liegt, die wir in unserem emotionalen Gedächtnis gespeichert haben.

* Was ist das emotionale Gedächtnis?

Das emotionale Gedächtnis liegt in einem Bereich unseres Gehirns, das "limbisches System" genannt wird. Als Schaltstelle des Gehirns ist es für die Speicherung von Ereignissen und Gefühlen zuständig.

Sehen wir uns einmal folgendes Beispiel an:

Ein fünfjähriger Junge ist mit seinem Vater im Urlaub am Meer. Der Junge spielt im Sand, als ihm sein Vater vom Wasser aus auf dem Rücken schwimmend zuruft: "Papa schwimmt jetzt zurück nach Hause!" Der Kleine bekommt Panik, fängt an zu schreien und zu weinen. Der Vater schwimmt zum Strand zurück, schüttelt seinen Sohn und sagt zu ihm: "Das reicht, hör auf, das ist wirklich dumm von dir, so zu weinen!", ohne ihm zu erklären, warum es dumm ist zu weinen.

Das emotionale Gedächtnis des Jungen wird die Worte seines Vaters mit dieser Gleichung speichern: *weinen = dumm sein*. Was wird später in seinem Leben passieren? Es kann sein, dass er viele Probleme damit haben wird, seine Gefühle auszudrücken, und sich nicht mehr trauen wird zu weinen.

Stellen wir uns dieselbe Situation vor, aber diesmal schwimmt der Vater zu seinem Jungen zurück, nimmt ihn in die Arme und sagt zu ihm: "Oh mein Schatz, hattest du Angst? Papa hat einen Witz gemacht, Papa wollte nicht ohne dich gehen, das wird er niemals tun. Weißt du noch, wie wir mit einem großen Flugzeug hierher geflogen sind? Ein Flugzeug fliegt sehr schnell, Papa hätte niemals bis nach Hause schwimmen können. Es war nur ein Witz. Komm, wir spielen jetzt zusammen." Was wird diesmal passieren? Das Kind hat verstanden, dass es in Ordnung ist, Angst zu haben und seine Gefühle auszudrücken. Und die Gleichung, die daraus entstehen kann, lautet: *Gefühle ausdrücken = angenommen und verstanden werden*. Wird dieses Kind später Angst haben, seine Gefühle auszudrücken? Nein.

Alle emotional gefärbten Erfahrungen, die wir vom Mutterleib an machen, werden in unserem Gehirn im sogenannten "limbischen System" gespeichert.

Eine Erfahrung, die als **angenehm oder zum Erfolg führend** eingestuft wird, löst unser **handlungsaktivierendes System** aus, das uns zu einer Handlung anregt, um dieses angenehme Gefühl zu wiederholen oder uns zum Erfolg zu verhelfen.

Wenn wir zum Beispiel in letzter Minute mit etwas Erfolg gehabt haben, konnte unser limbisches System die Schlussfolgerung speichern: *in letzter Minute = Erfolg*. Dann wird es uns jedes Mal, wenn wir für einen bestimmten Erfolg etwas Wichtiges tun müssen, dazu veranlassen, zuerst noch viele andere Dinge zu erledigen, bevor wir es dann in letzter Minute schaffen.

Jede Erfahrung wiederum, die als **unangenehm oder zum Misserfolg führend** gespeichert wird, aktiviert unser **handlungshemmendes System**, das uns daran hindert zu handeln, uns blockiert und uns zurückhält, das Notwendige zu tun.

Außerdem werden wir Angst davor haben, diese unangenehmen Erfahrungen noch einmal zu erleben. Um uns davor zu schützen, werden wir uns eine ganze Palette an Schutzmechanismen wie Flucht, Verschließen, Widerstand, Lügen, Manipulation, Schutzschilde und mehr zulegen.

Die meisten unserer Ängste stammen aus diesem handlungshemmenden System.

Wenn wir einmal große Angst gehabt haben zu ertrinken oder Zeuge waren, wie jemand ertrunken ist, wodurch wir die Gleichung *Wasser = Ertrinken und Gefahr* gespeichert haben, kann das dazu führen, dass wir immer Angst vor Wasser haben werden. Dann können wir in Panik geraten, wenn wir keinen Boden mehr unter unseren Füßen spüren.

Angst, in der Öffentlichkeit zu sprechen

Um das Beispiel von weiter oben noch einmal aufzugreifen: Ein Junge wird von seinem Lehrer aufgefordert, an die Tafel zu treten. Der Lehrer befragt ihn. Er weiß die Antwort nicht, stammelt herum und alle Schüler beginnen zu lachen. Er fühlt sich lächerlich und schämt sich. Diese Erfahrung kann zu der Schlussfolgerung führen: *vor anderen sprechen = verspottet werden*. Wird sie dann als Erfahrung eingestuft, die zu wiederholen oder zu vermeiden ist? Als eine, die zu vermeiden ist.

Was wird mit diesem Jungen später passieren, wenn man ihn auffordert, in der Öffentlichkeit zu sprechen? Es kann sein, dass er sich komplett blockiert und sich nicht imstande fühlen wird zu reden.

Einen der anwesenden Schüler kann beim Anblick seines stotternden Klassenkameraden ein schlechtes Gefühl überkommen, während der Rest der Klasse bei seinen falschen Antworten kichert.

Dieser Schüler kann die Schlussfolgerung ziehen: *nicht auf der Höhe sein = gedemütigt werden*. Dadurch kann er von der

Angst getrieben werden, nicht auf der Höhe zu sein, und sich dagegen sperren, vor anderen zu sprechen, wenn er sein Thema nicht perfekt beherrscht.

Berührt werden = nicht respektiert werden
Mann = Gefahr

Ich konnte jahrelang nicht zulassen, dass ein Mann mich anfasste. Ich hatte einen Kollegen, der mich sehr mochte. Wenn ich konzentriert vor meinem Mikroskop saß, trat er hinter mich und legte seine Hand auf meine Schulter, um mir näherzukommen. Jedes Mal reagierte ich abweisend und sagte zu ihm: "Manuel, ich mag dich, aber bitte berühr mich nicht. Ich hasse es, wenn man mich berührt." Er verstand meine Reaktion nicht, da es für ihn eine rein freundschaftliche Geste war. Und auch ich verstand meine Reaktion nicht, denn ich mochte Manuel und wusste, das seine Absichten rein freundschaftlich waren.

Damals wusste ich noch nichts vom emotionalen Gedächtnis. Ich wusste nicht, dass meine Reaktion aus meinem handlungshemmenden System stammte.

Als ich meinen Weg der persönlichen Weiterentwicklung einschlug, nahm ich an einem Tagesseminar über die Meisterschaft des Lebens teil. Am Ende schloss unser Kursleiter jede von uns in seine Arme. Als ich an der Reihe war, fühlte ich mich wie eine Eisenstange in seinen Armen. Wieder wusste ich nicht, dass mein handlungshemmendes System aktiviert worden war. Doch dieses Mal fragte ich mich, warum ich so reagierte, wo ich doch genau wusste, dass der Kursleiter voller Liebe zu seinen Schülern war. Mir kam ein Bild in den Sinn, als ich sieben Jahre alt gewesen war. Ich kam von einer Freundin zurück, bei der ich spielen gewesen war. Ich hielt meine Puppe in meinen Armen, als ein alter Herr auf seinem Balkon zu mir sagte: "Oh, was für eine schöne Puppe du hast! Kann ich sie einmal ansehen?" Unschuldig, wie ich war, ging ich zu ihm, um sie ihm zu zeigen. "So eine schöne Puppe, die musst du unbedingt meiner Frau zeigen ...", sagte er und zog mich in sein Haus. Sobald wir drinnen waren, zog er das Kleidchen meiner Puppe hoch und sagte zu mir: "Oh, sie hat ja eine kleine Unterhose an!" und schob dabei seine knorrigen Finger in die kleine Hose. Und er sagte zu mir: "Und du, hast du auch so eine kleine Unterhose?" Ich entriss ihm meine Puppe und rannte davon, lief, ohne anzuhalten, nach Hause und sprach mit niemandem darüber. Dieses Ereignis brachte mich zu der Schlussfolgerung: *Mann = Gefahr* und *berührt werden = nicht respektiert werden*. Ich fühlte mich wie in einer Falle. Welche Folgen hatte das für mein Leben? Ich hatte Angst vor Männern, so dass ich sie dominieren wollte, um mir Sicherheit zu verschaffen. Ich gab Männern den Vorzug, die nett und freundlich waren, und vor denen, die irgendwie Einfluss auf mich hätten haben können, ergriff ich die Flucht oder ich provozierte sie. Das hinderte mich daran, meinen Platz als Frau an der Seite eines Mannes einzunehmen, und bescherte mir eine Menge Beziehungsprobleme.

Wie habe ich mich davon befreit?

Ich habe mich davon befreit, indem ich im Geiste wieder Kontakt mit dem kleinen siebenjährigen Mädchen aufnahm, das nach Hause gerannt war. Ich sah mich sie tröstend in die Arme nehmen. Ich sagte zu ihr. "Du hast Angst, das verstehe ich. Ich bin jetzt da, ich beschütze dich. Dieser alte Mann wollte dir nichts Böses antun. Er hat keine Frau, er lebt alleine. Niemand berührt ihn, und er hat ein großes Bedürfnis, gestreichelt zu werden. Deshalb hat er so getan, als wolle er seiner Frau deine Puppe zeigen, um dich streicheln zu können. Er wollte dich nicht erschrecken oder dir etwas Böses antun. Sieh, wie einsam er war, und vergib ihm."

Dann fragte ich sie: “Warum, glaubst du, hast du diese Erfahrung gemacht?” Mein kleines Mädchen wusste nicht, warum. Also flüsterte ich ihr die Antwort zu. “Damit du lernst, dir Respekt zu verschaffen und deine Urteilskraft zu benutzen. In deiner Gutherzigkeit glaubst du, dass alle Menschen gut sind und beste Absichten haben, aber das stimmt nicht. Wenn du größer wirst, wirst du Menschen treffen, die dich in eine Falle locken wollen oder dich betrügen wollen, und du wirst lernen müssen, deine Urteilskraft zu entwickeln, um sie zu erkennen.”

“Wie kann ich sie denn erkennen?”

“Du brauchst nur darauf zu hören, was du fühlst. Du kannst auch auf die Zeichen achten, die das Leben dir gibt. Wenn du einen Zweifel hegst, hör auf ihn. Und denke daran, dass zwar die meisten Menschen gut sind, aber einige keine guten Absichten haben; sie sind aber in der Minderheit.”

Meine neue Gleichung wurde:

Mann = gut. Mangel an Urteilskraft = Gefahr

Manchmal denkt unser limbisches System nicht nach. Es kann uns dazu motivieren, Handlungen zu wiederholen, die nicht förderlich für uns sind, und Handlungen zu vermeiden, die nutzbringend für uns wären.

Marcel ist 20 Jahre alt. Er arbeitet als Verkäufer und träumt davon, Lucie zu heiraten. Lucies Eltern sehen Marcel nicht als gute Partie an und setzen ihre Tochter unter Druck, dass sie den jungen Mann aufgibt. Da sie die ständigen Konflikte mit ihren Eltern leid ist, beendet Lucie die Beziehung mit Marcel.

Marcel ist zutiefst unglücklich darüber. Sechs Monate später erfährt er, dass Lucie sich mit einem jungen Mann verlobt hat, dessen Vater sehr reich ist.

Welche Schlussfolgerungen hat Marcel aus dieser Erfahrung gezogen? Da die Trennung ihm viel Kummer bereitet hat, hat er daraus geschlossen: *lieben = leiden*. Und als er erfahren hat, dass Lucie sich mit einem jungem Mann verlobt hat, dessen Vater sehr reich ist, hat er daraus geschlossen, dass er, wenn er reich gewesen wäre, Lucie hätte heiraten können. Da er es aber nicht ist, ist er von Lucies Eltern abgewiesen worden.

Sollte Marcel aufgrund dieser Erfahrung wieder eine neue Liebesbeziehung eingehen oder es besser vermeiden? Er sollte es besser vermeiden, um nicht noch einmal leiden zu müssen.

Ist es deshalb wünschenswert für Marcel, reich zu sein? Ja, denn für ihn bedeutet *nicht reich sein = verstoßen werden, abgelehnt werden*. Um also nicht mehr um des Geldes willen abgelehnt zu werden, wird Marcel von nun an reich sein wollen.

Was wird daraufhin in Marcels Leben passieren? Marcel wird hart arbeiten, motiviert von dem Wunsch, reich zu sein für die, die er liebt. Mit 54 Jahren weiß er nun, dass all das Geld ihn nicht glücklich gemacht hat, und er gesteht mir kleinlaut:

"Nur die Reichen wissen, dass Geld nicht glücklich macht."

"Warum bist du nicht glücklich?"

"Ich habe nie die Frau getroffen, die mein Herz hätte höher schlagen lassen. Ich bin sein 24 Jahren verheiratet. Ich kann meiner Frau nichts vorwerfen. Sie ist eine gute Mutter, eine gute Ehefrau, ein guter Mensch ... aber ich war nie verliebt in sie!"

"Warst du denn schon einmal verliebt?"

"Ich hatte viele Frauen, die verliebt waren in mich, aber ich selbst habe es nie geschafft, Verliebtheitsgefühle für sie zu entwickeln. Ich glaube, ich weiß nicht, wie man liebt, oder ich bin unfähig dazu!"

"Hast du nie Verliebtheitsgefühle gehabt, auch nicht als Jugendlicher?"

"Doch, als ich um die 19 Jahre alt war, habe ich mich mit einer Frau getroffen, die ich liebte und die mich verlassen hat, um einen Mann zu heiraten, den ihre Familie für besser hielt als mich."

Marcel war sich nicht bewusst, dass er nach diesem Liebeskummer sein Herz verschlossen hatte, um nicht mehr leiden zu müssen. Er wusste nichts von der Existenz des emotionalen Gedächtnisses. Aber sein Leben wurde deshalb nicht weniger durch das konditioniert, was er in diesem Gedächtnis gespeichert hatte.

Marcel wusste nicht, dass sein handlungshemmendes System ihn veranlasst hatte, niemals zuzulassen, dass zwischen ihm und einer Partnerin Liebe entstand. Und so schuf er jedes Mal, wenn er begann, sich in eine Frau zu verlieben, unbewusst einen Konflikt, durch den die Beziehung in die Brüche ging. Dass er schon so lange verheiratet war, lag nur daran, dass seine Frau im Laufe der Jahre gelernt hatte, gefühlsmäßig nichts von ihm zu erwarten, und die Augen vor seiner Untreue verschloss, weil er trotz allem sehr lieb zu ihr war und weil die Familie für seine Frau Vorrang hatte.

Marcel wusste auch nicht, dass sein handlungsmotivierendes System ihn dazu gedrängt hatte, immer mehr Geld verdienen zu wollen, denn er lebte mit der Gleichung ***reich sein = haben, was du dir wünschst*** und ***kein Geld haben = abgelehnt werden***. Um also nie mehr abgelehnt zu werden, hatte sein limbisches System ihn dazu motiviert, immer reicher zu werden. Dieser Reichtum hatte ihn jedoch nicht glücklich gemacht, denn er lebte auch mit der Gleichung ***lieben = leiden***, dank der sein handlungshemmendes System ihn davon abgehalten hatte, eine Beziehung weiterzuentwickeln, in der er sein Herz hätte öffnen können.

Dieses Beispiel zeigt, wie wichtig es ist herauszufinden, was wir in unserem emotionalen Gedächtnis gespeichert haben, denn alle Schlussfolgerungen, die wir gezogen haben, haben zu

Gleichungen geführt, die nun unser Leben lenken. Und das werden sie auch weiter tun, solange wir uns ihrer nicht bewusst geworden sind, damit wir sie ändern können.

> Nichts in unserem Unbewussten
> ist abzulehnen, sondern ganz einfach
> neu auszurichten und zu verwandeln.
>
> Carl Gustav Jung

Lieben = enttäuscht werden

Jacinthe fragt mich: "Wie kommt es, dass, wenn ich jemanden liebe, derjenige mich nicht liebt, aber wenn ich umgekehrt jemanden nicht liebe, derjenige mich liebt?" Jacinthe ist sich bewusst, dass sie bisher jedes Mal, wenn sie verliebt war, enttäuscht wurde.

Ich bitte sie, mir von ihrer ersten Beziehung zu erzählen.

"Ich habe ihn in London kennengelernt. Ich war in den Schulferien nach England gegangen, um Englisch zu lernen. Wir sahen uns jeden Tag, ich war sehr verliebt in ihn. Dann bin ich nach Frankreich zurückgegangen. Wir hatten uns in dem Versprechen voneinander verabschiedet, uns zu schreiben und sobald wie möglich wiederzusehen. Einige Zeit nach meiner Rückkehr erhielt ich einen Brief, in dem er mir schrieb, dass er nach meiner Abreise ein Gespräch mit seinen Eltern über mich gehabt hatte, in dem ihm klar geworden war, dass seine Familie niemals eine ausländische Ehefrau für ihn akzeptieren würde. Er schrieb mir: 'In meiner Familie sind die Familienbande sehr stark, und ich weiß, dass ich nicht zwischen meiner Familie und dir entscheiden kann. Also möchte ich unsere Beziehung lieber nicht weiter fortsetzen, trotz der wunderbaren Momente, die wir miteinander geteilt haben.'"

"Was hat es mir dir gemacht, diesen Brief zu erhalten?"

"Es war eine riesige Enttäuschung. Vielleicht die größte meines Lebens.

Danach habe ich mich mit anderen Männern getroffen, und jedes Mal, wenn ich anfing zu glauben, dass die Beziehung sich weiterentwickeln könnte, ergab sich immer eine Situation, in der ich enttäuscht wurde. Am Ende heiratete ich einen Mann, der frei war, aber in den ich nicht verliebt war."

"Und jetzt?"

"Ich fühle mich in dieser Beziehung nicht wohl. Ich bin nicht glücklich, und ich tue meinem Mann nicht gut, weil ich seine Erwartungen an mich nicht erfüllen kann."

"Wurdest du als Kind vielleicht von einem deiner Elternteile enttäuscht?"

"Ja, von beiden, aber vor allem von meinem Vater. Meine Eltern haben sich getrennt, als ich vier Jahre alt war. Ich sah meinen Vater an einem Wochenende im Monat. Manchmal musste er mich abholen. Ich wartete mit meinem kleinen Koffer auf ihn, aber er rief an und sagte, dass ihm etwas dazwischengekommen sei und er an dem Wochenende doch nicht kommen könne. Ich war sehr enttäuscht. In anderen Momenten nahm er mich mit zu sich nach Hause und überließ mich seiner neuen Partnerin, die sich nicht wirklich freute, mich zu sehen. Ich hätte gerne etwas mit ihm unternommen, aber selbst wenn er da war, machten wir nichts zusammen, und ich langweilte mich, weil ich nicht wusste, was ich tun sollte."

"Hast du daraus vielleicht geschlossen: *Mann = Enttäuschung*?"

"Ja, aber vor allem: *Mann, den ich liebe = Enttäuschung*. Das ist meine Lebensgeschichte."

"Weißt du, dass wir, wenn wir in einer Enttäuschung verharren, diese Enttäuschung ständig wiederholen, um unserer

Schlussfolgerung daraus recht zu geben, die durch Wiederholung zu einem Glaubenssatz geworden ist? Und dieser Glaubenssatz hat dann wiederum zu Angst vor Enttäuschung geführt.

Das bewirkt, dass ein Teil von dir gerne wieder verliebt wäre, aber der andere Teil dermaßen Angst vor Enttäuschung hat, dass er dieser Möglichkeit lieber keine Chance gibt."

"Genau das ist es! Wie kommt man da wieder heraus?"

"Indem man in die erlebte Situation zurückkehrt, um die Schlussfolgerung ändern zu können, die zu dieser Gleichung geführt hat."

Solange wir eine Liebesenttäuschung nicht überwunden haben, riskieren wir, erneut eine Situation anzuziehen, in der wir enttäuscht werden. Das kann dazu führen, dass wir nicht mehr an die Liebe glauben und unser Herz verschließen, um nicht mehr leiden zu müssen.

Mann = Alkoholiker

Judith hatte einen Vater, der unter Alkoholeinfluss vulgär und laut wurde. Sie heiratet einen Mann, der eine Kopie ihres Vaters ist. Mit ihm durchlebt sie neun Jahre die Hölle, bis sie nicht mehr kann und ihn verlässt. Nach der Trennung haben alle Männer, die sie anzieht, Alkohol- oder Drogenprobleme. Folglich denkt sie, dass es für sie besser ist, allein zu leben und ihre Ruhe zu haben. Eines Tages erhält sie die tolle Gelegenheit, ein Zweifamilienhaus zu kaufen. Sie bewohnt das Erdgeschoss und schaltet Anzeigen, um das Obergeschoss zu vermieten. Ein sehr höflicher, netter Mann stellt sich ihr als Mietinteressent vor. Judith willigt ein, ihm die obere Wohnung zu vermieten. Schon nach wenigen Wochen stellt sie fest, dass ihr Mieter Alkoholiker ist und unter Alkoholeinfluss sehr unangenehm wird, genau wie ihr Mann und ihr Vater. Und der Film geht weiter ... Stellen wir uns einen Moment vor, Judith hätte dieses Haus nicht gekauft oder keine Männer mehr in ihrem Leben gewollt – wäre ihr Film dann zu Ende gewesen? Judith hat einen Sohn. Wer weiß, ob er nicht Alkoholiker geworden wäre wie sein Vater oder eine Alkoholikerin geheiratet hätte?

Der Film unseres Lebens geht nicht nur jedes Mal mit neuen Personen weiter, sondern er setzt sich auch von einer Generation zur nächsten fort. Sehr oft erleben wir Situationen, die auch unsere Eltern schon erlebt haben. Und auch unsere Kinder erleben später oft, was wir selbst erlebt haben.

Ich bin überflüssig

Bernadette ist 58 Jahre alt. Soweit sie sich erinnert, hat sie schon immer mit dem Gefühl gelebt, abgelehnt zu werden, ohne wirklich zu wissen, warum. Ihr ganzes Leben lang hat sie versucht, es allen recht zu machen, hat sich selbst so weit wie möglich zurückgenommen und immer das Gefühl gehabt, überflüssig zu sein.

Bei einer Tiefenentspannung sieht sie sich im Alter von anderthalb Jahren, zusammen mit ihren Eltern und Geschwistern. Ihr Vater nimmt sie in seine Arme und sagt zu ihrer Mutter: "Was machen wir bloß mit ihr? Findest du nicht auch, wir haben schon genug? Wir könnten sie ja in den Fluss werfen?" Und in einer rein fiktiven Bewegung tut er so, als würde er sie in hohem Bogen in den Fluss befördern.

Diese Szene kann in den Augen eines Erwachsenen lustig sein, aber ein Kleinkind, dessen Leben von seinen Eltern abhängt, kann solche Worte ernst nehmen und dadurch große

Angst bekommen. Als Bernadettes Vater diese Worte aussprach, machte er natürlich einen Witz. Aber in diesem Alter konnte Bernadette nicht den Unterschied zwischen Scherz und Realität erkennen. Für sie war es Realität. Sie verstand es so, dass ihr Vater sie nicht wollte, dass sie überflüssig war. Somit glaubt sie in jeder Lebenssituation, dass andere sie nicht wollen, dabei ist sie es, die sich selbst ausschließt.

Wie kann Bernadette sich von ihrem Gefühl befreien, ständig abgelehnt zu werden? Das werden wir im nächsten Kapitel **"Ich ändere den Film meines Lebens"** sehen.

Meine Mutter liebt mich nicht

In meiner Kindheit arbeitete meine Mutter viel außer Haus, und wenn sie zurückkam, hätte ich mir sehr gewünscht, besondere Momente mit ihr zu erleben. Ich muss wohl die Gabe gehabt haben, sie immer im ungünstigsten Moment darum zu bitten, denn jedes Mal, wenn ich ihr dieses Bedürfnis mitteilte, sagte sie zu mir: "Ach, lass mich in Ruhe, ich bin müde!" Frustriert, dass mir mein Wunsch nach Kontakt mit ihr nicht erfüllt wurde, schloss ich daraus, dass sie mich nicht wollte. Heute bin ich davon überzeugt, dass sie, wenn ich einen anderen Moment gewählt hätte, sich sehr gerne mit mir beschäftigt hätte. Aber damals war ich davon überzeugt, dass sie mich nicht liebte. Da sie sich weigerte, sich mit mir zu beschäftigen, vermutete ich, dass ich wohl nicht interessant genug für sie war, und ich beschloss, da sie mich ja nicht wollte, dass ich sie dann eben auch nicht mehr wollte. Und ich verschloss mein Herz vor ihr.

Ich zog Partner an, die, ohne sich dessen bewusst zu sein, bei mir diese Wunde der Ablehnung wieder aufrissen. Mein erster Ehemann war ein Politikbegeisterter. Genau wie meine Mutter war er nie da, und wenn doch, dann war er meistens am Telefon, um irgendein politisches Treffen zu organisieren. Ich fühlte mich dermaßen einsam mit diesem Mann, dass ich ihn am Ende verließ und mir schwor, dass der nächste anders sein würde. Mein neuer Partner war dann zwar körperlich ganz anders, aber meine Empfindungen und Gefühle waren identisch mit denen, die ich bei meiner Mutter und meinem ersten Mann erlebt hatte. Auch er arbeitete viel. Wenn er nach Hause kam, setzte er sich vor den Fernseher, und es kam nicht infrage, ihn zu stören. Die einzigen Momente, in denen ich das Gefühl hatte, einen Mann für mich zu haben, waren die Momente im Bett. Also versuchte ich mit der Waffe der Verführung, die Männer meines Lebens zu erobern, bis ich mir über die Szenarien klar wurde, die ich von einer Beziehung zur nächsten wiederholte.

Ich habe diese Situation auch umgekehrt erlebt: Wenn ein Mann mich mit Blumen, Geschenken und Liebeserklärungen erobern wollte, war ich es, die eine Wunde der Ablehnung in ihm aufriss, weil ich unfähig war, seine Erwartungen zu erfüllen.

Niemand wollte mich

Sylvie hat ein jungenhaftes Aussehen. Sie trägt sehr kurze Haare und leidet an Akne. Man sieht sie nie in einem Kleid, da sie Kleider furchtbar findet. Sylvie ist gerne allein und wird oft mit einer Tigerin verglichen. Tatsächlich lebt Sylvie mit der Gewissheit, dass niemand sie liebt und niemand etwas mit ihr zu tun haben will. Ihre einzigen Freundinnen sind die Freundinnen ihrer Schwester. Sie ist eher unnahbar, aber wenn sie jemanden liebt, ist ihre Liebe absolut und besitzergreifend. In diesen einengenden Beziehungen wird sie immer irgendwann vom anderen verlassen. Da Sylvie sich abgelehnt fühlt, errichtet sie immer höhere Barrieren zwischen sich und anderen. Was ist der Grund dafür, dass Sylvie ständig Ablehnung von Menschen erfährt, die sie liebt? Als Sylvies Mutter mit ihr schwanger war, hatte sie bereits eine Tochter und wollte ihrem Mann unbedingt den Sohn schenken, der seinen Namen tragen würde. Bei ihrer Geburt war ihre Mutter zutiefst enttäuscht, den Wunsch ihres Mannes nicht erfüllt zu haben. Sylvie verstand: "Sie wollten mich nicht, sie wollten einen Jungen." Dieses Gefühl, in ihrer Weiblichkeit abgelehnt zu werden, veranlasste sie dazu, ihre weibliche Seite abzulehnen, in der Hoffnung, dass sie, wenn sie sich wie ein Junge verhielt, vielleicht geliebt werden könnte.

Meine Mutter hat mich nicht verteidigt

Amal hegt einen starken Groll gegen ihre Mutter. Seltsamerweise nimmt sie es ihrem Vater nicht übel, dass er sie missbraucht hat. Aber sie richtet ihren Groll gegen ihre Mutter, denn sie denkt: "Meine Mutter hat es gewusst, sie hat nicht reagiert, sie hat den Kopf in den Sand gesteckt." Amal nimmt es ihrer Mutter übel, dass sie nicht eingegriffen und die nächtlichen Besuche ihres Vaters nicht verhindert hat. Was Amal nicht weiß, ist, dass ihre Mutter selbst auch von ihrem Großvater missbraucht wurde. Durch ihre Tochter hat sie die Furcht erneut durchlebt, dass es herauskommen könnte und Schande über die Familie bringen würde. Sie schwieg, wie sie es schon als Kind getan hatte, gelähmt von Angst. Als Amal erfährt, warum ihre Mutter nicht eingegriffen hat, versteht sie sie und vergibt ihr.

Sexuell missbrauchte Kinder haben häufig ein Elternteil, das selbst missbraucht wurde. Das kann überraschen, aber sehr oft lebt dieses Elternteil mit diesem Geheimnis und hat es noch nie irgendjemandem verraten.

Auch Kinder, die geschlagen werden, haben als Peiniger oft Eltern, die selbst geschlagen wurden. Eine Werbeanzeige zum Thema Gewalt zeigte einmal ein kleines Mädchen, das seine Puppe schlug und zu ihr sagte: "Wirst du wohl auf Mama hören? Wirst du wohl auf Mama hören?" Dann hörte man: "Heute schlägt sie ihre Puppe, morgen ihre Kinder."

Warum also treten diese Situationen immer wieder in unserem Leben auf?

Der Grund ist einfach: Wir projizieren auf die Leinwand unseres Lebens, was wir selbst abgelehnt haben.

Wie projizieren wir diese Situationen auf die Leinwand unseres Lebens?

1. Wir werden oder handeln wie der Mensch, den wir nicht akzeptiert haben

Marthe hat eine übergewichtige Mutter, die sich weigert, zum Picknick der Eltern zu gehen, das die Schule organisiert hat, oder mit den Müttern ihrer Freundinnen an den Strand zu fahren, weil sie sich vor den anderen wegen ihres Übergewichts schämt. Marthe bekümmert das sehr. Nach ihrer zweiten Schwangerschaft schafft Marthe es nicht, die zusätzlichen Pfunde aus der Schwangerschaft loszuwerden. Dieser Frust bringt sie dazu, sich mit Essen zu trösten. Bald ist sie genauso übergewichtig wie ihre Mutter. Und wenn ihre kleine Tochter weint, weil eine ihrer Freundinnen sich über ihre Mutter lustig gemacht hat, ist Marthe doppelt traurig darüber, denn zusätzlich zum Kummer ihrer Tochter erlebt sie auch noch ihren eigenen Kummer als Kind wieder neu.

Amélie hatte eine Mutter, die während eines Großteils ihrer Kindheit abwesend war. Sie wuchs unter der Betreuung von Kindermädchen und Tagesmüttern auf. Als Jugendliche sagte sie sich: "Wenn ich einmal Kinder habe, werde ich sie nicht von anderen großziehen lassen." Amélie heiratet, bekommt Kinder und bleibt zu Hause, aber innerlich träumt sie davon, ihr Jurastudium fortzusetzen, das sie bei der Geburt ihres ersten Kindes aufgegeben hat. Amélie handelt in Reaktion auf ihre Mutter, denn sie träumt lediglich von der juristischen Laufbahn, von der sie fasziniert ist. Sie hat nicht akzeptiert, dass ihre Mutter eine Karrierefrau war, weshalb sie sich dem auch selbst verweigert. Je mehr die Jahre vergehen, umso frustrierter und depressiver wird sie.

Im Alter von 12 bis 13 Jahren arbeitete ich samstagabends und manchmal auch sonntags als Babysitterin. Die Frau, die meine Babysitting-Dienste in Anspruch nahm, hatte zwei kleine Jungs, die ich sehr mochte. Einige Male bekam ich mit, dass die Frau gewalttätig war ihren Söhnen gegenüber. Nachdem sie sie geschlagen hatte, zog sie sie an sich, wiegte sie in ihren Armen und schluchzte: "Das hat Mama nicht gewollt ..." Ich dachte: "Kann man noch verrückter sein? Sie schlägt sie und heult dann!"

Genau das hat auch mein Vater getan, der selbst als Kind geschlagen worden war. Nachdem er seine Kinder geschlagen hatte, sank er weinend auf die Knie und sagte zu ihnen: "Liebe Kinder, betet für euren Vater, er ist krank."

Ich selbst habe auch wie diese Frau gehandelt. Ich wollte, dass meine Tochter perfekt war, damit alle sie liebten. Also war ich sehr fordernd, was mir ihren Widerstand einbrachte. Wenn ich die Geduld verlor, konnte es vorkommen, dass ich ihr eine Tracht Prügel gab. Nachdem ich sie geschlagen hatte, schloss ich mich in meinem Zimmer ein und weinte heiße Tränen. Ich glaube, dass es mir noch schlechter ging als ihr. Ich sah, dass ich wie mein Vater und wie mein älterer Bruder handelte, die ich so abgelehnt hatte, und lehnte mich selbst ab. Dadurch zog ich wiederum schmerzhafte Situationen an, um mich selbst zu bestrafen.

Eine der wichtigen Lektionen, die wir über den Weg unserer

Entwicklung lernen müssen, ist es, nicht zu urteilen. Um das zu lernen, werden wir ähnliche Situationen anziehen, durch die wir den Menschen verstehen können, den wir verurteilt haben, und ihm vergeben können.

Manchmal können wir auch in ein anderes Extrem verfallen und glauben, dass wir nicht wie der Mensch handeln, den wir verurteilt haben, sind dann aber trotzdem nicht frei davon.

Daniel hatte einen herrschsüchtigen, brutalen Vater. Da Daniel nicht wie sein Vater sein wollte, entwickelte er seine weibliche Seite zulasten seiner männlichen Seite. Daniel kam oft mit Frauen zusammen, die Macht über ihn ausübten und manchmal sogar gewalttätig wurden, was ihn verletzte. Daniel wusste nicht, wie er seine Rolle als Mann einnehmen sollte. Dadurch, dass er seinen Vater abgelehnt hatte, hatte er auch den Mann in sich selbst abgelehnt. Tatsächlich hatte er Angst vor diesem Mann in sich selbst, denn die wenigen Male, die er wütend geworden war, war er gewalttätig geworden wie sein Vater, den er so sehr abgelehnt hatte.

Jetzt möchte ich dich dazu einladen, einmal eine Liste mit allen Dingen zu erstellen, die du an deinem Vater, deiner Mutter oder anderen Menschen, die in deiner Kindheit wichtig für dich waren, nicht akzeptiert hast. Das kann auch das Umfeld betreffen, in dem du gelebt hast.

Du hast mitbekommen, wie deine Eltern sich wegen Geld gestritten haben. Du zahlst mehr als dein Partner, um deine Ruhe zu haben, aber gleichzeitig versuchst du, ihm zu verstehen zu geben, dass das nicht gerecht ist, und gerätst mit ihm in einen Konflikt wegen finanzieller Fragen.

Oder deine Großeltern väterlicherseits sahen deine Mutter als minderwertig an, weil sie aus einem bescheidenen Umfeld kam, und jetzt fühlst auch du dich von deinen Schwiegereltern ausgegrenzt.

Mit meinem Vorschlag, dich an Dinge an deinem Vater oder deiner Mutter zu erinnern, die du nicht akzeptiert hast, beziehe ich mich auf die Zeit, als du ein Kind warst. Denn seitdem können sie sich verändert haben und sich anders verhalten.

Zum Beispiel:

- Dein Vater hat nie mit dir kommuniziert.
- Deine Mutter hat dir vor anderen Vorwürfe gemacht.
- Deine Mutter hat dich mit ihrer Liebe erdrückt.
- Dein Vater war autoritär und hat dir ständig seine Meinung aufgezwungen.
- Deine Mutter hat dir nie zugehört, sie wollte nur, dass du ihr zuhörst.
- Deine Mutter hat die Haushaltskosten übernommen, weil dein Vater es nie geschafft hat, eine Arbeitsstelle zu behalten.
- Dein Vater hat dir nicht geglaubt, wenn du etwas erzählt hast; in seinen Augen hattest du immer Unrecht.
- Deine Mutter war ständig krank oder ständig müde.
- Dein Vater hat dir die Verantwortung für die Familie anvertraut, weil deine Mutter sie nicht übernehmen konnte.
- Deine Mutter wollte immer allen sagen, was sie zu tun haben.
- Dein Bruder lag immer im Wettstreit mit dir.
- Deine Eltern haben von dir verlangt, ein Vorbild für deine jüngeren Geschwister zu sein.
- Dein Onkel war arrogant und anmaßend.
- Deine Großmutter war aggressiv.
- Deine Schwester war eifersüchtig auf dich.

Ergänze diese Liste mit deinen eigenen Erlebnissen.

2. Wir erleben eine Situation wieder, die wir nicht akzeptiert haben

Ginette hält sich von Seeleuten fern.

Ginettes Vater ist Seemann. Manchmal ist er mehrere Wochen auf See. Dann muss sie ihrer Mutter helfen und sich um den Haushalt kümmern. Ginette schwört sich, niemals einen Seemann zu heiraten. Also hält sie sich von jedem fern, der sagt, sich irgendwie für Fischerei zu interessieren. Sie begegnet Jean-Luc, einem Elektroniker. Kurz vor ihrer Hochzeit verliert Jean-Luc seine Arbeitsstelle und willigt ein, sich zwei Freunden anzuschließen, die gerade ein Boot gekauft haben. Nun erlebt sie genau das wieder, was ihre Mutter erlebt hat – bis zu dem Tag, an dem sie es versteht und akzeptiert. Dann ändern sich die Dinge. Jean-Luc bekommt eine Arbeitsstelle als Elektroniker auf dem Festland und muss nicht mehr tage- oder wochenlang unterwegs sein.

3. Wir ziehen Menschen an, die ähnliche Situationen durchleben, wie wir sie durchlebt haben

Bernard lebt mit einem Gefühl von Machtlosigkeit.

Bernard hatte eine Mutter, die ständig krank und depressiv war. Alle seine Versuche, seiner Mutter zu helfen, waren vergebens. Da er den Verfall seiner Mutter nicht mehr ertragen konnte, zog er mit 17 Jahren von zu Hause aus.

Mit 24 Jahren lernt er Annie kennen. Sie ist seine große Liebe, er heiratet sie. Nach der Geburt ihres dritten Kindes gewöhnt Annie sich an, Alkohol zu trinken. Sehr oft, wenn Bernard nach Hause kommt, findet er sie völlig betrunken vor. Bernard versucht, sie zu verstehen, ihr zu helfen. Er schlägt ihr vor, eine Therapie zu machen, aber meistens geht er alleine hin.

Bernard erlebt mit Annie das Gefühl von Machtlosigkeit wieder, das er auch schon mit seiner Mutter erlebt hat. Aber diesmal kann er der Situation nicht mehr entfliehen. Er nimmt alles auf sich, leidet an Rückenschmerzen, die ihn jahrelang plagen, bis er beschließt, die Ursache herauszufinden. Das führt ihn zu der Erkenntnis, dass er mit seiner Frau dasselbe Szenario wieder erlebt hat, das er auch mit seiner Mutter erlebt hat.

Wie früher bei seiner Mutter fühlte er sich für das Leid seiner Frau verantwortlich. Bernard hatte nicht verstanden, dass weder seine Mutter noch seine Frau sich selbst das Recht zugestanden hatten, glücklich zu sein, und je mehr er versuchte, sie glücklich zu machen, desto mehr verfielen sie in Selbstzerstörung. Bernard erkannte das, wartete auf den passenden Moment und sagte zu seiner Frau: "Annie, ich versuche jetzt schon seit Jahren, dir zu helfen, aber ich bin zu dem Schluss gekommen, dass du keine Hilfe willst, und das konnte ich nie akzeptieren. Heute habe ich es verstanden und akzeptiere es. Es ist dein Leben. Wenn du dich weiter selbst zerstören willst, ist das deine Entscheidung, nicht meine. Ich werde gehen. Die Kinder sind groß genug zu entscheiden, mit wem sie leben möchten."

Bernard war ehrlich und entschlossen zu gehen, als er diese Worte zu ihr sagte. In der Woche darauf hörte Annie auf zu trinken. Bernard hielt Wort. Er wollte nicht, dass Annie es tat, um ihn bei sich zu halten, sondern weil sie es für sich selbst wollte. Bernard hatte verstanden, dass man nicht für jemand anderen etwas wollen kann, und das ermöglichte es ihm, sich von seinem Gefühl der Machtlosigkeit zu befreien.

Nadia ist auf die ganze Gesellschaft böse.

Nadia hatte einen alkoholabhängigen Vater, der ihre Mutter schlug. Sie konnte es nicht ertragen, ihre Mutter leiden zu sehen, und war der Gesellschaft böse, dass ihr das Schicksal geschlagener Frauen egal war. Sie war der Gesellschaft auch böse, dass sie den Alkohol verkaufte, der ihren Vater gewalttätig machte.

Mit 22 Jahren heiratet sie Guy, einen netten jungen Mann, von dem sie einen Sohn bekommt, der an Schizophrenie leidet. Ihren Sohn in seinem Leid zu sehen, bekümmert sie zutiefst, und einmal mehr ist sie empört über die Gesellschaft, die sich ihrer Meinung nach nicht für ihre Probleme interessiert. Sie vertraut mir an: "Mein Leben ist ein ständiger Kampf, damit mein Sohn akzeptiert wird und ihm in seinem Leid geholfen wird." Nadia hätte gerne die Welt verändert, um ihre Mutter nicht leiden zu sehen; nun befindet sie sich im Krieg gegen die Gesetze, um ihren Sohn nicht leiden zu sehen.

4. Wir ziehen einen oder mehrere Menschen an, die wie der Mensch handeln, den wir nicht akzeptiert haben

Agnès wendet sich an mich, weil sie Probleme mit ihrem Sohn hat. Sie vertraut mir an:

"Ich liebe meinen Sohn nicht. Ich weiß, es ist schrecklich, so etwas zu sagen. Eine Mutter sollte das niemals von ihrem Kind sagen, aber so fühle ich ..."

"Wie alt ist dein Sohn?"

"Er ist sechs."

"Woher kommt diese Abneigung gegen ihn?"

"Mein Sohn hat Anfälle, in denen er alles kaputtmacht, was ihm in den Weg kommt. Manchmal geht das sogar so weit, dass er mich schlägt."

"Wie fühlst du dich, wenn dein Sohn sich so verhält?"

"Ich bin verängstigt und empfinde Hass gegen ihn."

"Gab es in deiner Kindheit jemanden, der auch so handelte?"

"Ja ... mein Vater. Er hat uns terrorisiert ..."

Agnès hatte noch nie einen Zusammenhang zwischen ihren Erfahrungen als Kind und ihren jetzigen Erfahrungen mit ihrem Sohn hergestellt.

Diese beiden Menschen – ihr Vater und ihr Sohn – waren unfähig, ihre Gefühle zu äußern, und brachten Schmerz und Frust durch Aggressivität zum Ausdruck. Als Agnès den Schmerz verstand, den ihr Vater durch seine Aggressivität ausdrückte, verzieh sie ihm. Sie konnte ihren Sohn besser verstehen, und ihre Beziehung verbesserte sich. Als er sich besser verstanden fühlte, ohne sich mitteilen zu müssen, zeigte ihr Sohn ihr gegenüber weniger Aggressivität.

Schau dir jetzt einmal an, wie in deiner Familie die Rollen verteilt waren:

- Wer hatte die Macht?
- Wer war die Autorität?
- Wer war das schwarze Schaf?
- Wer war das kluge oder freundliche Kind?
- Wer war das gute Beispiel?
- Wer war der Verantwortliche?
- Wer war der Unvernünftige?
- Wer war der Vernünftige?
- Wer war der Vergessene?
- Wer war der Märtyrer?
- Wer war der Clown?
- Wer war der Verführer?
- Wer war der Idiot?
- Wer war der Prügelknabe?
- Wer war der Attraktive?
- Wer war der kluge Kopf oder der Intelligente?
- Wer war der Stellvertreter der Autorität?

- Wer war der Mobber?
- Wer war der Eifersüchtige?
- Wer war der Unterwürfige?
- Wer war der Rebell?

Und du, welche Rolle hattest du? Wie hast du dich gegenüber den einzelnen Familienmitgliedern und ihren Rollen gefühlt?

5. Und schließlich ist es auch noch möglich, dass unsere Kinder erleben, was wir selbst erlebt haben

Sehr oft wiederholen wir mit unseren Kindern unbewusst Muster, die wir selbst nicht akzeptiert haben. Als ich mein Zeugnis nach Hause brachte, um es von meiner Mutter unterschreiben zu lassen, unterschrieb sie es geistesabwesend und sagte: "Sehr schön, wirklich sehr schön!" Wenn ich fleißig gewesen war, um eine gute Note zu bekommen, hoffte ich, dass meine Mutter mich dazu beglückwünschen würde, aber sie schenkte dem nicht mehr Beachtung, als wenn ich eine schlechte Note gehabt hätte. Ich dachte: "Sie sieht gar nicht, was für eine Mühe ich mir gebe ..." Ich erinnere mich, dass ich genau dasselbe über Lise Bourbeau gedacht habe, als ich an ihrer Seite war. Ich tat viel für sie, damit sie mich liebte und stolz auf mich war, und auch bei ihr dachte ich: "Sie sieht gar nicht, was ich alles mache ..."

Dann eines Tages fiel mir auf, dass ich mich ja genauso verhielt. Meine Tochter gab mir ihr Zeugnis; ich warf einen kurzen Blick darauf und sagte zu ihr:

"Wo muss ich unterschreiben, mein Schatz?"

"Mama, du brauchst es nicht zu unterschreiben, du musst es dir nur ansehen."

Da begriff ich, dass ich genauso handelte wie meine Mutter, und fragte mich, warum das so war. Mir fiel ein, dass ich meine

Tochter für so intelligent hielt, dass ich mir nicht erst ihr Zeugnis ansehen musste, um mich dessen zu vergewissern. Wenn sie eine schlechte Note gehabt hätte, hätte ich dem genauso wenig Beachtung geschenkt wie meine Mutter. Da verstand ich, dass meiner Mutter meine Schulnoten nie egal gewesen waren, sondern dass sie volles Vertrauen in mich gehabt hatte. Und genauso war es auch mit meinen Chefs gewesen, die keine große Sache aus meinen Leistungen gemacht hatten. Sie fanden gut, was ich machte, so dass für sie kein Anlass bestand, etwas dazu zu sagen.

Ich brauchte ihre Anerkennung, weil ich mich selbst noch nicht anerkannt hatte. Nachdem mir das bewusst geworden war, schenkte ich den Zeugnissen meiner Kinder mehr Aufmerksamkeit, in dem Wissen, dass sie, auch wenn ich Vertrauen in sie hatte, trotzdem das Bedürfnis hatten zu spüren, dass ich mich für ihre Arbeit in der Schule interessierte.

Das Wundervollste ist: Wenn wir mit unserem Herzen verstehen, was wir mit unserem Kopf falsch interpretiert haben, verschwindet das negative Gefühl ganz automatisch.

Einer meiner Seminarteilnehmer erkannte, dass er seinen Sohn genauso behandelte wie sein Vater früher ihn. Nach drei Jungs war schließlich die sehnlichst erwartete Tochter auf die Welt gekommen. Wenn sein Vater nach Hause kam, hatte dieser nur noch Augen für das kleine Mädchen. Der kleine Junge fühlte sich ignoriert. Dann wurde er erwachsen, heiratete und wurde selbst Vater eines Jungen. Einige Jahre später wurde ein Mädchen geboren. Er verhielt sich gegenüber seinen Kindern genauso wie damals sein Vater: Ohne es erklären zu können, wies er seinen kleinen Jungen zugunsten des entzückenden kleinen Mädchens ab. Als er sich eingestand, dass er seinen Sohn genauso liebte wie seine Tochter, aber dass die Kleine ihn faszinierte, verstand er seinen Vater und war von da an aufmerksamer zu seinem Sohn. Er brauchte dieses Verhalten nun nicht mehr zu wiederholen, da er erkannt hatte, dass er von seinem Vater nie ignoriert worden war, sondern er sich selbst ins Abseits gestellt hatte, weil er überzeugt gewesen war, dass sein Vater seine Schwester bevorzugte.

Fassen wir einmal zusammen ...

Bei jeder Situation oder Person, die wir nicht akzeptiert haben, ist es möglich,

- **dass wir dieselbe Situation wieder erleben oder dass wir wie die Person handeln, die wir nicht akzeptiert haben.**
- **dass wir Personen anziehen, die wie die Person handeln, die wir nicht akzeptiert haben.**
- **dass unsere Kinder erleben, was wir selbst erlebt haben, oder dass sie wie die Person handeln, die wir nicht akzeptiert haben.**
- **dass die Rollen getauscht werden: Unser Kind kann uns behandeln, wie wir selbst ein Elternteil behandelt haben.**

Wie oft haben bei meinem Seminar "Befreiung des emotionalen Gedächtnisses" Teilnehmer zu mir gesagt: "Ich habe oft verletzende Worte zu meinen Kindern gesagt. Vielleicht habe ich sie dadurch für eine lange Zeit ihres Lebens geprägt!"

Sind wir verantwortlich dafür, was unsere Kinder erleben?

Ein Ereignis, drei Interpretationen

Nehmen wir einmal die folgende Situation: Ein Vater kommt völlig betrunken nach Hause und fühlt sich schuldig, weil er einen Großteil seines Gehalts in der Bar ausgegeben hat. Aus Furcht davor, von seiner Frau "runtergemacht" zu werden, kommt er ihr zuvor und brüllt sie an: "Du bist ein Schlampe, ein Flittchen, du kannst noch nicht mal was zu essen machen, hängst den ganzen Tag faul vorm Fernseher ..." Drei Kinder sind bei dieser Szene dabei. Eines denkt: "Ich hasse meinen Vater, er ist dumm und böse." Das andere macht aus der Situation einen Witz. Das dritte sieht seine weinende Mutter und denkt: "Wenn ich groß bin, gehe ich fort und bringe Mama weg von diesem Mann, der so gemein zu ihr ist."

Was wird mit diesen Kindern später als Erwachsene geschehen? Die Wahrscheinlichkeit ist groß, dass das erste alkoholabhängig wird wie sein Vater oder einen Partner oder Kinder anzieht, die alkoholabhängig oder drogensüchtig sind. Das zweite wird jede Situation ins Lächerliche ziehen, die es gefühlsmäßig treffen könnte. Vielleicht wird es später als kaltherziger, gleichgültiger, mitleidloser Mensch wahrgenommen, aber in Wahrheit weiß er nicht, wie er mit seinen Gefühlen umgehen soll.

Für das dritte Kind stehen die Chancen gut, dass es ständig leidende Menschen anziehen wird, denen es versuchen wird zu helfen. Wahrscheinlich wird es daraus ein Gefühl von Machtlosigkeit entwickeln und sich fragen, wie es so vielen Menschen bloß helfen soll. Doch bei demjenigen, dem es am meisten helfen möchte, wird es wahrscheinlich nichts bewirken können. Bei Fachkräften wie Psychologen, Psychiatern, Krankenpflegern und Therapeuten fällt ein hoher Anteil in diese Kategorie.

Wir müssen daran denken, dass die Situationen, die unsere Kinder erleben, Lektionen für sie enthalten, die sie in ihre Entwicklung einbeziehen müssen.

Im Beispiel mit dem alkoholabhängigen Vater musste das erste Kind vielleicht lernen zu vergeben, das zweite, seine Gefühle nicht zu verleugnen, und das dritte, sich vom Leid anderer zu lösen.

Das bedeutet nicht, gleichgültig gegenüber den Erfahrungen unserer Kinder zu sein und sich zu sagen: "Na ja, das müssen sie eben lernen." Das ist gewiss richtig, aber als Eltern können wir gute Ratgeber für unsere Kinder sein, vorausgesetzt natürlich, dass uns diese Realität bewusst ist.

Eine Leserin schrieb mir: "Ich habe ein Problem mit meiner Tochter Sophie, die ein großes Bedürfnis nach Aufmerksamkeit hat. In der Schule will sie immer auf dem Schoß ihrer Lehrerin sitzen. Ich gerate oft mit ihr aneinander, schon seit dem Säuglingsalter, als sie permanent geweint hat. Mit etwa einem Jahr hat sie eine Reihe von Krankheiten bekommen (Harnwegsinfektion, Bindehautentzündung, Ohrentzündung, Windpocken und so weiter). Außerdem hat sie Gewichtsprobleme. Seit der Geburt von Luce nutzt sie jede Gelegenheit, um ihr wehzutun oder sie zu ärgern. Es vergeht kein Tag, an dem meine Töchter sich nicht streiten. Luce weint, ruft mich zu Hilfe und ich schimpfe mit Sophie, die ich als Störfaktor in unserer Familie wahrnehme. Wenn sie in der Schule ist und ich ganz allein mit Luce bin, geht alles gut, sie spielt stundenlang allein in ihrem Zimmer, ich höre sie nicht. Was muss ich tun, damit wieder Harmonie in unsere Familie einkehrt?"

Ich antwortete ihr:

"So wie Sie das Verhalten Ihrer Tochter beschreiben, vermute ich, dass Sophie sich verlassen gefühlt hat. Damit sage ich nicht, dass Sie sie verlassen haben. Nein, ich glaube, dass sie das in ihrem Leben zu überwinden hat. In ihrer Angst davor, verlassen zu werden, versucht sie, die ganze Aufmerksamkeit auf sich zu ziehen, indem sie sich auf den Schoß ihrer Lehrerin setzt, ihre Schwester ärgert und Krankheiten bekommt.

Sobald sie glaubt, dass ihre Schwester mehr Aufmerksamkeit bekommt als sie, möchte sie sie fast zum Verschwinden bringen, um diese Aufmerksamkeit für sich zu erlangen. Und das gelingt ihr auch, da Luce sehr wenig zu fordern scheint, außer dass Sie sie vor den Schlägen ihrer Schwester schützen.

Beide haben unterschiedliche Lektionen zu lernen. Luce wird sich selbst wahrscheinlich das Recht zu existieren zugestehen müssen, sogar wenn sie mehr Liebe erhält als die andere. Sophie wird lernen müssen, sich selbst einzubringen, statt immer von anderen abhängig zu sein. Höchstwahrscheinlich sind das ihre Lektionen für dieses Leben. Verlassen Sie sich nicht darauf, dass sie diese Lektionen in wenigen Monaten oder Jahren lernen. Aber dadurch, dass Sie darüber Bescheid wissen, können Sie besser handeln.

Wenn Luce Sie ruft, weil ihre Schwester sie ärgert, ergreifen Sie nicht für Luce Partei, denn dadurch kann Sophie glauben, dass Sie Luce vorziehen, was ihre Wut verstärken könnte und ihr wieder das Gefühl geben könnte, verlassen worden zu sein. Wenn sie sich streiten, sagen Sie besser zu ihnen: 'Wenn ihr euch nicht versteht, sucht euch jede einen Platz, um allein zu spielen. Wenn ihr nett und freundlich zusammen spielen wollt, kommt ihr wieder zusammen.'

Um Sophie zu helfen, würde ich Ihnen vorschlagen, ihr Zeit mit Ihnen alleine einzuräumen, damit sie spürt, dass sie Ihnen wichtig ist und Sie sie lieben. Dann bringen Sie ihr allmählich bei zu teilen, indem Sie auch Luce Zeit mit Ihnen allein einräumen. Sagen Sie dabei zu Sophie, dass jede von ihnen einmal an der Reihe ist.

Auch wichtig wäre, nicht mehr zu denken, Sophie sei der Störfaktor in der Familie. Sie ist ein Kind, das Angst hat, verlassen zu werden, und sich dieser Furcht entsprechend verhält. Ich glaube, wenn Sie diese Ratschläge beachten, wird allmählich wieder Harmonie in Ihrer Familie einkehren."

Die Frau antwortete mir: "Am traurigsten ist, dass ich Ihre Antwort innerlich schon selbst kannte, aber meine Haltung gegenüber Sophie nicht ändern wollte. Es ist immer einfacher, eine Veränderung beim anderen einzufordern, statt sich selbst zu verändern. Ich danke Ihnen von Herzen."

So erstaunlich es auch erscheint, ich hatte schon Kinder in der Therapie, die die wundervollsten Eltern hatten und gleichzeitig sterben wollten, weil sie dachten: "Meine Eltern haben ein besseres Kind verdient als mich." Hier ein konkretes Beispiel.

Andy ist ein verwöhntes Einzelkind

Andy ist der einzige, lang ersehnte Sohn. Er kommt nach acht glücklichen Ehejahren zur Welt. Madeleine und Jacques sind für ihn da und schimpfen niemals mit ihm, ohne ihm den Grund dafür zu erklären. Sie erfüllen ihm alle seine Wünsche. Ihr Wunsch ist, dass Andy glücklich ist.

Mit 23 Jahren heiratet Andy Chantal, die wie seine Mutter versucht, ihn zu verstehen, ihn zu ermutigen, ohne ihm jemals irgendetwas vorzuwerfen, denn mit 23 Jahren ist Andy noch an der Universität und kann sich nicht entscheiden, welchen Beruf er ergreifen soll. Andys Eltern helfen dem jungen Haushalt über die Runden, Chantal trägt ihren Anteil bei. Andy denkt: "Meine Eltern hätten einen besseren Sohn verdient, auf den sie stolz sein können. Ich bin zu nichts nutze." Genauso denkt er auch in Bezug auf Chantal und tut alles, um von ihr verlassen zu werden. Aber Chantal erträgt alles, ohne irgendwelche Anstalten zu machen, ihn zu verlassen. Sie wird sogar noch verständnisvoller. Das bringt ihn dazu, an Selbstmord zu denken, um nicht die Schande seiner Eltern zu sein und damit Chantal endlich jemand Besseren findet als ihn.

Wir haben hier die ideale elterliche Einstellung, und trotzdem macht Andy schmerzhafte Erfahrungen, die er überwinden muss, in diesem Fall seine Selbstabwertung.

Es ist wichtig, sich daran zu erinnern, dass wir die Kinder anziehen, die wir für unsere Entwicklung brauchen. Genauso, wie sie die Eltern und die Situationen anziehen, die sie in ihrer Entwicklung brauchen. Wir sind für sie die Gelegenheit, Situationen zu durchleben, die sie zu überwinden haben.

Meinen Beratern sage ich immer: "Meine Philosophie ist: **Tu dein Bestes und überlass Gott den Rest.**"

5. KAPITEL

Ich ändere den Film meines Lebens

Hass, Groll und Schuld legen uns in Ketten, während Verständnis, Vergebung und Liebe uns befreien.

Im fötalen Zustand entwickeln wir unseren Körper aus dem Genmaterial, das uns von unseren Eltern zur Verfügung gestellt wird. Und wir entwickeln auch unsere Psyche aus dem verfügbaren Material in unserer familiären, sozialen und religiösen Umgebung.

Stellen wir uns einmal kurz vor, wir hätten eine Kamera in unserem Kopf. Unsere Augen sind der visuelle Teil, unsere Ohren der auditive. Von unserer Empfängnis an zeichnet unser emotionales Gedächtnis wie eine Videokassette alles emotional Gefärbte auf, was unsere Augen sehen und unsere Ohren hören. Wenn unsere Kamera Gewaltszenen aufzeichnet, was wird dann in dem Videofilm zu sehen sein? Gewaltszenen.

Falls wir eines Tages genug von der Gewalt auf dem Bildschirm haben und den Videorekorder und den Bildschirm wegwerfen, um sie durch neue Geräte zu ersetzen, aber dieselbe Kassette wieder einlegen, was sehen wir dann? Harmonische Szenen?

Nein, wir sehen weiterhin Gewaltszenen. Der neue Videorekorder entspricht neuen Situationen, und der Bildschirm ist unser Leben, das die Bilder auf unserer Videokassette zeigt, die wiederum nichts anderes sind als der Film unseres Lebens.

Was nützt es, den Videorekorder und den Bildschirm wegzuwerfen? Was nützt es, Situationen oder Menschen zu meiden, die uns wehtun, wenn wir dann dieselben Gefühle und Verletzungen eben mit anderen Personen wieder erleben? Wäre es nicht sinnvoller, den Film auf unserer Kassette zu ändern?

80 Prozent unseres Films wurden ab unserer Empfängnis bis zum Alter von etwa 12 Jahren aufgezeichnet. Das erklärt sich dadurch, dass ein Kind bis zum Alter von sechs Jahren mehr auf der emotionalen als auf der rationalen Ebene lebt. Allgemein gilt das Alter von sieben Jahren als Alter der Vernunft, in dem das Kind beginnt, sein eigenes Denken und seine eigene Logik zu nutzen. Man muss nur an das Kind denken, das an den Weihnachtsmann glaubt. Mit drei oder vier Jahren ist es überzeugt, dass es dieser gütige alte Mann aus dem Himmel ist, der die Geschenke unter den Weihnachtsbaum legt. Wenn es dann in der Lage ist, sein eigenes Denken zu nutzen, entdeckt es, dass der, den es für den Weihnachtsmann gehalten hat, ein Mensch ist, der sich mit einem Kostüm und einem weißen Bart verkleidet, um den Zauber der Weihnacht zu verströmen, und dass es Mama und Papa sind, die die Geschenke unter den Baum legen, bevor die Kinder aufwachen. Da also die Zeit von null bis sechs Jahren stark emotional gefärbt ist, werden etwa 50 % unseres Films in diesem Zeitraum aufgezeichnet. Von sechs bis 12 Jahren werden weitere 30 % aufgezeichnet, da das Kind auch in dieser Zeit noch in Abhängigkeit von den Gefühlen lebt, die sein Umfeld in ihm hervorruft.

Wir müssen also so weit wie möglich zu unseren Urgefühlen zurückkehren, um in den Film unseres Lebens eingreifen zu können. Manchmal werde ich gefragt: "Gibt es Urgefühle, die aus früheren Leben stammen? Müssen wir in jedem Fall versuchen herauszufinden, was wir vor der jetzigen Inkarnation erlebt haben, um erklären zu können, was wir heute erleben?" Das Leben ist Kontinuität; was wir bei unserer Geburt erleben - Gefühle, Schuld, eine Behinderung und so weiter - steht im Zusammenhang damit, was wir vorher erlebt haben. So, wie wir von der Kindheit bis ins Erwachsenenalter dieselben Szenarien wiederholen, geschieht es auch von einem Leben zum nächsten. Alles, was wir nicht akzeptiert, nicht befreit, nicht verziehen haben, wird uns in ähnliche Situationen führen, bis die Lektion gelernt ist. Wir werden nicht zufällig in einem Land, in einer Familie geboren. Wir erleben nicht ohne Grund Gefühle der Ablehnung, der Verlassenheit, des Verrats, der Erniedrigung, der Ausgrenzung, der Ungerechtigkeit oder der Schuld. Meiner Erfahrung nach würde ich sagen, dass wir unser Leben zum Großteil verändern können und uns von vergangenen Gefühlen befreien können, ohne Erfahrungen in einem früheren Leben kennen zu müssen. Manchmal ist es allerdings notwendig, dorthin zurückzukehren, um bestimmte Krankheitsbilder oder schwierige Situationen zu erklären, für die wir im jetzigen Leben keine Erklärung finden.

Nehmen wir den Fall eines von seinen Eltern geliebten Einzelkindes, das von der Angst besessen ist, verlassen zu werden, und oft entsprechende Albträume hat. Träume stammen von der Astralebene - der Ebene der vergangenen und gegenwärtigen Gefühle. Wiederkehrende Träume sind ein Hinweis auf ein starkes Gefühl, das nicht befreit wurde.

In diesem Fall kann man annehmen, dass das Kind in einem früheren Leben vielleicht eine Situation des Verlassenwerdens erlebt hat. Wir sehen uns an, was das Kind in der jetzigen Inkarnation erlebt, um diese Hypothese zu bestätigen und ihm zu helfen, sich von diesem Gefühl zu befreien, auch wenn wir keinen Beweis dafür haben, dass es diese Situation des Verlassenwerdens wirklich erlebt hat. Ich spreche von einem "Beweis", denn in einer rationalen, wissenschaftlichen Welt wird etwas, was nicht bewiesen wurde, oft abgetan und lächerlich gemacht. Der Beweis, der uns in der Metamedizin interessiert, ist der Beweis durch Ergebnisse, also die Befreiung des Ratsuchenden von seinem Leid. Wenn jemand sich von der Furcht befreit, verlassen zu werden, wie wichtig ist es da, ob er in einem früheren Leben tatsächlich eine Situation des Verlassenwerdens erlebt hat oder ob er sie auf der Gefühlsebene empfunden hat?

Wie können wir wiederfinden, was wir über den Film unseres Lebens gespeichert haben?

Wenn du aus deinen Erinnerungen schöpfst, kannst du den Film deines Lebens wiederherstellen. In diesem Film gibt es nicht nur Negatives, sondern auch viel Positives. Aber das Negative muss verändert werden, damit du nicht immer wieder dieselben schmerzhaften Empfindungen oder Gefühle erlebst.

* Mein negativer Film

Schreib die Situation(en) auf, die du in deinem Leben gerade schwierig findest:

Fühlst du dich allein, unverstanden, ungeliebt von den Menschen, die dir wichtig sind?

Fühlst du dich kritisiert, nicht respektiert, kontrolliert, nicht gebührend wertgeschätzt?

Hast du Schwierigkeiten, für dich selbst einzustehen?

Empfindest du eine große Leere und manchmal eine Todessehnsucht?

Hast du das Gefühl, dass andere immer mehr von dir fordern und alle deine Anstrengungen nicht sehen?

Hast du den Eindruck, dass andere dich nie berücksichtigen?

Verbringst du dein Leben damit, auf die Menschen zu warten, die du liebst?

Hast du alles, um glücklich zu sein, aber du bist es trotzdem nicht?

Folgt bei dir auf einen Erfolg immer zwangsläufig ein Misserfolg?

Hast du vielleicht einen Partner verlassen, der körperlich oder verbal gewalttätig war, und bist heute mit einem neuen Partner zusammen, der psychische Gewalt auf dich ausübt?

Frage dich, ob du früher schon einmal eine ähnliche Situation erlebt hast oder auch eine andere, in der du dasselbe Gefühl hattest, abgelehnt, verlassen, erniedrigt, nicht verstanden ... zu werden.

Falls ja, mit wem und unter welchen Umständen?

Welches Verhalten hast du dir angeeignet, um durch diese Situation hindurchzukommen?

Verhältst du dich immer noch auf diese Weise, wenn du wieder mit demselben Gefühl konfrontiert wirst?

Hier ein Beispiel: Wenn Noémie sich unverstanden fühlt, reagiert sie, indem sie sich verschließt. Sie hat schon so oft eine Beziehung beendet, weil sie sich unverstanden gefühlt hat.

Als ich sie frage, ob sie sich schon früher unverstanden gefühlt hat, kommt ihr ein Bild in den Sinn. Sie sieht sich im Alter von zwei Jahren. Es ist mitten in der Nacht, sie will zu ihrer Mutter ins Bett. Aber die sagt zu ihr: "Du bist doch jetzt ein großes

Mädchen, geh in dein eigenes Bett." Noémie bleibt neben dem Bett ihrer Mutter stehen. Da sie nicht befolgen will, was ihr gesagt wird, bestraft ihre Mutter sie: "Knie dich in die Ecke." Noémie gehorcht. Nach einer Viertelstunde fragt ihre Mutter sie:

"Hast du jetzt genug?"

"Ja."

"Dann geh jetzt in dein Bett."

Aber die Kleine geht wieder zum Bett ihrer Mutter, die sie erneut in die Ecke schickt und sie schließlich dort vergisst.

Schreib nun selbst einmal Situationen auf, an die du dich erinnerst und in denen du negative Gefühle durchgemacht hast.

Zum Beispiel:

- Verlust eines geliebten Menschen - etwa deines Vaters, deiner Mutter, eines Großvaters oder einer Großmutter -, mit dem du verbunden warst, oder auch der Verlust eines Bruders oder einer Schwester, eines Freundes oder eines anderen Menschen
- Trennung von deiner Familie, um zum Beispiel in ein Internat zu gehen, oder auch die Trennung von deinen Eltern
- Vielleicht war ein Junge gewünscht, aber du bist ein Mädchen - oder umgekehrt?
- Hast du dich vielleicht von einem Elternteil oder beiden vernachlässigt gefühlt?
- Hast du dich vielleicht nach deiner Geburt oder im Kindesalter verlassen gefühlt?
- Hast du dich in deiner Familie überflüssig gefühlt, unverstanden, nicht gehört oder nicht respektiert?
- Hattest du einen Bruder oder eine Schwester, der oder die dir vorgezogen wurde oder Privilegien hatte?

- Warst du Opfer oder Zeuge körperlicher oder verbaler Gewalt durch einen Angehörigen?
- Wurdest du vielleicht zu Unrecht beschuldigt oder hat man dich vielleicht verantwortlich für etwas gemacht, das jemand anderem zugestoßen ist?
- Hast du vielleicht eine Form von sexuellem Missbrauch durch einen Angehörigen erlebt?
- Hast du dich vielleicht in deinem Bedürfnis, dich auszudrücken, eingeschränkt gefühlt?
- Hast du dich ständig von jemandem kritisiert gefühlt, der Autorität verkörperte?
- Warst du der Prügelknabe deines Vaters oder deiner Mutter?
- Warst du Opfer der Eifersucht eines oder mehrerer Familienmitglieder?
- Hast du dich in deiner Freiheit, so zu sein oder zu handeln, wie du wolltest, eingeschränkt gefühlt?
- Wurde von dir verlangt, perfekt zu sein oder immer besser zu werden?

Kurz gesagt: Finde Situationen dieser Art, die dein emotionales Gedächtnis belasten könnten.

Suche für jede gefundene Situation die Empfindung, die du in dieser Situation hattest, die Gefühle, die es in dir ausgelöst hat, und deine Reaktion(en) darauf.

Notiere auch Situationen in Verbindung mit Menschen, denen gegenüber du Reue, Schuldgefühle, Scham, Groll oder Hass empfindest.

Nach dieser Übung kannst du als Nächstes die verletzenden oder abwertenden Worte aufschreiben, die an dich gerichtet wurden oder die du über dich gehört hast.

Worte wie:

- Du bist nicht normal.
- Du bist ein Faulenzer, ein Nichtstuer.
- Du bist unfähig, ein Nichtsnutz.
- Du wirst niemals irgendetwas Gutes im Leben zustande bringen.
- Du hast nur Flausen im Kopf.
- Du bist eine Schlampe, ein Flittchen.
- Du bringst mich noch um.
- Du machst nichts als Ärger.
- Das hättest du aber besser machen können.
- Du hast mich enttäuscht.
- Du bist so ein Sturkopf.
- Ich kann es kaum erwarten, dass du endlich ausziehst.
- Du bist hässlich.
- Ich hasse dich.
- Du bist abscheulich, niemand wird sich jemals für dich interessieren.
- Dich wird niemals jemand lieben.
- Du wirst niemals eine Frau finden, die dich will.
- Du bist gemein, herzlos, egoistisch.
- Du bist ein Mistkerl.
- Du hast einen miesen Charakter.
- Du bist undankbar.
- Alles, was du kannst, ist, anderen zur Last zu fallen.
- Wenn ihr nicht wärt, Kinder, würde ich hier Schluss machen und gehen.

Wer hat diese Worte zu dir gesagt und unter welchen Umständen?

Welche Empfindung hattest du, als du diese Worte gehört hast?

Welche Gefühle haben diese Worte in dir ausgelöst?

Welche Folgen hatten diese Worte für dein Leben?

Hier ein Beispiel:

Magalies Eltern lassen sich scheiden. Eines Morgens sagt ihre Mutter kurzerhand zu ihr: "Du wirst mit deinem Vater gehen!"

Wie nimmt Magalie die Worte ihrer Mutter auf? Sie fühlt, dass sie in Panik gerät, denn da ihr Vater unter der Woche außer Haus arbeitet, fürchtet sie, sich selbst überlassen zu werden oder in eine Pflegefamilie zu kommen. Außerdem sind die Worte ihrer Mutter gleichbedeutend mit: "Ich liebe dich nicht und will dich nicht."

Welche Auswirkungen hatte das auf ihr Leben? Magalie vertraut mir an: "Mein ganzes Leben lang bin ich immer wieder mit Situationen konfrontiert worden, in denen die ganze Familie zusammen war, ich aber aus unterschiedlichen Gründen weg musste. Ich habe nie den Zusammenhang gesehen!"

* Wie ändere ich den Film meines Lebens?

Es geht darum, unser Verständnis, das wir bisher von einem Ereignis oder von verletzenden Worten hatten, umzuwandeln und es durch ein neues Verständnis zu ersetzen, das uns förderlich ist.

Kommen wir noch einmal zur Geschichte der kleinen Noémie zurück, die sich zu ihrer Mutter schlafen legen will, aber von ihr in die Ecke geschickt wird, um sich dort hinzuknien.

Ich lade die erwachsene Noémie dazu ein, sich zu entspannen und das kleine zweijährige Mädchen wiederzusehen, das sie war. Zu sehen, wie es in der Ecke gekniet hat. Dann frage ich die große Noémie, die bei mir ist, ob sie sehen kann, wie sie in dieses Bild eintritt, um auf ihre kleine zweijährige Noémie zuzugehen. Sie bejaht. Also leite ich sie an:

“Sag ihr, dass sie nicht mehr allein ist, dass du dich jetzt um sie kümmern wirst und dass sie, wenn sie Angst hat oder Zuwendung braucht, sich in deine Arme schmiegen kann. (Noémie sagt es ihr.) Erkläre ihr, dass ihre Mutter sehr müde ist und allein sein muss, um einschlafen zu können. Sag ihr, dass sie in deine Arme kommen kann, und gib ihr all die Zuwendung, die sie braucht.

Wie fühlt sie sich jetzt?”

“Besser. Sie fühlt sich beruhigt.”

“Sehr gut. Nimm sie jetzt an der Hand und führe sie zu ihrer Mutter. Hilf ihr, ihrer Mutter ihr Bedürfnis mitzuteilen: ‘Mama, ich möchte einfach, dass du mich in die Arme nimmst, für ein paar Minuten, danach lasse ich dich schlafen.’

‘Oh, ich dachte, du wolltest die ganze Nacht bei mir schlafen, aber wenn es nur ein paar Minuten sind, dann gerne. Komm her.’“

Noémie sieht sich an den warmen Körper ihrer Mutter geschmiegt. Dann hält sie Wort, gibt ihrer Mutter nach kurzer Zeit einen Kuss, wünscht ihr eine gute Nacht und geht leichten Herzens wieder zurück in ihr Zimmer.

Was hat Noémie bei dieser Arbeit mit ihrem inneren Kind erkannt? Sie hat erkannt, dass wir manchmal die Bedürfnisse anderer berücksichtigen müssen und ihnen helfen müssen, uns zu verstehen.

Was wird jetzt in Noémies Leben passieren? Wenn sie nun in einer Situation auf Unverständnis stößt, wird sie, statt sich zu verschließen, ihrem Gegenüber helfen, sie besser zu verstehen, oder ihm ihr wahres Bedürfnis verständlich machen. Das wird sich positiv auf ihre Beziehungen mit anderen auswirken.

Sehen wir uns jetzt noch einmal Magalies Geschichte an. Wie kann sie die kaltherzigen Worte ihrer Mutter ("Du wirst mit deinem Vater gehen!") so umwandeln, dass sie förderlich für sie sind?

Ich lade Magalie ein, die Augen zu schließen und das kleine neunjährige Mädchen wiederzusehen, das sie war.

"Wie fühlt sich die kleine Magalie, als ihre Mutter zu ihr sagt: 'Du wirst mit deinem Vater gehen!'?"

"Unglücklich, nicht von ihrer Mutter geliebt. Außerdem hat sie Angst, was passieren wird, wenn sie bei ihrem Vater lebt."

"Kann die große Magalie, die jetzt bei mir ist, in dieses Bild eintreten, um auf die kleine Magalie zuzugehen?"

"Ja."

"Sag zu ihr in deinen eigenen Worten: 'Du bist nicht mehr allein, ich bin da, deine Große, ich werde dich niemals verlassen. Du kannst immer auf mich zählen.'

Warum glaubst du, hat deine Mutter diese Worte zu dir gesagt, und was wollte sie dir damit mitteilen?"

"Mama liebt mich nicht, sie glaubt, dass Papa mich ihr vorzieht."

"Hast du eine gute Beziehung zu deinem Vater?"

"Ja, Papa liebt mich sehr."

"Könnte es sein, dass deine Mutter dir mit ihren Worten eigentlich sagen wollte: 'Da du deinen Vater so sehr liebst, also gut, dann wirst du mit ihm gehen ...'? Könnte es sein, dass deine Mutter glaubt, dass du sie nicht liebst, und dass du glaubst, dass sie dich nicht liebt?"

"Ich habe nie gedacht, sie könnte glauben, dass ich sie nicht liebe. Aber es stimmt schon, dass ich meinen Vater vorgezogen habe."

“Wie wäre es, wenn du jetzt zu deiner Mutter gehst, um ihr zu erklären, wie du dich bei ihren Worten gefühlt hast? Du kannst sie in der Küche oder im Wohnzimmer aufsuchen.”

“Mama, ich muss mit dir reden.”

“Was willst du mir denn sagen?”

“Mama, als du zu mir gesagt hast: ‘Du wirst mit deinem Vater gehen!’, hatte ich große Angst, denn wie du weißt, arbeitet Papa viel und ist nicht oft zu Hause. Außerdem hatte ich das Gefühl, dass du mich loswerden willst, weil du mich nicht liebst.”

“Ich habe das zu dir gesagt, weil ich den Eindruck habe, dass dir nur dein Vater wichtig ist und du mich nicht liebst. Aber mir wird jetzt klar, dass wir beide glauben, dass die andere sie nicht liebt, obwohl das gar nicht stimmt. Wenn ich dich nicht lieben würde, würde es mir nicht so viel ausmachen, dass du deinen Vater vorziehst.”

“Mama, ich habe mich mehr Papa zugewandt, weil ich dachte, dass du mich nicht liebst.”

“Wie kann denn eine Mutter ihr Kind nicht lieben?”

“Entschuldigung, Mama, ich wusste nicht, dass dir das wehtut!”

“Ich bitte dich auch um Entschuldigung, Magalie, dass ich so hart zu dir war. Was hältst du davon, wenn wir lernen, einander mitzuteilen, was wir fühlen?”

“Ja, Mama, ich brauche es, mich von dir geliebt zu fühlen.”

“Ich auch, Magalie.”

Magalie sieht ihre Mutter ihre Arme öffnen und schmiegt sich in ihre Arme. Sie fühlt sich nicht mehr abgelehnt. Sie fühlt sich von ihrer Mutter geliebt.

Ich sage zu ihr: “Bewahre dieses Bild immer in deinem Herzen!”

Was musste Magalie lernen? Mitzuteilen, was sie fühlte, statt zu glauben, dass man sie nicht liebte und sie nicht wollte.

Solange wir glauben, dass ein Elternteil uns nicht liebt, verschließen wir ihm unser Herz. Wenn wir einem Elternteil unser Herz verschließen, können wir nicht auf eine gute Beziehung zu diesem Elternteil hoffen. Und ohne diese gute Beziehung kann es sein, dass dieses Elternteil die Gesellschaft eines anderen Kindes oder Erwachsenen bevorzugt. Das kann uns in unserem Glauben noch bestärken, dass unsere Mutter oder unser Vater uns nicht liebt.

Wenn uns klar wird, dass unsere Mutter oder unser Vater uns nie abgelehnt hat und wir uns abgelehnt gefühlt haben, weil uns das Elternteil in einem Moment, in dem wir es brauchten, keine Zuwendung geben konnte, dann verstehen wir es, sind ihm nicht mehr böse und können ihm wieder unser Herz öffnen. Dann entdecken wir, dass das Elternteil uns immer geliebt hat, und können eine gute Beziehung zu ihm beginnen.

Ich selbst habe lange geglaubt, dass meine Mutter mich nicht liebte. Ich habe gesagt: "Sie hat mir ein Dach über dem Kopf gegeben, Essen, Kleidung, Sachen, die ich unbedingt haben wollte und die sie mir nur gegeben hat, um ihre Ruhe zu haben, aber sie hat mich nie in ihre Arme genommen, hat mir nie auch nur die geringste Zuwendung geschenkt." Wenn ich mit ihr reden wollte, erwiderte sie: "Ach, ich bin müde, lass mich in Ruhe ..." Sie hatte nie Zeit für mich. Aber wenn wir zu ihren Freunden gingen oder wenn sie zu Hause Freunde empfing, nannte sie mich immer "mein süßer Schatz". Dieser Name nervte mich ungeheuerlich. Ich dachte: "Was für eine Heuchlerin! Wenn wir allein sind, sagt sie nie auch nur ein nettes Wort zu mir, aber wenn Leute hier sind, will sie zeigen, was für eine liebevolle Mutter sie doch ist."

Meine Mutter war alleinerziehend mit mehreren Kindern. Ihr Leben bestand nur aus Arbeit und Sorgen. Wie konnte sie mir Zuneigung schenken, die sie nicht bekam? Nur wenn sie von anderen umgeben war, erhielt sie die Zuneigung dieser Menschen und konnte selbst Zuneigung zeigen. Als Kind und Jugendliche verstand ich das nicht.

Ich hätte mir gewünscht, dass meine Mutter mich auf meine Weise liebt. Und das erwartete ich auch von den Männern, die ich liebte, und sogar von meinen Kindern, bis ich mich selbst genügend liebte, um nicht mehr von ihrer Liebe abhängig zu sein. Erst dann konnte ich sie wirklich lieben.

Auf unsere Weise geliebt werden zu wollen, ist der beste Weg, um die Liebe anderer zu uns nicht zu bemerken.

Mir mehr emotionaler Reife erkannte ich: Wenn meine Mutter arbeiten ging, damit wir ein gemütliches Zuhause und gutes Essen hatten, bedeutete das: "Ich liebe dich." Wenn sie uns nach einem harten Arbeitstag ein gutes Essen kochte, bedeutete das für sie: "Ich liebe dich." Wenn sie mir ein hübsches Kleid nähte, bedeutete das: "Ich liebe dich." Wenn sie mir schenkte, was ich mir sehnlichst wünschte, bedeutete das: "Ich liebe dich." Sie sagte so oft "Ich liebe dich", aber ich hörte sie nicht. Als ich das schließlich erkannte, konnte ich da weiter glauben, dass meine Mutter mich nicht geliebt hat? Konnte ich da noch weiter irgendeinen Groll gegen sie hegen? Nein.

Viele Menschen, deren Vater oder Mutter ihnen nie Zuneigung gezeigt haben, haben genauso gedacht wie ich. Aber wir müssen bedenken, dass früher einmal Schamgefühl oder Angst vor Inzest dafür sorgten, dass Eltern es nicht wagten, ihre Kinder in die Arme zu schließen. Für sie war die gute Versorgung ihrer Familie gleichbedeutend mit "Ich liebe dich".

Allerdings gibt es Situationen, in denen es schwieriger ist, hinter den Gesten oder Worten eines Menschen, der uns wehtut, Liebe zu sehen.

Während meines Seminars "Befreiung des emotionalen Gedächtnisses" sagte eine Teilnehmerin einmal unter Tränen zu mir: "Wie könnte ich jemals meiner Mutter vergeben, die mich jahrelang geschlagen, beleidigt, abgewertet hat? Wie soll ich Liebe hinter all dem sehen, was sie mir angetan hat? Tut mir leid, aber das kann ich nicht."

Ich verstand den ganzen Schmerz dieser Teilnehmerin. Zu akzeptieren, dass ihre Mutter sehr krank gewesen war, war für sie gleichbedeutend damit, die Qualen zu entschuldigen, die sie ihr jahrelang angetan hatte. Das konnte sie nicht von ihrem Schmerz und ihrem Groll gegenüber ihrer Mutter befreien.

Also schlug ich ihr vor, sie in einen Entspannungszustand zu führen, um in ihrem emotionalen Gedächtnis eine Situation zu finden, in der ihre Mutter sie brutal geschlagen hatte. Zunächst führte ich sie in ihrer Vorstellung an den Ort, an dem sie gelebt hatte - das Haus, die Zimmer in diesem Haus -, und schließlich in einen Moment, als ihre Mutter sie geschlagen hatte. Dann in den Moment, nachdem sie geschlagen worden war, damit sie (als Erwachsene neben mir) zu dem geschlagenen, weinenden Mädchen gehen konnte, um sie zu trösten und ihr zu sagen, dass sie nichts getan hatte, um solche Gewalt zu verdienen. Dann, als ihre Tränen versiegten und sie sich verstanden fühlte, schlug ich ihr vor, die Hand des kleinen Mädchens zu nehmen, sie zu ihrer Mutter zu führen und dabei dem kleinen Mädchen zu sagen, dass ihr großes Mädchen da war, um sie zu beschützen, ihre Mutter aber nur das kleine Mädchen sehen konnte. Ich ermutigte sie, ihrer Mutter ihren ganzen Schmerz zu zeigen.

"Mama, warum hasst du mich so, was habe ich dir getan? Ich tue alles, was du verlangst, ich tue alles, um dir zu gefallen, aber es ist nie richtig. Wenn du wüsstest, wie sehr ich einfach verschwinden will, wie sehr ich sterben will, wenn du mich schlägst, so sehr leide ich ..."

Ihre Mutter antwortete:

"Ich bitte dich um Entschuldigung, ich hasse mein Leben so sehr, ich hasse mich selbst so sehr. Ich brauche Hilfe, aber ich habe noch nie gewusst, wie ich darum bitten soll. Aber ich will dir nicht mehr wehtun, ich werde mir Hilfe suchen."

"Danke, Mama, dass du dir Hilfe suchen willst, denn ich kann all die Gewalt, dir du mir antust, nicht mehr ertragen."

Ihrer Mutter ihr Leid zu schildern, ermöglichte es ihr, das Leid ihrer Mutter zu verstehen und ihr zu vergeben.

Ein Onkel von mir hatte einen einzigen Sohn, den er liebte und den er mit dem Gürtel schlug. Ich hatte große Angst vor diesem Onkel. Eines Tages war ich bei meiner Großmutter und sah meine Lieblingssendung im Fernsehen. Es war die Geschichte eines wilden Hengstes namens "Fury", der der beste Freund eines Jungen geworden war. Mein Onkel, der bei meiner Großmutter lebte, sagte zu mir: "Siehst du da das Pferd, das du so freundlich findest? Wenn du wüsstest, wie das dressiert worden ist, um sich vor der Kamera so zu verhalten!"

Genau das tat mein Onkel - seinen Sohn "dressieren" -, weil er überzeugt war, dass das die beste Methode war, um ihn großzuziehen, damit er ein guter Junge war und im Leben Erfolg hatte. Am Ende wurde ein Rebell aus ihm, der in einem Auto starb, unter dem eine Bombe explodierte.

Damals hieß es: "Wer die Rute ausspart, verzieht das Kind." Heute schlägt man Kinder nicht mehr, sondern gibt ihnen alles und macht sie zu kleinen Königen. Und wenn sie zu unerträglich werden, gibt man ihnen Medikamente zur Beruhigung. Vielleicht ist das das andere Extrem, bis man feststellt, dass Kinder vor allem das Bedürfnis haben, gehört, geliebt und angeleitet zu werden.

Tatsache ist, dass viele Kinder geschlagen wurden, weil ihre Eltern davon überzeugt waren, dass das die richtige Methode war, um ihnen Disziplin, Stärke oder andere Tugenden beizubringen, die ihnen fehlten. Viele sanfte, sensible Jungen wurden von ihren Vätern geschlagen, weil sie fürchteten, ihre Söhne könnten homosexuell werden. Auch hier sollte das, nach Meinung der Väter, ihren Söhnen helfen, nicht an den Rand der Gesellschaft gedrängt zu werden, und ihnen Leid ersparen.

Solange wir Hass oder Groll hegen, können wir nicht frei und glücklich sein, da wir dadurch an denjenigen gefesselt bleiben, den wir hassen. Genauso wie ein Gefangener an seinen Wärter. Vergebung ist die Erlösung, die Befreiung. Wie viele Menschen sind mir schon in der Therapie begegnet, die ihre Gesundheit, ihre Erfolgschancen oder ihr Glück zerstört haben, um sich ganz und gar ihrem Groll hinzugeben.

Da in ihrem Leben nichts gut lief, machten sie dafür den Menschen verantwortlich, der ihnen Leid zugefügt hatte: "Wenn ich so viele Probleme im Leben habe, dann nur deshalb, weil mein Vater mich mit 14 vor die Tür gesetzt hat." "Wenn in meinen Beziehungen nichts funktioniert, dann nur deshalb, weil mein Großvater mich missbraucht hat, als ich klein war." "Wenn ich kein Selbstvertrauen habe, dann nur deshalb, weil mein Vater mich immer abgewertet hat." "Wenn ich es nicht schaffe, für mich selbst einzustehen, dann nur deshalb, weil meine Eltern mich immer dominiert haben und ich nie meine Meinung sagen durfte."

Frieden oder Glück sind nicht möglich, solange wir diese niederen Gefühle nicht loslassen. Und wer will sie nicht loslassen? Unser Ego! Es will absolut recht behalten, es will gewinnen, koste es, was es wolle.

Zu vergeben heißt, sich zu befreien. Es heißt, unser Leben wieder in die eigene Hand zu nehmen, unsere Opferrolle abzulegen und die Rolle der verantwortungsvollen Frau oder des verantwortungsvollen Mannes einzunehmen. Manche Menschen glauben, dass vergeben bedeutet, dem anderen recht zu geben für das Schlechte, was er ihnen angetan hat. Nein, vergeben rechtfertigt nicht und entschuldigt nicht das Verhalten des anderen, sondern es bedeutet, dass wir verstehen, warum der andere so gehandelt hat und warum wir in unserer Entwicklung in eine solche Situation geraten sind.

Vergebung betrifft nicht so sehr den anderen, sondern vielmehr uns selbst, denn manchmal ist dem anderen gar nicht bewusst, dass wir ihm böse sind. Er kann erstaunt über unsere Reaktion sein, denn er hat vielleicht schon vergessen, was er in einem ungeduldigen oder verärgerten Moment zu uns gesagt hat, oder er hat den Worten oder der Situation, die uns zutiefst verletzt haben, gar keine Bedeutung beigemessen.

Als ich 15 Jahre alt war, zog meine Mutter mit dem Mann zusammen, mit dem sie sich seit Jahren traf. Meine Schwester und ich machten ihm die Sache mit unserer Anwesenheit nicht leichter. Nach dem Auszug meiner Schwester sagte meine Mutter in für sie schwierigen Momenten zu mir: "Ich kann es kaum erwarten, dass du endlich ausziehst ..." Das gab mir ein Gefühl von Zurückweisung, als wäre dieser Mann wichtiger als ich. Ich verübelte es ihr und wies sie meinerseits zurück.

Als ich meinen Weg der persönlichen Weiterentwicklung einschlug, bat uns unsere Seminarleiterin, die negativen Gefühle zu beschreiben, die wir gegenüber unseren Eltern oder anderen uns wichtigen Menschen gehegt hatten. Ich nahm wieder Kontakt zu meiner Mutter auf, um ihr noch einmal ihre verletzenden Worte ins Gedächtnis zu rufen. Meine Mutter konnte sich noch nicht einmal mehr daran erinnern. Aber für mich waren ihre Worte noch immer da, und sie hinderten mich daran, ihr mein Herz zu öffnen.

Jahre später erinnerte mich meine eigene Tochter daran, was ich zu ihrem Bruder und zu ihr gesagt hatte, als sie klein gewesen waren. "Ach, am liebsten würde ich euch billig verkaufen!", sagte ich zu ihnen. Auch ich hatte es schon längst vergessen. Glücklicherweise sprach meine Tochter mich darauf an, denn dadurch konnte ich ihr den Sinn meiner Worte erklären. Meine Tochter hatte verstanden: Wenn ich bereit war, sie billig zu verkaufen, dann waren sie in meinen Augen nicht viel wert. Für mich hingegen bedeuteten die Worte einfach nur: "Ihr strapaziert gerade sehr meine Geduld!"

Ich versicherte ihr, dass ich meine Kinder für kein Geld der Welt verkauft hätte, meine Worte nur meine Ungeduld zum Ausdruck gebracht hatten und ich sie überhaupt nicht so gemeint hatte. Sie verstand es und befreite sich davon.

Ich selbst habe erkannt, dass meine Mutter mit den Worten "Ich kann es kaum erwarten, dass du endlich ausziehst ..." eigentlich meinte: "Ich kann es kaum erwarten, mein Leben als Frau zu leben. Ich bin jetzt seit 25 Jahren Mutter. Ich kann es kaum erwarten, endlich von dieser Verantwortung befreit zu werden." Ich habe sie verstanden und habe meinen Groll durch Liebe ersetzt. Als sie starb, war ich innerlich im Frieden. Es gab nur Liebe zwischen uns.

Wenn wir einem Elternteil nachhaltig böse sind, riskieren wir, ihm in einer künftigen Inkarnation wiederzubegegnen, um Frieden mit ihm schließen zu müssen. Besser ist es, sich damit zu beschäftigen, bevor wie diese Welt verlassen.

Zu vergeben bedeutet also zu verstehen, was der andere eigentlich mit seinen Worten gemeint hat, warum er sich so verhalten hat, warum er so gehandelt oder sich so entschieden hat.

Es ist wichtig, daran zu denken, dass wir meistens nicht dem heutigen Elternteil böse sind, sondern dem gestrigen, das in unseren Erinnerungen lebt. Und es ist dieser Elternteil, dem wir vergeben müssen, um frei zu sein. Der heutige Elternteil hatte Zeit, sich zu verändern. Wir können eine oberflächliche Beziehung mit dem heutigen Elternteil haben und dem gestrigen weiterhin böse sein.

Solange wir Groll gegen das Elternteil hegen, das noch in uns weiterlebt, können wir nicht in Harmonie mit dem heutigen Elternteil leben. Und beim geringsten Anlass, bei dem er oder sie wieder den Schmerz in uns weckt, abgelehnt, verlassen oder nicht verstanden zu werden, wird auch unser Groll gegen diesen Elternteil wieder aufleben, und er oder sie wird völlig verblüfft über unseren Wutausbruch sein. Wie können wir uns davon befreien?

Vergeben, wenn wir verlassen wurden

Francis hat die Gewohnheit, starke Drogen zu nehmen, aber er kommt wegen eines Problems mit Zysten zu mir, die sich in seinem gesamten Körper ausgebreitet haben. Er ist bereits mehrmals operiert worden, um die Zysten zu entfernen, aber das Problem ist damit nicht gelöst worden, da immer wieder neue Zysten auftauchen. Francis wurde mit fünf Jahren adoptiert, nachdem er in mehreren Pflegehaushalten gelebt hatte. Francis hegt einen großen Hass auf seine leibliche Mutter, von der er sagt: “Sie hat mich in den Müll geworfen!” Francis erlebt ständig Situationen der Zurückweisung mit Frauen, mit denen er eine Beziehung anfängt. Seinen Schmerz betäubt er mit Drogen.

Wie konnte Francis seiner Mutter vergeben? Ich half Francis zu verstehen, dass es für eine Mutter sehr schwer ist, das Kind zurückzulassen, das sie ausgetragen hat, und dass die meisten Frauen, die ihr Kind in ein Kinderheim geben müssen, bis zu ihrem Tod die Erinnerung daran in sich tragen. Wenn seine Mutter ihn ins Kinderheim geben musste, dann hatte sie wahrscheinlich keine andere Wahl. Sie musste sich vielleicht dazu durchringen, weil sie nicht die Mittel hatte, um ihn großzuziehen. Sicherlich hoffte sie, er würde durch das Kinderheim die Gelegenheit bekommen, von guten Eltern adoptiert zu werden, mit denen er größere Chancen auf eine gute Ausbildung und ein glückliches Leben hätte. Ich fragte Francis: "Wenn die Bedingungen für deine Mutter ideal gewesen wären, glaubst du, dass sie dich dann auch ins Kinderheim gegeben hätte?" Er antwortete: "Nein, das glaube ich nicht."

Manchmal haben wir uns vielleicht alleingelassen gefühlt, was aber nicht bedeutet, dass dieses Elternteil uns auch wirklich allein gelassen hat. Vielleicht konnte er oder sie uns ein Bedürfnis nicht erfüllen, aber deswegen hat er oder sie uns noch lange nicht allein gelassen.

Als Flore klein war, war ihr Vater alkoholabhängig und brüllte sie nach einem Rausch an, obwohl sie alles tat, um nett und gehorsam zu sein. Wenn er Gemeinheiten zu ihr sagte, schloss sie sich in ihrem Zimmer ein und hoffte, dass ihre Mutter zu ihr kam, um sich zu erkundigen, was denn nicht stimme. Aber ihre Mutter kam nicht.

Ich fragte sie, wie sich die junge Flore fühlte, die sich gewünscht hätte, dass ihre Mutter sich um sie kümmert.

"Sie hat sich vernachlässigt gefühlt, mit ihren Gefühlen alleingelassen."

"Welche Auswirkungen hatte das auf dein Leben?"

"Ich bitte nie jemanden um Hilfe. Ich habe gelernt, mich nur auf mich selbst zu verlassen, wenn es mir schlecht geht."

Ich schlug ihr vor, wieder Kontakt mit dem kleinen Mädchen aufzunehmen, um sie zu trösten und ihr zu helfen, ihrer Mutter mitzuteilen, wie sie sich fühlte, nachdem ihr Vater Gemeinheiten zu ihr gesagt hatte.

"Mama, ich hätte mir so sehr gewünscht, dass du dich darum sorgst, wie es mir geht. Wenn ich mich in meinem Zimmer eingeschlossen habe, habe ich mich von dir alleingelassen und vernachlässigt gefühlt."

"Flore, mein Schatz, ich habe nur dein Bedürfnis nach Alleinsein respektiert. Wenn ich gewusst hätte, dass du mich brauchst, um dich zu trösten, hätte ich keine Sekunde gezögert, an deine Tür zu klopfen, aber ich wusste es nicht. Bitte sag mir doch ab jetzt Bescheid, wenn du mich brauchst. Ich verspreche dir, dass ich darauf reagieren werde."

"Danke, Mama. Mir wird klar, dass ich lernen muss, meine Bedürfnisse zu äußern, statt zu denken, dass den anderen egal ist, wie es mir geht."

Vergeben, wenn wir Gewalt erfahren haben

Ich bin in einem gewalttätigen Umfeld aufgewachsen. Mein Vater schlug meine Mutter, als sie mit mir schwanger war. Sie verließ ihn, und dann wurde mein älterer Bruder gewalttätig. Ich lernte, meinen Vater aufgrund der Erzählungen meiner Mutter zu hassen, und ich hasste diesen Bruder wegen der panischen Angst, die er so oft in mir auslöste.

Ich habe nie aufgehört, verstehen zu wollen, was in ihnen vor sich ging, um so gewalttätig zu sein. Ich hatte sie verurteilt und verdammt, weil sie bösartig waren. Als ich versuchte zu verstehen, warum sie sich so verhielten, fand ich heraus, dass mein Vater und mein Bruder in ihrer Kindheit geschlagen worden waren und sie diesen Schmerz, den sie in sich trugen, an die Menschen weitergaben, die sie am meisten liebten. Bei meinem Vater waren das seine Frau und seine Kinder, bei meinem Bruder wir, seine Geschwister.

Das folgende Beispiel habe ich oft in meinen Seminaren angeführt, um Teilnehmern zu helfen, ihren Peinigern zu vergeben oder sich selbst dafür zu vergeben, geliebte Menschen verletzt zu haben.

Ich sagte:

"Nehmen wir an, du besuchst eine Freundin im Krankenhaus, die eine schwere Krankheit hat, unter der sie sehr leidet.

Du trittst an ihr Bett, und sie klammert sich an dir fest und versucht so sehr, dich festzuhalten, dass sich ihre Nägel in deine Haut graben. Würdest du ihr das übel nehmen?

'Nein', wirst du mir antworten.

'Und warum nicht?'

'Weil es ihr sehr schlecht geht!'"

Es ist leicht zu verstehen, dass alle, die uns wehgetan haben, selbst auch gelitten haben. Es gibt keine bösen Menschen, nur leidende oder gedankenlose Menschen.

Sieh selbst, wenn alles gut läuft, wie glücklich du dann bist, wie leicht es dir dann fällt, liebenswürdig und nett zu sein, anderen helfen zu wollen oder mit deinen Kindern zu spielen. Aber wenn alles schlecht läuft, wie besorgt, enttäuscht und frustriert bist du dann, wie schwer fällt es dir dann, liebenswürdig zu bleiben, und wie leicht fällt es dir, ungeduldig oder verärgert zu handeln oder zu sprechen.

Würdest du dir wünschen, dass eines deiner Kinder oder einer deiner Angehörigen sein ganzes Leben lang Groll gegen dich hegt, weil du in unbedachten Momenten in Worten oder Taten Ärger, Frustration oder Ungeduld zum Ausdruck gebracht hast? Wenn wir Hass oder Groll gegen jemanden hegen, zum Beispiel gegen einen Elternteil, säen wir die Saat dafür, dass uns eines Tages vielleicht unser eigenes Kind verabscheut.

Sehr oft hat jemand, der früher sehr streng oder hart zu uns gewesen ist, große Schuldgefühle und versucht mit allen Mitteln, das mit Nettigkeiten wiedergutzumachen. Es ist seine Art und Weise, uns um Vergebung zu bitten.

Zu vergeben bedeutet, verstehen zu können, dass alle Menschen Gefühle haben und Fehlurteile fällen und wir da auch nicht anders sind. Diese Fehler sind dafür da, dass wir uns weiterentwickeln. Dasselbe gilt auch für die anderen; auch sie müssen durch ihre Fehler lernen, was Liebe wirklich ist.

Um herauszufinden, ob wir jemandem wirklich vergeben haben, müssen wir nur beobachten, wie wir uns in seiner Anwesenheit fühlen oder wenn wir über ihn sprechen. Welche Erinnerungen kommen uns, wenn wir an denjenigen denken, wenn wir jemandem begegnen, der uns an ihn erinnert oder der denselben Vornamen hat? Wenn uns immer nur negative Erinnerungen kommen oder wir Unbehagen oder Widerwillen spüren, dann haben wir demjenigen nicht vergeben.

Wenn aber positive Erinnerungen an die Oberfläche kommen oder wir bedingungslose Akzeptanz oder aufrichtige Zuneigung fühlen, dann haben wir demjenigen vergeben.

Nachdem ich meinem Bruder vergeben hatte, erinnerte ich mich wieder daran, was ich mit ihm beim Tod unseres Vaters erlebt hatte. Der Moment, an den ich mich erinnerte und den ich vollkommen vergessen hatte, war eigentlich ganz banal: Er hatte mir durch die Einfriedung geholfen, durch die man musste, um auf den Friedhof zu gelangen. Dennoch kam mir das als beschützende, liebevolle Geste des großen Bruders für seine kleine Schwester in Erinnerung. Bevor ich ihm vergeben hatte, waren mir nur Bilder in den Sinn gekommen, wie er seinen Schmerz durch Gewalt zum Ausdruck gebracht hatte. Wie bei einer alten Schallplatte hatte ich keine Musik mehr gehört, sondern nur noch das störende Knacksen der Rillen. Meine Vergebung hat die Rillen poliert, so dass ich wieder die freundliche Musik meines Bruders hören und ein tiefes Gefühl der Zuneigung zu ihm empfinden konnte.

Vor einigen Jahren war auf einem meiner Seminare ein Mann, der sowohl körperlich als auch seelisch sehr meinem Vater ähnelte. Ich bemerkte, dass ich aufrichtige Zuneigung zu diesem Mann empfand, trotz der einen oder anderen Verhaltensweise, von der sich einige Teilnehmer gestört fühlten. Durch diesen Mann habe ich verstanden, dass ich, wenn ich meinen Vater gekannt hätte, ihn geliebt hätte, auch wenn er wie mein Bruder in seinem Schmerz gewalttätig wurde. Heute weiß ich, dass Gewalttätige hypersensible Menschen sind, die verletzt wurden. Sie schreien und schlagen um sich, zerstören Gegenstände, um ihren Schmerz zum Ausdruck zu bringen. Wenn das Fass ihres Schmerzes überläuft, lassen sie ihrem Kummer freien Lauf. Dieser Seminarteilnehmer hat es mir ermöglicht zu erkennen, dass ich meinem Vater wirklich vergeben habe.

Ich habe immer wieder Männer angezogen, die wie ich Gewalt erlebt hatten und das bei sich selbst um jeden Preis verhindern wollten, aus Angst, ihrem Vater zu ähneln, den sie zurückgewiesen hatten. Wenn sie Wut in sich aufsteigen fühlten, zogen sie es vor, sich zu verschließen oder wegzulaufen, denn sie hatten zu sehr Angst vor ihrer Wut. Sie hatten Angst davor, wozu diese Wut sie treiben konnte. Aber es blieb ihnen trotzdem nicht erspart, denn sie zogen Frauen an, die zu Wutausbrüchen neigten, was diese Männer nur wieder zurück in die Gewalt führte, die sie selbst erlebt hatten.

Bei diesen Männern aus meiner Vergangenheit war ich es, die ihren Schmerz durch Gewalt ausdrückte. Wenn sie sich vor mir verschlossen, machte das in mir den Schmerz der Gleichgültigkeit wieder lebendig, den ich mit meiner Mutter immer wieder erlebt hatte. Als diese Wunde geheilt war, hatte ich gegenüber meinem Partner keine verbalen Gewaltausbrüche mehr. Dadurch konnten wir schöne, harmonische Jahre miteinander verbringen. Doch er selbst hatte sich von den Verletzungen seiner Vergangenheit nicht befreit, und eines Tages kehrten sich die Rollen um. Nun war er es, der mit seiner früheren Verletzung konfrontiert wurde, abgelehnt worden zu sein. Er drückte das in verbaler Gewalt aus und flüchtete sich danach in Alkohol.

Als er sich handeln sah wie sein Vater, weckte das in ihm den Wunsch nach Selbstzerstörung, so wie er seinen Vater hatte zerstören wollen, als der ihn schlug. Er brach jede Verbindung zwischen uns ab, wohl weil er fürchtete, die wieder hochkommende Gewalt nicht mehr beherrschen zu können - und um das Bild des guten, netten Mannes zu retten, das er anderen immer hatte vermitteln wollen.

Wie wir schon im vorigen Kapitel gesehen haben, erleben wir erneut dieselben Situationen oder handeln wie die Menschen, die wir verurteilt haben, aber diesmal, um sie zu verstehen und ihnen zu vergeben. Mein damaliger Partner, der sich in Alkohol geflüchtet hatte, sagte zu mir, bevor er alle Brücken zu mir abbrach: "Ich habe Alkoholiker immer verurteilt, aber heute verstehe ich, was sie durchmachen."

Um zu vergeben, müssen wir manchmal versuchen, die Liebe zu finden, die hinter den Worten, Gesten oder Verhaltensweisen des anderen verborgen war. Und wenn wir die Liebe nicht sehen können, dann geht es darum, das Leid oder das Unwissen des Menschen nachzuvollziehen, der uns verletzt hat.

Meine Mutter hatte keine Zeit, uns zu erziehen, sie arbeitete von morgens bis abends, und am Wochenende fuhr sie zu ihrem Freund. Also musste ich mich selbst großziehen, und manchmal verhielt ich mich wie ein schlecht erzogenes Mädchen, was mir die Ablehnung anderer einbrachte.

Ich hatte mir selbst versprochen, meine Kinder gut zu erziehen, damit sie von allen geliebt wurden. Meine Familie fand mich sehr streng, aber ich war überzeugt, dass ich zum Besten meiner Tochter handelte. Als sie fünf Jahre alt war, ging ich zum Glück in Kurse für persönliche Weiterentwicklung, um mein Verhalten ihr gegenüber zu verändern. Ich glaube, sie wäre ansonsten sehr rebellisch geworden. Heute haben wir eine wunderbare, vertrauensvolle Beziehung.

So unerlässlich es ist, anderen zu vergeben, um selbst frei zu werden, so wichtig ist es auch, uns selbst zu vergeben. Ich glaube, wenn ich mir nicht selbst die Schläge vergeben hätte, die ich meiner Tochter zugefügt habe, hätte auch sie mir nicht vergeben. Wenn wir wollen, dass andere uns vergeben, müssen wir zuerst uns selbst vergeben.

Wie können wir das tun? Wir können uns dazu noch einmal das obige Beispiel mit der Freundin im Krankenhaus ansehen. Sie gräbt ihre Nägel in unsere Haut, aber wir sind uns einig, dass wir ihr nicht böse sein können, weil es ihr sehr schlecht geht. Stellen wir uns also für einen Moment vor, dass dieser leidende Mensch, der jemand anderen in seinem eigenen Schmerz verletzt, wir selbst sind. Können wir diesem Teil von uns vergeben, der in seinem Schmerz Gewalt gegen andere ausübt?

Ich habe mir selbst vergeben, als ich verstanden habe, dass wir, solange wir uns nicht selbst vergeben haben, immer wieder Situationen anziehen, in denen wir uns schuldig dafür fühlen, den Menschen Leid zuzufügen, die wir am meisten lieben. Und das kann uns nur in die Selbstzerstörung führen.

Deshalb beginnen wir unseren positiven Film mit: “**Ich vergebe mir voll und ganz, nicht verstanden zu haben, dass ...**”

Uns von Groll zu befreien, dann aber Schuldgefühle zu entwickeln, würde uns nicht viel weiterbringen.

Wenn du deinen negativen Film komplett wiederhergestellt hast, kannst du ans Ende dieser Seite(n) schreiben: “**Ich vergebe ...** (nenne die Person(en), der oder denen gegenüber du Groll oder Hass gehegt hast) **voll und ganz.** Ich löse jetzt unsere Fesseln und ersetze sie durch das Bewusstsein der Liebe, die alles heilt und alles verwandelt. Möge in jedem von uns jetzt Frieden sein!”

* Mein positiver Film

Nun lade ich dich dazu ein, dir ein neues Blatt zu nehmen und den folgenden Satz darauf zu schreiben:

Heute, am (notiere das Datum), beginne ich ein neues Leben. Ich vergebe mir voll und ganz, nicht verstanden zu haben, dass

....

....

(Ausgehend davon, was du in deinen negativen Film geschrieben hast, schreibst du nun jede Situation mit einem neuen Verständnis neu auf.)

Wie habe ich mein negatives Szenario mit meinem Vater verwandelt?

In meinen negativen Film hatte ich geschrieben: "Mein Vater war böse. Er hat meine Mutter und damit auch mich geschlagen, als sie mit mir schwanger war. Er wollte mich nicht. Er hat zu meiner Mutter gesagt: 'Das Kalb, das da geboren wird, werde ich sofort nach der Geburt um die Ecke bringen.'"

In den positiven Film schrieb ich: "**Ich vergebe mir voll und ganz, nicht verstanden zu haben, dass** mein Vater sehr krank war. Er liebte meine Mutter mit einer besitzergreifenden Liebe. Er konnte nicht mit der Vorstellung leben, dass sie das Kind eines anderen Mannes austrug (denn er glaubte fälschlicherweise, dass ich nicht von ihm war). Nicht mich wollte er nicht (er kannte mich ja gar nicht), sondern die Situation."

Viele Menschen, die das Gefühl haben, von Geburt an unerwünscht gewesen zu sein, haben daraus geschlossen, dass man sie nicht wollte. Aber es war die Situation, die nicht gewollt war, nicht das Kind selbst.

Wie habe ich meinen Film über die Autorität und Gewalttätigkeit meines Bruders ins Positive umgewandelt? Ein Bruder, den ich abgelehnt hatte und der mich dazu gebracht hatte, mir meine eigene Autorität abzuerkennen?

In meinen negativen Film hatte ich geschrieben: "Mein Bruder hat mich jahrelang mit seinen Gewaltausbrüchen terrorisiert. Ich hatte solche Angst davor, dass ich ihn gehasst habe."

In meinen positiven Film schrieb ich: "**Ich vergebe mir voll und ganz, nicht verstanden zu haben, dass** mein Bruder von seinem Vater und seinen Betreuern geschlagen und dominiert wurde. Ich verstehe, wie viel Angst er hatte, dominiert oder abgelehnt zu werden. Das hat ihn dazu gebracht, uns dominieren zu wollen oder uns zu schlagen, wenn er unsere Ablehnung gespürt hat. Ich bin davon überzeugt, dass er sich sehr gewünscht hätte, seine sanfte, liebevolle Seite zum Ausdruck bringen zu können. Aber seine Angst, die Kontrolle zu verlieren, brachte ihn immer in eine Angriffshaltung. Ich erkenne an, dass Autorität, die dominieren will, ihre Wurzeln in Angst hat, und dass wahre Autorität darin besteht, andere hin zu Wohlbefinden, Glück und Selbstverwirklichung zu führen. Ich erkenne diese Autorität in mir an und akzeptiere, ihr zu entsprechen und sie sich ausdrücken zu lassen, zum Wohle aller."

Wie habe ich meinen negativen Film über die mangelnde Kommunikationsbereitschaft meiner Mutter verwandelt?

Ich schrieb in meinen positiven Film: "**Ich vergebe mir voll und ganz, nicht verstanden zu haben, dass** meine Mutter viel gearbeitet hat, damit wir gut untergebracht, gut genährt und gut gekleidet waren und nicht in Bedürftigkeit und Armut lebten. Manchmal hat sie bis an den Rand der Erschöpfung gearbeitet und sich mit all der Verantwortung ganz einsam gefühlt. Deshalb hatte sie manchmal das Bedürfnis, sich auszuruhen und sich Momente zu schaffen, in denen sie ganz für sich alleine war. Dieses Bedürfnis hat sie mir mitgeteilt, wenn sie zu mir gesagt hat: 'Lass mich in Ruhe, ich bin müde.' Hätte ich zu ihr gesagt: 'Mama, ich verstehe, dass du müde bist. Könnte ich ein andermal mit dir darüber reden, was mich gerade beschäftigt?', dann bin ich überzeugt, dass sie mir geantwortet hätte: 'Ja, wird reden ein andermal.'" Sie hat mich genauso wie meine Schwester geliebt, aber sie fand mich zu jung, um sich mir als Erwachsene anzuvertrauen.

Wie konnte Francis seinen negativen Film ins Positive umwandeln?

In seinen negativen Film hatte Francis geschrieben: "Meine Mutter hat mich in den Müll geworfen."

In seinen positiven Film schrieb Francis: "**Ich vergebe mir voll und ganz, nicht verstanden zu haben, dass** meine Mutter mich ins Kinderheim gegeben hat, weil sie keine andere Wahl hatte und es ihr in ihrer Liebe wichtiger war, dass ich ein gutes Zuhause hatte, das mir mehr Chancen geben würde, glücklich zu sein, zu studieren und im Leben erfolgreich zu sein. Ich vergebe meiner Mutter voll und ganz und ich vergebe mir selbst, dass ich es ihr in meinem Unverständnis der Situation übel genommen habe. Wo immer sie auch ist, ich sende ihr all meine Liebe und meine Vergebung!"

Wie hat Bernadette ihr Szenario ins Positive umgewandelt?

In ihrem negativen Film stand: "Mein Vater hat zu meiner Mutter gesagt, dass ich überflüssig sei und er mich in den Fluss werfen wolle."

In ihren positiven Film schrieb sie: **"Ich vergebe mir voll und ganz, nicht verstanden zu haben, dass** mein Vater gerne flapsig war. Er hat es geliebt, Witze zu machen. Er hatte nicht die geringste Absicht, mich in den Fluss zu werfen. Für meinen Vater war jedes seiner Kinder kostbar, und ich weiß jetzt, dass er mich sehr geliebt hat."

Wie hat Sylvie ihren Film ins Positive umgewandelt?

In ihren negativen Film schrieb sie: "Meine Eltern wollten mich nicht, sie hatten sich einen Jungen gewünscht. Ich war überflüssig."

In ihren positiven Film schrieb sie: **"Ich vergebe mir voll und ganz, nicht verstanden zu haben, dass** meine Eltern lieber einen Jungen gehabt hätten, da sie schon eine Tochter hatten und die Erfahrung machen wollten, Kinder mit unterschiedlichen Geschlechtern zu haben. Aber wenn ihnen eine weitere Tochter geschenkt wurde, dann deshalb, weil sie dieses kleine Mädchen brauchten. Ihre Enttäuschung lag an ihrer Erwartung, nicht an mir. Sie haben mich immer so sehr geliebt, wie man ein Kind nur lieben kann."

Wie hat Judith ihren Film über ihren alkoholabhängigen Vater ins Positive umgewandelt?

Sie hat in ihren positiven Film geschrieben: **"Ich vergebe mir voll und ganz, nicht verstanden zu haben, dass** mein Vater seine Empfindungen und Gefühle nicht ausdrücken konnte.

Wenn er nicht mehr konnte, hat er seinen aufgestauten Gefühlen mit Alkohol freien Lauf gelassen. Daher verurteile ich ihn nicht mehr. Ich verstehe ihn und vergebe ihm voll und ganz, und auch meinem Ex-Mann, der in derselben Situation war, sowie auch dem Mieter, der mir geholfen hat zu verstehen, dass ich meinem Vater seinen Alkoholismus nicht vergeben hatte. Ich erkenne an, dass sie es mir ermöglicht haben, mein Mitgefühl zu vertiefen und meine Verurteilungen zu überwinden. Heute entscheide ich mich, jemanden zu verstehen, bevor ich ihn verurteile."

Wie hat Amal ihren Film ins Positive umgewandelt?

In ihren negativen Film hatte sie geschrieben: "Mein Vater hat mich missbraucht, als ich elf Jahre alt war. Meine Mutter hat es gewusst, hat aber nichts getan, um ihn daran zu hindern."

In ihren positiven Film schrieb sie: **"Ich vergebe mir voll und ganz, nicht verstanden zu haben, dass** mein Vater mich sehr geliebt hat, ein großes Bedürfnis nach Zuwendung hatte und es im Sexuellen gesucht hat. Mein Vater hat geglaubt, dass ich seine Berührungen schön fand. Er hat nicht begriffen, was er mir angetan hat, wie ich mich geschämt habe. Ich vergebe meiner Mutter, nicht eingegriffen zu haben. Ich verstehe, dass sie von Angst gelähmt war, nicht von Gleichgültigkeit. Ich vergebe mir selbst, dass ich es ihnen übel genommen habe und mich durch diese falsche Scham selbst verachtet habe. Jetzt habe ich all meine Würde wiedergefunden."

Wie hat Amélie ihren Film ins Positive umgewandelt?

In ihren negativen Film hatte Amélie geschrieben: "Meine Mutter war während eines Großteils meiner Kindheit abwesend.

Ich bin unter der Betreuung von Kindermädchen und Tagesmüttern aufgewachsen."

In ihren positiven Film schrieb sie: "**Ich vergebe mir voll und ganz, nicht verstanden zu haben, dass** meine Mutter eine dynamische Frau war, die es sich zutraute, eine Karriere zu verfolgen und gleichzeitig Kinder großzuziehen. Durch ihre Abwesenheit konnte ich meine Eigenständigkeit weiterentwickeln und lernen, mich von Menschen, die ich liebe, abzugrenzen. Ich bin mit dieser Mutter auf die Welt gekommen, um genau das zu lernen. Heute gestehe ich mir das Recht auf Selbstverwirklichung zu und akzeptiere, dass meine Kinder ihre eigenen Erfahrungen machen und überwinden müssen."

Wie hat Marthe ihren Film über ihre Mutter ins Positive umgewandelt, die übergewichtig war und nicht so viel mitmachen konnte wie die Mütter ihrer Freundinnen?

Marthe schrieb in ihren positiven Film: "**Ich vergebe mir voll und ganz, nicht verstanden zu haben, dass** das Übergewicht meiner Mutter an einem inneren Problem lag. Sie musste lernen, sich selbst zu akzeptieren, wie sie war, ohne sich selbst abzulehnen. Ich musste dasselbe lernen, zusätzlich dazu, andere zu akzeptieren, wie sie sind. Ich akzeptiere mich also, wie ich bin. Ich werde mit diesem Gewicht tun, was meine Mutter sich nicht getraut hat."

Wie können wir verletzende Worte vergeben?

Meine Tochter ist nicht hübsch, aber gepflegt!

Denise begleitet ihre Mutter auf einen Elternabend. Eine andere Mutter macht Denise ein Kompliment. Ihre Mutter unterbricht die Frau schroff: "Meine Tochter ist nicht hübsch, aber gepflegt." Denise ist überzeugt, dass ihre Mutter sie nicht hübsch findet. Sie interpretiert diese Worte als Form von Ablehnung. Das verletzt sie, aber sie erzählt niemandem davon, und sie nimmt es ihrer Mutter übel.

Was Denise nicht verstanden hat, ist, dass ihre Mutter sie eigentlich hübsch fand, aber fürchtete, ihre Tochter könnte eingebildet werden, wenn man es ihr sagte. Außerdem wollte ihre Mutter nicht so sein wie manche Frauen, die ihre Kinder überbewerten.

Du bist ein Sturkopf!

Jean-Louis ist ein Kind, das seinen eigenen Kopf hat. Sein Vater bezeichnet ihn als "Sturkopf". Für Jean-Louis ist diese Bezeichnung gleichbedeutend mit: "Du bist nicht liebenswert, ich liebe dich nicht." Mit den Jahren wird Jean-Louis zu einem unterwürfigen Mann, um anderen nicht zu missfallen und um akzeptiert zu werden. Und da Kindern oft vorgeworfen wird, zu viel Charakter zu haben, wenn sie klein sind, und nicht genug Charakter, wenn sie groß sind, wird Jean-Louis schüchtern. Dadurch wird er ignoriert und fühlt sich wieder abgelehnt.

Wie konnte Jean-Louis sich von diesem Gefühl befreien, abgelehnt zu werden und nicht liebenswert zu sein? Indem er begriff, dass sein Vater ihm mit den Worten "Du bist ein Sturkopf" eigentlich sagte: "Ich verstehe nicht, warum du dich so gegen mich auflehnst." Jean-Louis' Vater hatte nicht verstanden, dass sein Sohn mehr eine vertraute Beziehung mit seinem Vater brauchte als eine, in der einer dominant war und der andere dominiert wurde. Und gegen dieses Machtverhältnis sträubte sich Jean-Louis.

Du bist ein Bastard!

Jessica ist sich bewusst, dass sie es sich selbst nicht gestattet, ihr Leben voll und ganz auszukosten. Aber sie weiß nicht, warum sie es nicht schafft, sich selbst dieses Recht zuzugestehen, trotz allem, was sie getan hat, um es zu erreichen. Als ich sie frage: “Hast du vielleicht Schuldgefühle, dass du auf der Welt bist?”, kommen Gefühle in ihr hoch. Sie vertraut mir an, dass sie durch ihre Geburt Schande über die Familie gebracht hat. Ihre Mutter stammt aus einer sehr gläubigen Familie, in der ein uneheliches Kind ein Frevel ist. Sie leidet an einer starken Depression und wird in eine Psychiatrie eingewiesen, während Jessica in einer Pflegefamilie untergebracht wird. Jessicas Großmutter will trotzdem die Verbindung zu ihrer Enkelin aufrechterhalten, und so fährt Jessica ihre Großmutter regelmäßig besuchen. Die Großmutter scheut sich nicht, sie zu erinnern: “Du bist ein Bastard!” Wenn Jessica diese Worte hört, fühlt sie sich nicht wie die anderen Kinder und denkt: “Ich habe Schande über meine Familie gebracht und verdiene es nicht, auf der Welt zu sein.”

Ich fragte Jessica:

“Könnte es sein, dass nicht du Schande über die Familie gebracht hast, sondern das Tabu, an das deine Familie geglaubt hat und das bei ihr dieses Schamgefühl bewirkt hat? Heute haben viele Frauen uneheliche Kinder, niemand schämt sich dafür. Könnte es sein, dass du in dieses Umfeld hineingeboren wurdest, um Denkweisen zu verändern?”

“So habe ich das noch nie gesehen, aber diese Sichtweise nimmt mir eine große Last von den Schultern.”

“Könnte es sein, dass deine Großmutter zwischen ihrer Liebe zu dir und ihren religiösen Überzeugungen hin- und hergerissen war und dass sie manchmal nett zu dir war und dich dann wieder in irgendeiner Weise abgelehnt hat?”

“Genau so ist es!”

“Könnte es sein, dass die Worte ‘Du bist ein Bastard’ eigentlich bedeutet haben: ‘Mir wäre so viel lieber gewesen, du wärst aus einer Beziehung entstanden, die vor Gott und den Menschen gesegnet wurde?’“

“Ja, ich weiß, dass sie mir das sagen wollte.”

“Aber was willst du in dieser Inkarnation hier erreichen?”

“Meine Denkweisen verändern! Das spricht mich sehr an, denn ich wollte noch nie einfach alles als gegeben hinnehmen, was als Wahrheit angesehen wird. Ich habe schon immer lieber selbst nach der Wahrheit gesucht, um dann anderen zu helfen, sie auch zu sehen.”

“Bist du deiner Großmutter deswegen immer noch böse?”

“Nein.”

“Glaubst du noch, dass du Schande über deine Familie gebracht hast?”

“Nein, ich bin gekommen, um ihnen zu helfen, sich von ihren Glaubenssätzen zu befreien, durch die sie andere verurteilt haben.”

Wie können wir verletzende Worte umwandeln?

- “Du bist nicht normal” lässt sich umwandeln zu: “Ich weiß nicht, wie ich an dich herankommen soll. Ich würde mir wünschen, dass es zwischen uns einfacher ist.”
- “Du bist ein Faulenzer, ein Nichtstuer” zu: “Ich ertrage es nicht, wie du dich entspannst und dich amüsierst, denn ich erlaube mir nie, mal innezuhalten oder mich zu entspannen. Mein Leben besteht nur aus Arbeit. Ich würde gerne mal innehalten können, aber ich sehe nicht, wie das gehen soll. Ich bin in dem Glauben aufgewachsen, dass

man sich sein Brot im Schweiße seines Angesichts verdienen muss."

- "Du bist unfähig, ein Nichtsnutz" zu: "Wenn ich sehe, wie du deine Zeit verschwendest, bekomme ich Angst, dass du nicht erfolgreich sein wirst."
- "Du hast nur Flausen im Kopf" zu: "Ich wünsche mir, dass du niemals Fehler machst, damit du ein besseres Leben hast als ich."
- "Ich hasse dich" zu: "Es gibt Tage, an denen ich mich so wenig liebe, dass ich niemanden ertragen kann, mich selbst eingeschlossen."
- "Du bringst mich noch um" zu: "Wenn du wüsstest, was für eine Begabung ich habe, mir um alles Sorgen zu machen, was passiert."
- "Das hättest du aber besser machen können" zu: "Ich halte dich für so intelligent, dass ich nur perfekte Ergebnisse von dir erwarte."
- "Du bist hässlich" zu: "Ich würde mir wünschen, dass du dich um dein Aussehen kümmerst, damit du noch hübscher wirst."
- "Du bist abscheulich, dich wird niemals jemand lieben" zu: "Wenn du wüsstest, wie sehr ich mir wünsche, dass du dich veränderst, damit dich alle lieben."
- "Alles, was du kannst, ist, anderen zur Last zu fallen" zu: "Ich habe immer Angst, anderen zur Last zu fallen. Von dieser Angst würde ich mich gerne befreien. Du scheinst sie ja überhaupt nicht zu kennen."
- "Du bist eine Schlampe" zu: "Ich finde dich so hübsch, dass ich Angst habe, dass du Männer anziehst, die dich ausnutzen wollen."

- "Ich habe mein ganzes Leben für euch geopfert" zu: "Ich habe geglaubt, dass man, um eine gute Mutter zu sein, seine eigenen Wünsche zurückstellen muss und nur an seine Kinder denken darf."

Warum ist es wichtig, diese neuen Szenarien aufzuschreiben? **Weil unser Unterbewusstsein alles, was wir aufschreiben, speichert, um es dann zu verwirklichen.**

Wie funktioniert unser positiver Film?

Erinnern wir uns daran, dass unser Gehirn wie ein Computer funktioniert.[9] Wenn ich Daten eingebe, die nicht im Widerspruch zu anderen Informationen stehen, akzeptiert der Computer sie so, wie sie ihm präsentiert werden. Aber wenn ich später weitere Daten eingeben will, die den ersten Daten widersprechen, wird mein Computer sie umgehend ablehnen.

Zahlreiche Menschen haben schon Bücher über die Macht des Unterbewusstseins gelesen. Es ist richtig, dass das Unterbewusstsein eine der größten Mächte ist, die das menschliche Wesen besitzt. Nehmen wir einmal an, dass jemand Anweisungen aus einem solchen Buch befolgt, um sich aus einer schwierigen finanziellen Situation zu befreien. Er nimmt ein großes Stück weiße Pappe, auf die er Bilder klebt, die mit Reichtum zu tun haben, zum Beispiel ein schönes Haus, ein tolles Auto, 100-Euro-Scheine und so weiter. Er schreibt darauf: "In meinem Leben gibt es von Tag zu Tag immer mehr Reichtum und Fülle." Er befestigt das Stück Pappe an einer Wand, an der er es möglichst oft sehen kann, und wiederholt

[9] Dieses Thema wird eingehender im Buch J'ouvre la porte à l'abondance derselben Autorin besprochen, Guy Trédaniel éditeur, 2018, Anm. d. Übers.

innerlich immer wieder die Affirmation, die er darauf geschrieben hat. Doch je öfter er diese Affirmation wiederholt, desto mehr Schulden häuft er an und desto größer werden seine finanziellen Schwierigkeiten. Warum? Wo liegt der Fehler? Funktioniert sein Unterbewusstsein nicht richtig? Nein. In seinem Gehirn gibt es widersprüchliche Daten - nicht im Unterbewusstsein, denn das ist der ausführende Teil, sondern im limbischen System (dem Archiv des emotionalen Bewusstseins). Wenn er darin zum Beispiel gespeichert hat: *reicher Vater = böse, also meiden* und *verschuldete Mutter = gütig, also Verhalten wiederholen*, geschieht Folgendes: Je mehr Reichtum und Fülle er von seinem Unterbewusstsein verlangt, desto mehr will sein limbisches System ihn davor schützen, böse zu sein, und desto mehr wird es ihn dazu bringen, sich immer weiter zu verschulden. Bis ihm das bewusst wird und er sein bisheriges Verständnis von Reichtum verändert. Sein Vater war nicht böse, weil er reich war, sondern weil er leidend war.

Somit ist *Reichtum* jetzt gleichbedeutend mit *Freiheit*, also erstrebenswert, wohingegen *böse* gleichbedeutend mit *leidend* ist, also zu vermeiden ist. Sein limbisches System wird ihn nun dahin führen zu vermeiden, leidend zu sein, damit er nicht böse wird. Und es wird sein handlungsaktivierendes System motivieren, Reichtum anzuziehen, damit er mehr Freiheit genießen kann.

Manchmal besteht die Schwierigkeit darin, diese verschütteten Erinnerungen aufzuspüren, die mitunter bis vor die Geburt zurückreichen können. In diesen Fällen ist es empfehlenswert, sich von einem Berater oder Therapeuten begleiten zu lassen, der darin qualifiziert ist, uns in diesem Prozess zu helfen.

Ich schlage ein sanftes Vorgehen mit einer Tiefenentspannung vor, begleitet von einem Therapeuten, der dir helfen kann, den positiven Aspekt deiner schmerzhaften Erfahrungen zu sehen.

Ich nutze diese Methode seit Jahren und schule metamedizinische Berater darin. Sie bringt schnelle, beeindruckende Ergebnisse.

Nachdem wir den negativen Film unseres Lebens in einen positiven Film umgewandelt haben, können wir an sein Ende schreiben: **"Von nun an wähle ich ... Ich will in meinem Leben** .... (vervollständige den Satz mit allem, was du dir wünschst)." (Achte darauf, ein Datum anzugeben.) ***"Das wird vor dem** .... **geschehen."*** Dann **verbrennen wir den negativen Film** und stellen uns dabei vor, dass all die alten Szenarien, Hass, Groll und Schuldgefühle verbrennen, um Platz für unser neues Leben zu schaffen.

Woran können wir sehen, ob dieser Aspekt der Vergangenheit wirklich abgeschlossen ist?

Es genügt, sich die Veränderungen anzusehen, die in unserem Leben geschehen. Wenn die Änderungen nur in unserem Kopf stattgefunden haben, wird der nächste Schritt sein, auch in unserem Herzen Veränderungen zu bewirken.

Bei meinen Seminarteilnehmern beobachte ich seit Jahren, dass wahre innere Veränderung zu äußerer Veränderung führt. Ich sehe, wie Menschen attraktiver werden, sich pflegen, ihre Frisur ändern, mit dem Rauchen aufhören, abnehmen und so weiter.

Wenn wir in der Schule etwas gelernt haben, müssen wir eine Prüfung ablegen, um festzustellen, ob wir den Lernstoff gut verinnerlicht haben. Auch das Leben ist eine große Schule. Es kann sein, dass du eine Prüfung ablegen musst, um festzustellen, ob du deine Erfahrungen gut verinnerlicht hast. Falls du bei dieser Prüfung durchfällst, verliere nicht den Mut. Nimm es zur Kenntnis, um es beim nächsten Mal besser zu machen.

Vermutlich wirst du mehr als einen Film drehen müssen, so wie ich auch mehrere gedreht habe. Anfangs kann es dir schwerfallen oder sogar schmerzhaft und mühevoll für dich sein, wie ein steiler Anstieg. Aber dann werden die Bewusstwerdungen eindeutiger und viel weniger schmerzhaft, und du wirst feststellen: Je höher du zum Gipfel deiner Entwicklung aufsteigst, desto schöner wird dein Leben. Diesem Weg bin ich gefolgt, wie du an all den Beispielen sehen konntest, die ich dir geschildert habe. Anfangs habe ich mich wie ein Boxsack gefühlt; kaum hatte ich mich von einer Bewusstwerdung erholt, kam anscheinend schon die nächste. Heute bin ich sehr glücklich über meinen zurückgelegten Weg. Ich fühle mich in Frieden und Harmonie mit mir selbst, meinem Umfeld und dem Leben. Es war nicht immer selbstverständlich oder einfach, mir selbst ins Gesicht zu sehen, nicht mehr meinem Vater, meinem Bruder, meiner Mutter, meinem Partner oder dem Leben die Schuld für all den Schmerz zu geben, den ich durchgemacht hatte. Aber es war sicherlich alle Tränen wert, die ich vergossen habe, alle Mühen, die es mich gekostet hat.

Sich treiben zu lassen und dabei Gott,
das Leben oder die anderen zu beschuldigen,
macht keine Mühe.
Aufzustehen und Verantwortung
für unser Leben und Glück zu übernehmen,
macht manchmal viel Mühe,
aber das ist der Unterschied
zwischen leben und überleben.

6. KAPITEL

Ich meistere meine Gefühle

Seine Gefühle zu meistern bedeutet nicht,
sie bis zum Gefühlsausbruch zu verdrängen,
sondern es ist vielmehr die Kunst,
sich von dem zu befreien,
wodurch sie verursacht wurden.

Nach einer uralten hinduistischen Lehre, die von mehreren Gedankenschulen übernommen wurde, ist das menschliche Wesen vergleichbar mit einer Kutsche, die von Pferden gezogen wird und einen Fahrer und einen Fahrgast hat.

Die Kutsche ist unser physischer Körper.

Die Räder sind unsere Energie.

Die Pferde sind unsere Gefühle.

Der Kutscher ist unser Geist.

Der Fahrgast ist der innere Meister oder das Selbst.

Das Gepäck ist, was wir aus unserer Vergangenheit mitführen.

Die Fahrtstrecke ist der Weg unserer Entwicklung.

* Wie kann ich meine inneren Pferde zügeln?

Der Kutscher ist unser Geist oder unser Ich, unser Ego. Er denkt, interpretiert und fällt Urteile. Der Kutscher ist durch das eingeschränkt, was er sieht und hört. Er stützt sich auf das, was er kennt, und auf seine vergangenen Erfahrungen, um auf dem Weg der Entwicklung voranzukommen. Die Rolle des Kutschers besteht darin, die Kutsche auf der Straße des Lebens zu lenken und sie dabei vor den Gefahren der Reise zu schützen, damit sie ihr Reiseziel erreicht. Hierzu braucht der Kutscher auf seiner irdischen Reise Pferde (unsere Gefühle). Unsere Gefühle haben Teil an unserer Entwicklung, in dem Sinne, dass der Schmerz, den sie erzeugen, uns veranlassen kann, den Sinn unseres Lebens verstehen zu wollen und zu lernen, uns von diesem Leid zu befreien.

Um seine Pferde zu lenken, verfügt der Kutscher über Zügel. Einer ist mit unserem Herzen verbunden und verkörpert unsere Empfindungen. Der andere ist mit unserem Kopf verbunden und verkörpert unsere Gedanken. Was passiert, wenn der Kutscher an einem einzelnen Zügel zieht? Die Pferde drehen sich im Kreis und kommen nicht voran. Wenn wir versuchen, eine Situation nur mit dem Kopf zu verstehen, drehen wir uns im Kreis. Wir kommen nicht voran. Um voranzukommen, müssen unsere Gedanken und Empfindungen auf dem Weg der Liebe zusammenfinden.

Es kann vorkommen, dass die Pferde folgsam sind und gut vorankommen. Dann ist unser Kutscher heiter und gelassen. Aber manchmal gelangt unser Kutscher an einen Kreuzweg, ist verwirrt und verloren und weiß nicht mehr genau, welchen Weg er einschlagen soll. Dann hört er auf Menschen, die den Weg seiner Meinung nach besser kennen. Diesen Weg nimmt er, stellt dann aber fest, dass das nicht der Weg ist, der zu ihm passt. Also dreht er auf halber Strecke um, kehrt zum Ausgangspunkt zurück, nimmt diesmal irgendeinen anderen Weg und stürzt in einen Graben. Zu anderen Zeiten hat er so große Angst, dass er die Pferde scheu macht. Sie gehen ihm durch, er klammert sich an die Zügel und die Kutsche kippt um. Jemand ruft ihm zu: "Lass los!", aber er hat zu große Angst und weigert sich, die Zügel loszulassen. Schließlich ist es seine beschädigte Kutsche, die die Pferde zum Anhalten bringt.

Der Kutscher ist unser Geist. Das Unbekannte macht ihm Angst, weshalb er ständig versucht, über jede Situation die Kontrolle zu behalten, um sich sicher zu fühlen. Außerdem hat er das große Bedürfnis, anerkannt zu werden, um sich zu vergewissern, welchen Wert er hat. Für ihn bedeuten Lob und Zeichen der Wertschätzung: "Ich bin wertvoll, ich bin würdig, geliebt zu werden." Kritik dagegen ist gleichbedeutend mit "Ich bin nicht gut, ich verdiene die Liebe anderer nicht" oder "Niemand liebt mich". Das führt dazu, dass er ständig Angst davor hat, sich zu irren, Fehler zu machen oder einer Situation nicht gewachsen zu sein.

Unser Kutscher verbringt also einen Großteil seiner Zeit mit Zweifeln, Angst und Misstrauen. Er fürchtet ständig, dass andere seine Schwächen ausnutzen, ihn verraten oder ihm wehtun.

Dadurch, dass er alles kontrollieren will, um sich sicher zu fühlen, kommt es vor, dass er die Kontrolle verliert, so dass ihm seine Pferde durchgehen und seine Kutsche Schaden nimmt, die er dann reparieren muss.

Dann eines Tages beschließt er inmitten seiner Not, auf seinen Fahrgast (den inneren Meister) zu hören. Er kann ihn führen, weil er genau weiß, wohin die Kutsche fahren muss und welche Wege der Kutscher einschlagen muss, um das Reiseziel zu erreichen.

Wenn der Kutscher akzeptiert, sich immer dann führen zu lassen, wenn er Angst hat, sich verwirrt fühlt oder die Richtung nicht mehr weiß, dann weiß er, dass er sich von nun an auf seinen wunderbaren Fahrgast, den inneren Meister, verlassen kann. Um aber auf ihn hören zu können, muss er stets ruhig und friedvoll sein und auf die Botschaften des Meisters achten.

Jedes Mal, wenn ich eine Situation **akzeptiere**, auch wenn ich nicht verstehe, warum ich sie erlebe, übergebe ich dem inneren Meister die Zügel. Auf diese Weise kann ich die Situation **meistern**, da dann der Meister das Sagen hat. Jetzt sage ich jedes Mal, wenn ich Angst habe oder nicht weiß, wie ich etwas schaffen soll oder wie etwas gehen soll: **"BaBa Nam Kevalam Param Pita Baba Ki."**[10] Es bedeutet: "Vertraue jedes Problem, jedes Anliegen oder jede Schwierigkeit der Göttlichkeit in dir (deinem inneren Meister) an, und du kannst dir sicher sein, dass diese Schwierigkeit, dieses Problem, gelöst werden wird."

Dann übergebe ich meinem inneren Meister die Zügel. Ich lausche dem, was ich fühle, ich werde aufmerksam für die Zeichen, die er mir gibt, und lasse ihn mich führen. Wenn Zweifel und Ängste aufkommen, weiß ich, dass mein Geist die Kontrolle wiedererlangen will. Dann bitte ich ihn zu schweigen, beruhige meine Pferde und lausche wieder meinem inneren Meister. Wenn ich **mit Gewissheit** weiß, dass ich das tun muss, auch wenn mein Geist nicht versteht, warum, vertraue ich meinem inneren Meister. Denn ich weiß, dass ich, nachdem ich den Weg eingeschlagen habe, den er mir vorschlägt, den Grund dafür verstehen werde und voller Dankbarkeit für seine Führung sein werde.

Jemand hat mich einmal gefragt: "Wie lange hast du gebraucht, bis du so entspannt warst, dass du einen Vortrag halten oder ein Seminar geben konntest?" Ich habe ihm geantwortet: "Ich war in

[10] Dies ist eines der schönsten, vollständigsten universellen Mahamantras in Sanskrit. Es wurde der Menschheit von Shri Shri Anandamurti geschenkt.

meinen Vorträgen und Seminaren ab dem Tag entspannt, an dem ich aufgehört habe, erfolgreich sein zu wollen." Es ist keine Frage der Zeit. Wenn ich heute einen Vortrag halten oder ein Seminar geben muss, lasse ich den Meister sich durch mich ausdrücken, und bis jetzt hat er mich mehr gelehrt als alle Bücher, die ich gelesen habe.

Um also gut auf dem Weg unserer Entwicklung voranzukommen, müssen wir lernen, unserem inneren Meister besser zuzuhören, damit wir unseren Geist besser meistern, statt ihn unser Meister sein zu lassen. Wenn ich meinen Kutscher (meinen Geist) mein Leben lenken lasse, wird er mich in so viele emotionale Situationen führen, dass ich am Ende dieses Leben hassen und überzeugt sein werde, dass man auf dieser Welt nicht glücklich sein kann.

Aber wenn ich meinem inneren Meister zuhöre, werde ich meinem Kutscher Anweisungen geben können, die mir förderlich sind. Und selbst wenn die Pferde dann noch scheuen, werde ich sie zu zügeln wissen, so dass meine Kutsche nicht umkippen kann.

* Wie ein Gefühl entsteht und sich weiterentwickelt

Eine Situation tritt ein.

Wir interpretieren oder verstehen die Situation auf eine bestimmte Weise.

Diese Interpretation oder dieses Verständnis führt zu einer Empfindung.

Diese Empfindung kann angenehm, neutral oder unangenehm sein.

Eine unangenehme Empfindung führt zu einem oder mehreren negativen Gefühlen. Eine angenehme Empfindung wiederum kann ein positives Gefühl, wie etwa große Freude, hervorrufen.

Diese Gefühle führen wiederum zu einer oder mehreren Reaktionen.

Diese Reaktionen können sowohl Entscheidungen als auch Handlungen sein.

Aus diesen Reaktionen ergeben sich Manifestationen.

Diese Manifestationen sind Auswirkungen physischer oder psychischer Art, die je nach Intensität und Dauer des Gefühls zu psychosomatischen Symptomen oder Erkrankungen führen können.

Nehmen wir eine Situation aus der Vergangenheit ...

» Ereignis

Sylvie ist sieben Jahre alt. Eine Freundin ihrer Mutter kommt sie besuchen. Die beiden Frauen sitzen bei einer Tasse Kaffee am Tisch und unterhalten sich. Sylvie spielt versonnen mit ihren Puppen, ohne auf das Gespräch zu achten, als sie plötzlich ihre Mutter sagen hört: "Ich wollte ja eigentlich nur drei Kinder ..." Sylvie ist verdutzt: "Aber ich bin doch das vierte!"

» Interpretation

Sie interpretiert die Worte ihrer Mutter so: "Wenn meine Mutter nur drei Kinder wollte, dann wollte sie mich nicht."

» Empfindung

Es entsteht die Empfindung, nicht erwünscht gewesen zu sein.

» Gefühl

Diese Empfindung lässt ein Gefühl entstehen. Es macht sie **traurig** zu denken, dass ihre Mutter sie sich nicht gewünscht hat.

» Reaktion

Ihre Reaktion ist, **sich zu verschließen.** Sie geht in ihr Zimmer und sucht sich einen tröstenden Gegenstand.

» Manifestation

Sylvie ist müde und hat keinen Hunger, als ihre Mutter sie zum Abendessen ruft.

SCHLUSSFOLGERUNG

Nicht erwünscht gewesen sein = nicht wertvoll für denjenigen sein.

Was wird daraufhin passieren?

Sylvie wird jedes Verhalten ihrer Mutter nach dieser ersten Interpretation ihrer Worte deuten. Jedes Mal, wenn Sylvie also sieht, dass ihre Mutter Zeit mit ihrer älteren Schwester verbringt, denkt sie: "Ich bin ihr nicht wichtig, sie bevorzugt meine Schwester, sie wollte mich nicht." Da sich ständig wiederholt, was sie als Ablehnung ihrer Mutter interpretiert, sagt sich Sylvie: "Du wolltest mich nicht, na gut, dann will ich dich eben auch nicht." Und sie weist ihre Mutter zurück.

Ihre Mutter, die das feindselige Verhalten ihrer Tochter nicht versteht, versucht, sich davor zu schützen, indem sie sie auf Abstand hält. Das bestärkt Sylvie in ihrem Glauben, dass ihre Mutter sie nicht wollte und sie nicht liebt.

Was wird in ihren Liebesbeziehungen als Erwachsene passieren?

Sie riskiert, Männer anzuziehen, die sie erobern will, aber von denen sie sich nicht begehrt und geliebt fühlt, wie sie es sich eigentlich wünscht. Ihr Geist wird ihr womöglich jedes Mal den Vortrag halten: "Er benutzt dich nur, er liebt dich nur aus einem Grund, er liebt dich nicht ..." Vielleicht wirft sie dem Mann das sogar vor. Wenn er ihre Zweifel satt hat, beendet er die Beziehung und Sylvies Geist übernimmt wieder und sagt zu ihr: "Siehst du, er hat dich nicht geliebt." Dieses Szenario erschafft sie sich immer wieder, von einer Beziehung zur nächsten, bis sie nicht mehr kann und sich Hilfe sucht.

Im vorigen Kapitel ("Ich ändere den Film meines Lebens") haben wir gesehen, dass unser Verständnis einer bestimmten Situation dazu beigetragen hat, dass eine oder mehrere (angenehme oder unangenehme) Empfindungen entstanden sind, die wiederum (positive oder negative) Gefühle und Schlussfolgerungen zur Folge hatten. Diese wurden in unserem emotionalen Gedächtnis gespeichert. Wenn wir unser Verständnis ändern, können wir uns von dem Gefühl befreien, das uns bisher in unserem Leben blockiert hat.

Wie kann Sylvie sich von dem Glauben befreien, dass ihre Mutter sie nicht wollte, einem Glauben, den sie in ihren Liebesbeziehungen immer wieder neu erlebt?

Sie muss in ihrer Vorstellung in die Situation in der Küche zurückkehren, als sie ihre Mutter sagen hörte: "Ich wollte ja eigentlich nur drei Kinder ..." Dort kann sie dem siebenjährigen Mädchen, das sie damals war, helfen, ihre Mutter zu fragen, nachdem die andere Frau gegangen ist: "Mama, ich habe dich sagen hören, dass du eigentlich nur drei Kinder wolltest. Bedeutet das, dass du mich nicht wolltest?"

Dann kann sie visualisieren, dass ihre Mutter ihr antwortet: "Es stimmt, dass ich anfangs nur drei Kinder wollte, weil ich bei dem Verdienst deines Vaters dachte, dass wir uns mehr Kinder nicht leisten können. Aber du warst ein Geschenk des Lebens für deinen Vater und mich. Wir hatten immer genügend Geld für unsere vier Kinder."

Was kann diese Interpretation bei Sylvie bewirken?

Sie kann zu der Empfindung führen, dass sie ihrer Mutter wichtig war. Von jetzt an ist sie frei von dem irrigen Glauben, dass ihre Mutter sie nicht wollte.

Dann versteht Sylvie, dass ihre Mutter sie nie abgelehnt hat, sondern sie selbst ihre Mutter abgelehnt hat.

Welcher Teil von uns interpretiert die Worte und das Verhalten anderer?

Unser Kutscher - **unser Geist - interpretiert** alle Situationen, die wir erleben.

So lange wir nicht gelernt haben, unseren Kutscher zu meistern, handelt er wie ein kleines Kind, das seine Lieben auf die Probe stellt mit Bedingungen wie: "Wenn sie das tut, dann liebt sie mich", "Wenn sie das sagt, dann liebt sie mich nicht", "Wenn er mich anruft, bin ich ihm wichtig, wenn nicht, dann liegt ihm nicht viel an mir."

Manchmal unterstellt er anderen Absichten: "Wenn er das tut, dann aus diesem Grund ...", "Er wollte mich vor meinen Freundinnen erniedrigen", "Sie hat versucht, mich lächerlich zu machen", "Sie wollte mich manipulieren", "Sie hat einen Vorwand gesucht, um mir nicht die Wahrheit zu sagen", "Alles, was sie interessiert hat, war das Geld, das sie mir abnehmen konnte", "Sie ist eifersüchtig", "Er will sich rächen."

Oder er übersetzt die Gedanken anderer: “Du glaubst, dass ich unfähig bin, du vertraust mir nicht”, “Ich weiß, dass du glaubst, dass ich nicht zu dir passe”, “Ich weiß, was du denkst” und so weiter.

Es kann auch sein, dass er das Opfer spielt: “Du nimmst nie Rücksicht auf mich”, “Immer muss ich den ersten Schritt machen”, “Ich mache alles, du hilfst mir nie”, “Er hat mich nie geliebt, er hat nur meine Großzügigkeit ausgenutzt” und so weiter.

Außerdem neigt er dazu, zu verallgemeinern und zu urteilen: “Die Leute denken einfach nicht mehr nach”, “Männer sind Egoisten”, “Frauen sind launisch”, “Amerikaner sind ...”, “Pariser verhalten sich ...”

Wenn wir ihn erkannt und durchschaut haben, stellen wir fest, dass er **der große Störenfried** unseres Lebens ist. Er ist der Ursprung von fast all unserem Leid.

Aber wenn der Kutscher auf die Weisheit seines inneren Meisters vertraut, lernt er die Worte und Verhaltensweisen anderer zu verstehen, statt sie negativ zu beurteilen oder zu interpretieren. Dann bleibt er auf dem Weg seiner Entwicklung nicht mehr immer wieder stehen, sondern kommt frohgemut und frei voran.

* Wie können wir unsere Gefühle oder ihren Urheber, unseren Geist, meistern?

Wir haben gesehen, dass wir uns von den Gefühlen unserer Kindheit befreien können, indem wir Szenarien unserer Vergangenheit verändern.

Von Gefühlen, die nicht ganz so weit entfernt sind, können wir lernen, eine Bestandsaufnahme zu machen. Anfangs können wir diese Bestandsaufnahme schriftlich festhalten. Wenn wir sie mehrmals durchführen, brauchen wir das nicht mehr zu tun und können uns unsere Gefühle auch ohne Verschriftlichung bewusst machen.

Eine Bestandsaufnahme unserer Gefühle hat viele Vorteile.

Durch sie können wir uns schnell von negativen Gefühlen befreien, statt immer mehr davon anzusammeln. Wir können damit auch herausfinden, wie wir in einer ähnlichen Situation reagieren sollten, damit wir dieses Gefühl nicht wieder erleben müssen.

Am wichtigsten ist aber, dass eine Bestandsaufnahme unserer Gefühle uns hilft, immer bewusster zu werden. Je bewusster wir sind, desto mehr achten wir auf unsere Interpretationen und können unseren Geist und unser Leben besser meistern.

Wie wir eine Bestandsaufnahme unserer Gefühle durchführen können

1. Schreib die Situation auf, die du erlebt hast und die Gefühle in dir ausgelöst hat.
2. Überlege, wie du diese Situation verstanden hast oder wie du die Worte und das Verhalten des beteiligten Menschen interpretiert hast.
3. Dann frage dich: Was hast du in dieser Situation empfunden? (Du hast dich verlassen, abgelehnt, manipuliert, unverstanden, verraten, machtlos, missbrauch, abgewertet, erniedrigt, in der Falle ... gefühlt.)
4. Welches Gefühl ist daraus bei dir entstanden? (Schmerz, Ärger, Angst, Frustration, Enttäuschung ...)

5. Wie hast du reagiert? (Flucht, Verschließen, Aggressivität, Gleichgültigkeit ...)
6. Welche Manifestationen hast du beobachtet? Hast du irgendwelche Beschwerden bekommen, wie Müdigkeit, Übelkeit oder Verstopfung, eine Erkrankung wie Angina, Ohrenentzündung, Nebenhöhlenentzündung, Vaginalinfektion, Halsschmerzen oder Knieschmerzen? Oder aber allgemeines Unwohlsein, wie Entmutigung, Angstzustände oder der Verlust von Lebensfreude?
7. Wenn du diese Situation heute positiv betrachtest, wie könnte dein neues Verständnis oder deine neue Interpretation von ihr lauten?
8. Erinnert diese Situation dich vielleicht an ein ähnliches Ereignis, das du in der Vergangenheit erlebt hast?
9. Was will diese Situation dir sagen oder welche Lektion könntest du daraus lernen?
10. Wenn dieselbe Situation wieder eintreten würde, was würdest du anders machen, wie würdest du diesmal handeln?

Hier ein Beispiel:

Situation. Ich hatte ein Zentrum für persönliche Entwicklung eröffnet. Eine Frau, die gelegentlich meine Seminare besuchte, schlug mir eine Idee vor, um Werbung für das Zentrum zu machen. Da sie sich für Nähen interessierte und mein Faible für schöne Kleidung kannte, schlug sie mir vor, eine Modenschau zu organisieren, zu der Prominente eingeladen würden. Ich fand den Eintritt für diesen Abend etwas hoch, aber sie bestand darauf und sagte, die Erlöse würden dem Zentrum zugutekommen. Keiner der Prominenten kam. Nur sehr wenige Leute waren da, die meisten waren meine eigenen Seminarteilnehmer. Dieser Abend brachte mir Schulden statt Erlöse ein. Ein Jahr später stand die

Frau wieder vor mir, die mir die Modenschau vorgeschlagen hatte, diesmal mit dem Vorschlag, in eine Zeitungsanzeige zu investieren. Ich antwortete ihr, dass ich weder die Zeit noch die Mittel für so eine Investition habe und ohnehin meine Verwaltungsleiterin für solche Fragen zuständig sei. Dann eilte ich davon, da ich zu einem Termin erwartet wurde.

Am Tag darauf rief ich meine Verwaltungsleiterin an, um Verschiedenes mit ihr zu besprechen, als sie mich informierte, dass sie einen ausgezeichneten Werbedeal vereinbart habe. Es handelte sich um den Vorschlag der Frau.

Verständnis. Ich dachte: "Wie konnte sie es wagen, ohne mein Einverständnis zu meiner Verwaltungsleiterin zu gehen?" Meine Interpretation war: "Sie hat sich über meine Autorität hinweggesetzt."

Meine Empfindung. Ich fühlte meine Autorität mit Füßen getreten und mich daher nicht respektiert.

Mein Gefühl. Ärger in Resonanz mit der früheren Erfahrung, die ich nicht vergeben hatte.

Meine Reaktion. Ich wollte sie anrufen, um ihr mitzuteilen, was ich davon hielt, und um damit meinem Geist recht zu geben: Sie war es, die sich schlecht verhalten hatte. Zum Glück war sie nicht da, so dass ich Zeit bekam, meine inneren Pferde zu beruhigen.

Manifestation. Nachdem ich den Hörer aufgelegt hatte, fühlte ich mich müde und meine Stimme klang heiser. Am nächsten Tag bekam ich eine Herpesblase auf der Oberlippe (der Ärger war mir an den Lippen abzulesen).

Neue Interpretation. Ich beruhigte mich und versuchte, zu einem (positiven) Verständnis zu gelangen, das förderlich für mich war.

Folgendes kam mir dadurch in den Sinn: Als die Frau mir die Modenschau vorgeschlagen hatte, hatte sie das getan, um mir zu helfen, das Zentrum bekannt zu machen. Da sie wusste, dass ich Verluste mit diesem Projekt machte, hatte sie vielleicht ein Mittel gesucht, um mir zu helfen, das wieder auszugleichen, und mir eine Werbemaßnahme vorgeschlagen, die sie für mich sehr interessant fand. Da ich mich aber zu beschäftigt fühlte, um mir das Werbeprojekt genauer anzuschauen, wandte sie sich an die Person, die ich ihr als Zuständige für solche Fragen genannt hatte.

Aber nehmen wir einmal an, dass die Realität gänzlich anders aussah. Welche Relevanz hätte das? Relevant ist, dass ich mich mit meiner neuen Interpretation der Situation wohlfühle. Wenn ich mich durch dieses Verständnis von meinem Ärger befreien kann und ich mich wohl und in Frieden mit mir selbst fühle, dann ist es genau das, worauf es ankommt.

Nachdem ich mein Verständnis der Situation geändert hatte, fragte ich mich: "Habe ich schon einmal eine ähnliche Situation erlebt?" Mir fiel nichts Entsprechendes ein, aber mir wurde klar, dass ich mich früher oft selbst so verhalten und mich über die Autorität anderer hinweggesetzt hatte, um zu bekommen, was ich wollte.

Was konnte ich durch dieses Ereignis lernen? Durch diese Situation konnte ich eine Verhaltensweise von mir erkennen, die nicht respektvoll war. Außerdem hat sie mir gezeigt, wie schwer es mir gefallen ist, nein zu sagen. Statt abzulehnen, hatte ich zu einer Ausrede gegriffen.

Wenn ich dieselbe Situation noch einmal erleben müsste, wie würde ich mich diesmal verhalten? Ich würde ganz einfach zu ihr sagen: "Danke, aber ich habe kein Interesse."

Am Ende hat dieses Gefühl mich also weitergebracht, da ich dadurch der Frau vergeben konnte, ich erkannt habe, dass ich mich in einer Weise verhalten habe, die nicht förderlich für mich war, und mir mein Problem mit dem Neinsagen bewusst wurde.

Wenn wir also ein Gefühl meistern, befreien wir uns nicht nur davon, sondern wir können durch es auch unser Bewusstsein wachrütteln. Dann verstehen wir besser, warum die Pferde eine wichtige Rolle auf dem Weg unserer Entwicklung spielen.

Auf dieser Stufe verstehst du, dass niemand anderes verantwortlich für deine Gefühle sein kann. Aber du wirst mir zustimmen, dass andere dir ausgezeichnete Gelegenheiten geben können, dich weiterzuentwickeln.

Sich bewusst werden, was unsere Gefühle uns zeigen können

Nachdem wir erkannt haben, dass es der "**Interpretierer**" ist, der den Großteil unserer Gefühle verursacht, können wir lernen, unseren Geist besser zu meistern, damit er uns nicht mehr ständig auf seine Achterbahnfahrten schickt. Um das zu bewerkstelligen, dürfen wir einem aufsteigenden Gefühl keine Nahrung geben, sondern müssen uns sagen: "**Ich akzeptiere diese Situation.**" Ich sage "Ja" zu ihm, denn ich weiß, dass es mir etwas Wichtiges über mich selbst zeigt oder mich etwas lehrt, um auf dem Weg meiner Entwicklung voranzukommen. **Ich widersetze mich nicht**, ich rede mir nicht mehr ein, dass der andere nicht in Ordnung oder verantwortlich für meine Gefühle ist. Ich gebe meinem Geist keine Macht mehr. **Ich bringe ihn zum Schweigen.** Ich weiß, dass seine Rede nicht die Rede meines inneren Meisters ist. **Ich sammle mich** und versuche herauszufinden, welcher Teil von mir es dem anderen Menschen erlaubt hat, sich mir gegenüber so zu verhalten, oder **warum ich diese Situation angezogen habe.** Was will diese Situation mich lehren?

Hier ein Beispiel: Ich war als Referentin auf eine wichtige Gesundheitsmesse eingeladen worden. Ich reiste aus Kanada an. Vereinbart war, dass mein Verleger mich bei der Ankunft abholen würde. Er kam auch tatsächlich, um mich zu meinem Hotel zu bringen. Allerdings war es nicht das Hotel, das ich meines Wissens mit seiner Sekretärin vereinbart hatte. Das Hotel, zu dem er mich brachte, hatte weniger Sterne. Da er nicht wusste, wo das Hotel lag, das ich im Sinn hatte, fuhr er mich zur Messe, um sich dort zu erkundigen. Da ich mehr bequem als elegant gekleidet war, zog ich es vor, im Auto zu warten. Er sagte, dass er mir jemanden schicken würde, der sich um mich kümmern würde. Das Auto stand in der prallen Sonne, aber ich konnte die Fenster nicht öffnen, da er die Schlüssel mitgenommen hatte. Da es sehr warm war, beschloss ich deshalb, auf dem Bürgersteig neben dem Auto zu warten. Dort wartete ich dann 35 Minuten auf ihn. Mein Geist übernahm die Kontrolle und sagte zu mir: "Er scheint dich ja nicht besonders zu schätzen, so wie er dich behandelt. Du verdienst deutlich mehr Respekt. Der Mann ist zutiefst egoistisch. Er wollte noch nicht mal wissen, ob du gefrühstückt hast, und hat noch nicht mal daran gedacht, dir die Schlüssel da zu lassen, damit du das Fenster öffnen kannst." Je mehr mein Geist auf diese Weise zu mir sprach, desto mehr fühlte ich Ärger in mir hochsteigen. Zufällig kam ein Freund vorbei. Er leistete mir kurz Gesellschaft und bot mir an, die Sekretärin anzurufen. Noch unter dem Einfluss meines Geistes sagte ich am Telefon zu ihr: "Ich bin eine Hauptreferentin der Messe und fühle mich behandelt wie eine Wildfremde. Ich habe den Eindruck, dass Ihr Verlag mir überhaupt keinen Respekt entgegenbringt." Sie antwortete, dass sie ihren Chef sofort darüber informieren werde.

Nachdem ich mit ihr gesprochen hatte, sammelte ich mich und beruhigte meinen Geist, indem ich mir sagte: "Ich akzeptiere diese Situation", "Ich akzeptiere, dass ich sie angezogen habe, denn sie hat mich etwas zu lehren", "Was will sie mich lehren? Ich bin offen dafür, es zu verstehen." Auf diese Weise übergab ich die Zügel meiner Pferde meinem inneren Meister.

Als mein innerer Meister dann die Führung übernahm, wurde mir klar, dass die anderen mich deshalb so behandelten, weil ich mir selbst nicht genügend Respekt entgegenbrachte. Ich dankte dieser Situation und fasste den Entschluss, mich selbst besser zu behandeln.

Mein Verleger kehrte zurück. Früher hätte ich ihm, sobald er hinterm Lenkrad saß, meine ganze Unzufriedenheit an den Kopf geknallt. Aber jetzt hatte ein ruhiger, entschlossener Kutscher die Zügel in der Hand.

Ohne ihm irgendwelche Vorwürfe zu machen, fragte ich ihn: "Und wo fahren wir jetzt hin?"

"Wo ist denn das Hotel, das meine Sekretärin für dich reserviert hat?"

"Ich dachte, du hättest dich erkundigt."

"Nein, ich musste einen Referenten vorstellen."

"Neben der Messe ist ein Hotel, das eigentlich sehr gut aussieht. Sollen wir da mal nachhören, ob ein Zimmer frei ist?"

"Das hört sich gut an, dann los!"

Es war ein Zimmer frei. Zuerst gab man mir ein Zimmer zur Straßenseite. Aber da ich die Tür nicht öffnen konnte, ging ich zurück zur Rezeption und fragte: "Wenn wir schon dabei sind, hätten Sie vielleicht auch ein Zimmer mit Seeblick?" Ich bekam ein traumhaftes Zimmer mit Blick auf einen wunderschönen See. Ich dankte meinem inneren Meister für diese Bewusstwerdung. Diese Erfahrung zeigte mir einmal mehr: Wenn wir unsere Schwingungsfrequenzen verändern, verändert sich auch die Welt, die uns umgibt (die Ereignisse und die Situationen).

Diese Frequenzen entsprechen dem, was wir denken und glauben, aber auch unserem Wesenszustand. Ärger hält uns auf niedrigen Frequenzen, während uns innere Ruhe, Wertschätzung, Liebe und Dankbarkeit auf hohe Frequenzen führen.

Nachdem mir bewusst geworden war, dass ich mir selbst nicht genügend Respekt entgegenbrachte, und beschlossen hatte, besser auf mich selbst zu achten, zog ich Umstände an, in denen ich mehr respektiert wurde. Nach diesem Erlebnis machte ein anderer Verleger mir ein Angebot, der mir von Anfang an viel mehr Respekt entgegenbrachte.

Wenn wir unseren Geist meistern, hat das auch den Vorteil, dass wir ihm keine Zeit lassen, uns so aus dem Takt zu bringen, dass irgendwann unser Organismus davon beeinträchtigt wird.

Dadurch vermeiden wir, in unserem Umfeld unnötigerweise Gift zu versprühen, und können die Qualität unserer Beziehungen verbessern, vor allem mit unserem Partner, unseren Kindern, aber auch mit allen anderen Menschen, mit denen wir Umgang haben.

Nach meinem Vortrag aß ich noch gemeinsam mit dem Verleger zu Abend, der mich bei meiner Ankunft abgeholt hatte. Ich konnte ihm ruhig davon erzählen, wie ich auf ihn gewartet hatte. Da ich meine Lektion gelernt und verinnerlicht hatte, war meine Schilderung in keiner Weise anschuldigend. Ich schilderte ihm den Sachverhalt, nicht mehr und nicht weniger. Er gab mir recht, ohne dass ich diese Zustimmung brauchte, und meinte zu mir: "Stimmt, ich war so mit dem Hotel beschäftigt, dass ich gar nicht daran gedacht habe, dir die Schlüssel da zu lassen, damit du beim Warten ein Fenster öffnen kannst."

Wenn wir unsere Gefühle meistern und unseren Anteil übernehmen, machen wir andere nicht mehr dafür verantwortlich, was uns passiert. Und wenn wir dann mit ihnen darüber sprechen, beschuldigen wir sie nicht, sondern lassen sie nur wissen, dass wir nicht damit einverstanden sind, auf diese Weise behandelt zu werden. Sie können weiter so handeln, aber wir werden dann keinen mangelnden Respekt mehr akzeptieren. Denn wenn wir unsere Gefühle besser meistern, respektieren wir uns selbst mehr und respektieren dadurch auch andere mehr.

Eine Seminarteilnehmerin fragte mich einmal: "Claudia, hast du noch nie das Gefühl gehabt, vor einer Wand zu stehen?" Sie spielte auf einen vollkommen verschlossenen Menschen an. An einer Zementwand lehnend sagte ich zu ihr: "Wenn ich gegen diese Wand drücken würde, würde ich es wahrscheinlich nicht schaffen, sie zu bewegen. Aber ich habe noch eine andere Wahl, nämlich, die Wand da zu lassen, wo sie ist, und mich um mich selbst, mein Glück und meine Weiterentwicklung zu kümmern."

Unser Geist bewegt uns häufig dazu, andere ändern zu wollen, damit sie sich unseren Erwartungen entsprechend verhalten. Was uns dann eine Achterbahn der Gefühle beschert.

Erwartungen, die wir hegen können:

- dass andere uns auf unsere Weise lieben.
- dass andere uns sagen, was uns gefällt.
- dass unser geliebter Partner uns unsere Wünsche erfüllt.
- dass andere verstehen, was uns missfällt, und sich ändern, um zu tun, was uns gefällt.
- dass andere ihren Teil der Verantwortung anerkennen.
- dass sich Situationen so verändern, wie es uns gefällt.
- dass andere sich so verhalten, wie wir es von ihnen erwarten.
- dass andere mehr so sind wie wir selbst.

All das birgt jede Menge Stoff für Emotionen, Enttäuschungen, Frustrationen, Ärger und Schmerz. Das Geheimnis liegt darin, uns selbst zu schenken, was wir von anderen erwarten.

Wenn du deine Lektion ablehnst,
wirst du weiter leiden.
Wenn du durch deine Gefühle lernst,
wirst du weiter wachsen.

7. KAPITEL

Ich lerne, mich selbst zu lieben

Sich selbst zu lieben ist der Beginn einer lebenslangen Romanze.

Oscar Wilde

Für viele Menschen ist Selbstliebe gleichbedeutend mit Egoismus. Wahre Liebe ist für sie, sich für andere aufzuopfern, sich selbst zu vernachlässigen. Wenn wir glauben, dass Selbstvernachlässigung gleichbedeutend mit Liebe ist, erwarten wir dasselbe zwangsläufig auch von anderen, dass sie also bereit sind, sich selbst für uns zu vernachlässigen. Hast du schon einmal gedacht: "Nach allem, was ich für diesen Menschen getan habe, weigert er sich, mir diesen kleinen Gefallen zu tun ... Na schön, dann ist es eben zu Ende, ich will nichts mehr mit ihm zu tun haben!"

Woher kommt dieser Glaube, Selbstliebe sei egoistisch und Selbstvernachlässigung sei edel? Dieser Glaube stammt aus unserem religiösen Erbe. Jesus wurde uns als Lamm Gottes präsentiert, das für die Sünden der Menschen geopfert wurde. Um ihm zu folgen, mussten wir bereit sein, unser eigenes Kreuz zu tragen und unserem Leben zu entsagen.

Im Evangelium nach Johannes, Kapitel 15:13 heißt es: "Es gibt keine größere Liebe, als wenn einer sein Leben für seine Freunde hingibt." Und Johannes 12:25 besagt: "Wer an seinem Leben hängt, verliert es; wer aber sein Leben in dieser Welt gering achtet, wird es bewahren bis ins ewige Leben."

Mit solchen Unterweisungen motivierte man die Männer dazu, ihr Vaterland im Kampf zu verteidigen, und die Frauen, sich für Ehemann und Kinder aufzuopfern.

Die Texte der Evangelien wurden ursprünglich aus dem Aramäischen übersetzt, das dem Hebräischen sehr nahesteht, danach ins Griechische, bevor sie dann weiter in andere Sprachen übersetzt wurden. So konnte also eine Übersetzung in eine Sprache einen bestimmten Sinn haben, in eine andere Sprache aber einen ganz anderen, denn manchmal konnte ein einziges Wort den gesamten Sinn verändern.

Bei den Worten "wenn einer sein Leben für seine Freunde hingibt" denken wir sofort an Opfer oder Verzicht. Wenn dieser Satz mit "wenn einer sein Leben seinen Freunden *widmet*" übersetzt worden wäre, hätte ein einziges Wort der Botschaft einen anderen Sinn verliehen. Dann wäre es nicht um Verzicht, sondern um eine Entscheidung gegangen.

Sich auf die Worte des großen Propheten Hosea beziehend sagte Jesus zu seinen Aposteln: "Barmherzigkeit will ich, nicht Opfer." (Matthäus 9:13)

Der Klerus wiederum empfahl Opfer im Namen der Liebe. Wohl deshalb sagte unsere Mutter zu uns: "Ich habe mich mein Leben lang für meine Kinder aufgeopfert!" Welche Folgen kann ein solcher Satz für den haben, der ihn hört? Bei den meisten Menschen erzeugt er ein Schuldgefühl, das bewirkt, dass sie sich selbst nicht das Recht zugestehen, glücklich zu sein.

Wenn ihre Kinder erwachsen geworden sind, erwartet diese Mutter von ihnen, dass sie genauso viel auch für sie tun. Tun sie es nicht, dann wird sie ihnen das Gefühl geben, sehr undankbar zu sein: "Nach allem, was ich für euch getan habe ..." Das nennt sich auch "sich Liebe erkaufen". Es ist eine Form des Feilschens: "Ich gebe dir alles, aber du schuldest mir alles!"

> Ein Mensch, der produktiv lieben kann, liebt auch sich selbst. Kann er nur andere lieben, so kann er überhaupt nicht lieben.
>
> Erich Fromm

Wie sollen wir anderen Liebe schenken, wenn wir unfähig sind, sie uns selbst zu schenken? Jemand, der sich nicht selbst liebt, zweifelt an seinem Selbstwert und sucht ständig die Anerkennung anderer. Er lebt in der Angst, andere könnten seine Schwächen sehen. Deshalb trägt er eine Maske oder versteckt sich hinter einer Fassade.

Jemand, der sich nicht selbst liebt, erwartet auch nicht, dass andere ihn lieben. Deshalb sucht er ständig nach Liebesbeweisen. Oft fragt er den Menschen, von dem er geliebt werden will: "Liebst du mich?" Und selbst wenn der andere es bejaht, bezweifelt er es. Wenn er selbst sagt: "Ich liebe dich", bedeutet das: "Ich brauche dich, ich brauche es, mich von dir geliebt zu fühlen." Das erklärt, warum er immer Angst hat, verlassen zu werden.

Wenn er sich vernachlässigt oder unverstanden fühlt, sagt er zu dem Menschen, von dem er geliebt werden will: "Du liebst mich nicht, denn wenn du mich lieben würdest, dann würdest du für mich auf deine Freunde, deine Familie und deine Aktivitäten verzichten."

Er weiß nicht, dass er liebenswert ist, denn er hat sich nie von den Menschen geliebt gefühlt, deren Zuneigung ihm rechtmäßig zustand. Häufig hat er nur Kritik, Gleichgültigkeit oder schlechte Behandlung von seinen Eltern erfahren, was ihn hat glauben lassen, er sei nicht liebenswert.

Jemand, der sich nicht selbst liebt, ist oft ein verletztes Kind im Körper eines Erwachsenen, das auf der Suche nach Liebe ist, aber gleichzeitig Angst davor hat. Deshalb lässt er sich nicht besonders leicht einfangen. Wenn er aber jemanden liebt, dann klammert er sich mit aller Macht an demjenigen fest und wird besitzergreifend, misstrauisch und sogar eifersüchtig auf alle und jeden (Kinder, Freunde, Ex-Partner, Mutter) oder auf jede Aktivität, die ihn von seinem geliebten Menschen entfernt. Aber dabei übersieht er, dass genau dieses einengende Verhalten am Ende den Menschen, dessen Liebe er sich so sehr wünscht, in die Flucht schlägt.

Mit seiner mangelnden Selbstliebe sendet dieser Mensch die Botschaft aus: "Ich bin nicht liebenswert. Aber ich bin bereit, alles zu tun, damit du mich liebst, wenn es sein muss bis zur Selbstverleugnung!"

Ich kenne diesen Menschen gut, da ich selbst einmal so jemand war, der sich selbst nicht liebte. Aber ich war mir dessen nicht bewusst. Ich glaubte, mich selbst zu lieben, da ich mir selbst jeden Wunsch erfüllte. Tatsächlich tröstete ich mich damit aber über die Leere hinweg, die ich in mir spürte.

Wenn ich jemanden liebte, glaubte ich, ich müsse viel tun, damit meine Liebe erwidert wurde. Ob in Beziehungen mit Freundinnen oder Liebesbeziehungen - ich tat immer wesentlich mehr als der andere - in der Hoffnung, dass meine Liebe dadurch erwidert wird. Eines Tages sagte mir einer der Männer, von denen ich so gerne geliebt worden wäre: "Du machst zu viel." Ich dachte: "Wenn jemand so viel für mich tun würde, würde ich das zu schätzen wissen, statt es ihm vorzuwerfen." Ich hatte nicht verstanden, was diese Worte bedeuteten. Ich verstand sie erst, als ich mit einem Mann zusammen war, der genauso war wie ich und ebenfalls viel tat, um mich zu erobern. Ich fühlte mich unfrei in meinen Gefühlen und hätte da auch sagen können: "Du machst zu viel." Dann hätte "zu viel" bedeutet: "Liebe dich selbst, damit ich den Wunsch habe, dich zu lieben."

Manchmal fragte ich mich: "Wenn ich jemanden liebe, warum liebt er mich dann nicht, und wenn ich jemanden nicht liebe, warum liebt derjenige mich dann?" Nun hatte ich meine Antwort. Wenn ich jemanden liebte, wollte ich ihn erobern, denn ich dachte, ich könne nicht einfach um meiner selbst willen geliebt werden. Und wenn ich jemanden nicht liebte, war derjenige mein Spiegelbild.

Denke daran: **Du wirst in dem Maße geliebt, wie du dich selbst liebst, und du kannst andere auch nur in diesem Maße lieben.**

Ist Selbstliebe Egoismus?

Anouska wendet sich wegen einer Parasitose an mich, die sie seit drei Jahren hat, trotz aller Medikamente gegen Parasiten, die sie genommen hat, und aller Diäten, die sie befolgt hat, um sie loszuwerden.[11]

Bei unserem Gespräch kommt heraus, dass drei Jahre zuvor ihr Vater verstorben ist und sie sich um ihre Mutter gekümmert hat, die an Parkinson litt. Es kam vor, dass ihre Mutter sie bis zu 15-mal am Tag anrief, um sie um Rat zu fragen. Dieses Verhalten hatte sie schon früher an den Tag gelegt, als Anouska noch im Teenageralter war, was dazu geführt hatte, dass sie sich von ihrer Mutter distanziert hatte.

[11] Dieser Fall wird hier nur verkürzt wiedergegeben, um lediglich das Wesentliche herauszustellen, worauf es der Autorin ankommt.

Ich frage sie:

"Wie hast du dich gefühlt, als deine Mutter dich bis zu 15-mal am Tag angerufen hat?"

"Ich habe mich in meiner Arbeit und meinem Privatleben belästigt gefühlt. Ich hatte keine Zeit mehr für mich selbst, dafür, mit dem Mann zusammen zu sein, den ich liebte ..."

"Was tun Parasiten?"

"Sie belästigen uns. Aber meine Mutter ist im letzten Januar verstorben, und ich habe die Parasiten immer noch ..."

"Hattest du mir nicht gesagt, dass dein Sohn im Februar Probleme in der Schule hatte und er die Schule wechseln musstest?"

"Ich sehe den Zusammenhang: Früher fühlte ich mich von den Problemen meiner Mutter belästigt und jetzt von den Problemen meines Sohnes."

"Was müsstest du tun, um nicht mehr von den Problemen anderer belästigt zu werden?"

"Ich müsste ihnen Grenzen setzen."

"Warum machst du es nicht?"

"Weil ich Angst habe, dass sie sich dann alleingelassen fühlen und mir Vorwürfe machen? Meine Mutter hat mir als Jugendliche immer gesagt, ich sei egoistisch!"

"Warum hat sie das gesagt?"

"Weil ich ihr nichts erzählen wollte, was ich zu persönlich fand."

"Könnte es sein, dass es dir nicht gelingt, nein zu sagen oder geliebten Menschen Grenzen zu setzen, weil du dich selbst davon überzeugen willst, nicht egoistisch zu sein? Was wiederum dazu führt, dass du dich dann von ihnen belästigt fühlst?"

"Das habe ich noch nie so gesehen!"

"Könnte es sein, dass deine Mutter das Bedürfnis hatte, sich deiner Liebe zu vergewissern, und dass dein Sohn dasselbe Bedürfnis hat?"

"Das leuchtet mir irgendwie ein, denn meine Mutter hatte tatsächlich immer Angst, dass ich sie allein lassen würde, und mein Sohn hat sich in den Monaten vor dem Tod meiner Mutter sehr vernachlässigt gefühlt.

Ich habe verstanden, ich weiß, was ich tun muss: Ich werde meinem Sohn mehr Sicherheit geben und lernen, nein zu sagen, ohne mich deswegen egoistisch zu fühlen."

Mein Mann sagt, ich sei egoistisch

Eine meiner Seminarteilnehmerinnen sagte mir, dass sie befürchte, egoistisch zu sein und ihr Partner ihr genau das auch vorwerfe. Sie verstand nicht den Unterschied zwischen *Selbstliebe* und *Egoismus*.

Ich bat sie, mir ein Beispiel dafür zu nennen, als ihr Mann ihr Egoismus vorgeworfen hatte.

"Ich hatte mich zum Beispiel für einen zehnwöchigen Yogakurs angemeldet, der jeden Mittwochabend stattfand, und er sagte zu mir, ich würde ja nur an mich denken."

"Als du zum Yogakurs gingst, wurde deinem Partner dadurch irgendetwas vorenthalten oder wurde er an irgendetwas gehindert?"

"Nein, er war zu Hause, er wäre sowieso nicht rausgegangen."

"Was hast du ihm denn dann weggenommen?"

"Er sagte zu mir, ich würde ihn und unsere Kinder vernachlässigen und nur an mich denken. Aber wenn ich zu Hause bin, sitzt er vor seinem Computer, und ich kümmere mich um die Kinder."

"Könnte es sein, dass dieser Abend dir guttut und du danach besser für deine Kinder da sein kannst?"

"Ja, so ist es, es tut mir gut, und danach kann ich mich viel besser mit ihnen beschäftigen."

"Du sagst mir also, dass du, indem du dir selbst etwas Gutes tust, anderen mehr geben kannst. Was ist daran egoistisch?

Egoistisch zu sein bedeutet, anderen zur eigenen Bedürfnisbefriedigung zu schaden. Zum Beispiel, Müll in der Öffentlichkeit wegzuwerfen, ohne an die zu denken, die ihn aufsammeln müssen, seinen Hund in einem öffentlichen Park sein Geschäft verrichten zu lassen, ohne es aufzusammeln, in einem Hotelflur zu später Stunde den Sieg der eigenen Mannschaft zu bejubeln, laut an einem Ort zu sprechen, an dem andere sich entspannen wollen, und so weiter. Hast du deinem Partner zu deiner eigenen Bedürfnisbefriedigung geschadet?"

"Nein, ich habe mir Zeit für mich selbst genommen und ihm viel Zeit gegeben, indem ich mich um die Kinder gekümmert habe.

Ab und zu teile ich meinem Mann auch mit, dass ich mich eine halbe Stunde ausruhen will. Dann ziehe ich mich in mein Büro zurück. Wenn ich dann gerade anfange, mich zu entspannen, kommt er ins Zimmer und beginnt, mir alles Mögliche zu erzählen."

"Wie fühlst du dich in diesen Momenten?"

"Nicht gehört, nicht respektiert in meinem Bedürfnis, mich auszuruhen."

"Nimmt er dir damit etwas weg?"

"Ja, er nimmt mir die kurze halbe Stunde zum Ausruhen weg, die ich brauche, um mich weiter um die Kinder kümmern zu können."

"Verstehst du, dass jemand, der sich selbst nicht das Recht zugesteht, an sich selbst zu denken, es auch anderen nicht zugesteht?

Könnte es sein, dass er dich zur eigenen Bedürfnisbefriedigung, weil er mit dir sprechen will, am Ausruhen hindert, aber gleichzeitig sagt, du seist egoistisch?

Vergiss nicht: Wenn du anderen etwas für deine eigene Bedürfnisbefriedigung wegnimmst, dann bist du egoistisch. Aber wenn du es dir selbst schenkst, um besser für andere da sein zu können, dann bist du überhaupt nicht egoistisch."

"Ich habe es verstanden, es ist jetzt klarer für mich. Beim nächsten Mal, wenn er zu mir sagt, ich sei egoistisch, sage ich zu ihm: 'Was nehme ich dir denn weg?'"

Manchmal verwechseln wir Egoismus mit Egozentrismus

Egozentrismus ist die Neigung, alles auf sich zu beziehen.

Egozentrisch ist jemand, der erwartet, dass die Welt um ihn herum sich all seinen Wünschen beugt. Wenn das nicht passiert, wird er intolerant, ärgert sich, fordert eine Entschädigung oder zwingt allen seinen Standpunkt auf.

Häufig inszenieren sich Egozentriker als Opfer. An Sätzen der folgenden Art erkennt man sehr gut ihre Neigung, alles auf sich zu beziehen:

- Deine Familie hat immer Vorrang vor mir.
- Du hast nie Zeit für mich.
- Du hörst mir nie zu.
- Egal, was ich sage, es ist immer falsch.
- Dir sind andere immer wichtiger als ich.
- Du verstehst das nicht.
- Du lässt mich immer alleine.
- Deine Freunde sind dir mehr wert als deine Familie.
- Du bist lieber bei Freunden, statt deine kranke Mutter zu besuchen.
- Immer muss ich alles machen.
- Niemand nimmt Rücksicht auf mich.

Egozentrismus ist ein Zeichen von Unreife. Ein Kleinkind ist von Natur aus egozentrisch. Aufgrund seiner Abhängigkeit nach der Geburt kann es nur fordern. Zu den Aufgaben seiner Erzieher gehört es, ihm beizubringen, auch an andere zu denken. Wenn diese Erzieher aber selbst Kinder im Körper eines Erwachsenen sind oder sich keine Zeit zur Erziehung nehmen, kann das Kind glauben, es sei normal, von anderen die Erfüllung seiner Wünsche einzufordern.

Jedes Mal, wenn wir andere außer Acht lassen oder wollen, dass andere sich zu unserer eigenen Bedürfnisbefriedigung unseren Wünschen oder Erwartungen beugen, verhalten wir uns egozentrisch.

Egoismus und Egozentrismus gehören zu den Hauptursachen für Trennungen und Scheidungen. Bei diesen Menschen führt ihr Verhalten zwangsläufig zu großer Einsamkeit, Versagensgefühlen und Verzweiflung. Es kann sie sogar in den Suizid treiben, wenn sie glauben, dass niemand sie versteht oder liebt.

Die einzige Lösung, um sich aus den Fängen des eigenen Egoismus oder Egozentrismus zu befreien, ist es, sich dessen bewusst zu werden. Dann können wir dem Kind in uns helfen zu wachsen, damit es affektiv eigenständig wird, um sich für andere zu interessieren, statt ständig zu versuchen, seinen affektiven Mangel zu kompensieren.

Die goldene Regel lautet:

An sich selbst denken, ohne dabei andere zu vernachlässigen, an andere denken, ohne dabei sich selbst zu vernachlässigen.

* Warum ist es so schwierig, sich selbst zu lieben?

Einem Kind, das mit der Anerkennung und Wertschätzung seiner Lieben aufwächst, wird es nicht schwerfallen, sich selbst zu lieben. Aber ein Kind, das ständig Vorwürfe oder Kritik zu hören bekommt, wird denken, es sei nicht liebenswert, und wird sich folglich nicht selbst lieben können.

Folgendes erzählte mir eine Frau, die an dem Seminar "Befreiung des emotionalen Gedächtnisses"[12] teilgenommen hatte:

"Ich habe endlich beschlossen, mein Gesicht zu zeigen! Ich habe es immer hinter meinen Haaren versteckt, sie waren wie ein Schleier, der mich verborgen hat, mich vor äußeren Angriffen und Forderungen geschützt hat, die mich hätten weiterbringen können. Ich habe mich verschlossen, damit niemand meine Verletzungen sah. Als hätten meine Haare die Macht gehabt zu verstecken, was mein ganzer Körper zum Ausdruck brachte.

Ich arbeite schon seit Jahren an mir, mache Fortschritte, aber ich hatte immer das Gefühl, dass es nicht ausreicht ... Ich habe geglaubt, ich hätte genug vergeben, um endlich weiter vorankommen zu können! Ich war schon ziemlich weit gekommen, aber nicht weit genug. Also habe ich weitergemacht, mit all meinen Verletzungen und der Niedergeschlagenheit, die damit einherging. Aber diesmal habe ich dank der bedingungslosen Liebe und Akzeptanz in diesem Seminar endlich die ultimative Vergebung erreicht. Sie hat mich von all dem Schmerz befreit, der mein Leben gelenkt und meine Entscheidungen bestimmt hat. Gott, was habe ich geweint, dabei hatte ich eigentlich gar nicht mehr oder nur noch selten geweint, denn ich hatte meine Emp-

[12] Die Termine für diese Seminare erfahren Sie auf unserer Website http://de.metamedecine.com

findungen und Gefühle immer blockiert, aus Angst, sonst verrückt zu werden oder sogar daran zu sterben.

Ich bin mir bewusst geworden, dass ich mich unbedingt vor meiner Überempfindlichkeit schützen wollte und deshalb in meinem Schmerz blockiert war. Ich war nicht bereit. Ich war zu sehr von meinem Ego eingenommen, das mich auf vertrautem Terrain festhielt. Ich hatte Angst, mit meiner Verletzlichkeit in Berührung zu kommen. Ich verstand, dass ich durch den ständigen Versuch, mich zu schützen, nur noch mehr litt. Das schwere Blei an meinen Füßen wurde sehr viel leichter. Heute ist mein Herz leicht und mein Kopf frei."

> Man wird nicht dadurch erleuchtet,
> dass man sich Lichtgestalten vorstellt,
> sondern durch Bewusstmachung der Dunkelheit.
>
> Carl Gustav Jung

Der Schatten und das Licht in uns

Es sind die schattigen Bereiche in uns, die uns daran hindern, uns selbst zu lieben. Es ist einfach, das Göttliche in uns zu lieben, aber viel schwieriger, unseren menschlichen Teil zu lieben. Da wir nicht ständig im Göttlichen sein können, führt das dazu, dass es uns schwerfällt, uns selbst zu lieben.

Vor Jahren habe ich einmal einen Mann kennengelernt, den ich außergewöhnlich fand. Er strahlte so viel Sanftmut aus. Seine Gesten waren so zärtlich. Von ihm ging so eine große Güte aus. Ich hatte das Gefühl, ein Lichtwesen vor mir zu haben. Viel mehr brauchte es nicht, um mich unsterblich in ihn zu verlieben. Doch in den Wochen und Monaten, die wir zusammen verbrachten, entdeckte ich eine andere Seite von ihm. Mitunter zeigte er Verhaltensweisen, die mich überraschten und bei denen ich mich fragte: Wie konnte dieser Mann in einem Moment so gütig, so zärtlich, so liebevoll sein und im nächsten Moment urplötzlich und ohne besonderen Grund so verschlossen, kalt und gleichgültig?

Dieser Mann, den ich liebte, verkörperte für mich Engel und Teufel zugleich. Astrologisch gesehen war er im Zeichen des Skorpions geboren. Ich dachte mir, dass es ja eine der Besonderheiten dieses Sternzeichens war, selbstzerstörerische Verhaltensweisen an den Tag zu legen.

Damals war mir noch nicht klar, dass diese Dualität, die ich in ihm sah, auch in mir selbst existierte. Und noch viel weniger, dass sie die wahre Natur des menschlichen Wesens ausmacht!

Die monotheistischen Religionen haben Gott immer als unendlich gütig dargestellt und den Teufel als sein Gegenteil. Wir mussten Gott lieben und den Teufel zurückweisen.

Aber welche Religion hat uns gelehrt, dass das Göttliche und das Teuflische in Wirklichkeit zwei Aspekte desselben Prinzips sind, dem wir den Namen Gott, "Der Ewige", "Allah", "Jahwe" und so weiter geben?

Diese beiden Aspekte - das Göttliche (der Engel) und das Teuflische - sind tatsächlich in jedem von uns vorhanden. Unsere größte Herausforderung ist es, das Göttliche in uns wachsen zu lassen.

Der Engel zeigt sich immer durch Wohlwollen, Freundlichkeit, den Wunsch, anderen nützlich zu sein, ihnen zu helfen, ihnen zu Diensten zu sein. Wenn wir von unserem Engel beseelt sind, empfinden wir innere Ruhe, Gelassenheit, Wohlbefinden, das Gefühl, ein guter Mensch zu sein. Der Engel in uns schätzt die geringste freundliche Geste anderer, das kleinste Geschenk, das das Leben ihm bereitet.

Es ist einfach, uns selbst zu lieben, wenn der Engel sich zeigt, aber so viel schwieriger, wenn der Teufel den Engel überschattet.

Der Teufel in uns verurteilt, kritisiert oder verdammt andere. Er will um jeden Preis recht haben, er widersetzt sich, solange er kann. Er nährt Groll, Rachefantasien oder Hass. Er glaubt, dass andere verantwortlich für seine Unannehmlichkeiten sind, weshalb er Konflikte mit ihnen vom Zaun bricht, um sich selbst glauben zu machen, dass sein Handeln gerechtfertigt ist. Der Teufel in uns führt uns zwangsläufig ins Leid.

Wenn wir einem liebenswerten Menschen begegnen, zu dem wir Zuneigung empfinden, erkennen wir unseren eigenen Engel in ihm wieder. Aber wenn wir einen Menschen kritisieren oder ablehnen, der uns missfällt, projizieren wir unseren eigenen Teufel auf ihn. Und wenn wir in Konflikte mit unangenehmen Menschen geraten, sind diese Konflikte ein Spiegelbild unseres eigenen inneren Kampfes zwischen dem Engel und dem Teufel in uns, den wir auf diese Menschen projizieren.

Je mehr wir das Licht suchen, desto mehr begegnen wir dem Schatten. Das hindert uns daran, uns selbst zu lieben.

Im Buddhismus spricht man von sogenannten "Siegern". Diese Sieger haben keine äußeren Feinde besiegt, sondern ihre inneren Feinde. Diesen inneren Feinden kann man unterschiedliche Namen geben. Manche nennen sie den "niederen Geist", andere das "Ego", wieder andere sprechen von "dunklen Bereichen"...

Wie können wir den Schatten und das Licht in uns lieben?

Wüsste der Tag, dass er existiert, wenn es nicht die Nacht gäbe? Gleiches gilt für uns: Es ist der Schatten, der es uns ermöglicht, das Licht in uns zu entdecken.

Denn der Schatten beschützt uns im Leid, und es ist das Leid, das uns antreibt, das Licht zu suchen. Beide sind also voneinander abhängig wie Tag und Nacht.

Evolution geschieht nicht linear, sondern zyklisch, was bedeutet, dass wir ständig voranschreiten, indem wir vom Schatten ins Licht gehen, wieder in den Schatten zurückkehren, um dann erneut das Licht zu suchen, bis wir unser volles Bewusstsein oder die Erleuchtung erlangen, um von den Zyklen frei zu werden, die uns zurück ins Leid führen.

Der erste Schritt, um uns wahrhaft selbst zu lieben, besteht darin, uns nicht mehr selbst zu verurteilen oder zu verdammen. Das heißt, uns mit uns selbst zu versöhnen, um glauben zu können, dass wir es verdienen, geliebt zu werden.

Vor Jahren hatte ich die Gewohnheit, das Wort "bösartig" zu benutzen, um damit etwas Bedeutsames zu bezeichnen. Um zum Beispiel eine geniale Idee zu beschreiben, sagte ich: "Das ist eine bösartig gute Idee." Bei einem guten Angebot sagte ich: "Das ist ein bösartig gutes Schnäppchen." Eines Tages sagte ein Seminarteilnehmer zu mir: "Du musst dich bestimmt einmal bösartig gefühlt haben, so oft, wie du das Wort benutzt." Diese Möglichkeit war mir noch nie in den Sinn gekommen, aber es brachte mich zum Nachdenken. Hatte ich mich schon einmal bösartig gefühlt? Bei dieser Frage kam mir ein Bild in den Sinn, als ich etwa elf Jahre alt war. Meine Großmutter litt an Parkinson. Da ihre Hände zitterten, half ich ihr zu trinken. An jenem Tag war ich ungeduldig mit ihr und gab ihr etwas zu schnell zu trinken, so dass sie sich verschluckte. Als sie wieder normal atmete, schimpfte sie mich an: "Du bist ja wirklich bösartig, du hättest mich umbringen können!" Dadurch fühlte ich mich dann wirklich sehr bösartig. Dieses Gefühl wurde in meinem emotionalen Gedächtnis gespeichert und führte zur folgenden Gleichung: *anderen Leid zufügen = bösartig sein.* Die Folge war, dass ich immer Angst hatte, anderen wehzutun. Um nichts auf der Welt hätte ich sie enttäuschen oder ihnen Schmerz bereiten wollen. Das erklärte, warum es mir schwerfiel, nein zu sagen, und warum ich mir immer wieder sagte: "Ich leide lieber als jemand anderem Leid zuzufügen!"

Diese erste Feststellung führte mich in viele weitere Situationen, in denen ich mich schuldig fühlte.

Ich hasste meinen älteren Bruder, den ich bösartig fand. Wie sollte ich mich selbst lieben, wenn ich glaubte, ich sei selbst bösartig? Um mich selbst zu lieben, musste ich aufhören, mich selbst zu verurteilen, und mir dafür vergeben, ungeduldig mit meiner Großmutter gewesen zu sein. In meiner Geste hatte Ärger gelegen, weil ich meine Großmutter manchmal ungerecht fand. Ich wuchs gemeinsam mit einem gleichaltrigen Cousin bei ihr auf, für den sie das Sorgerecht hatte. Er hatte einfach immer nur Spaß und sie gab ihm alles, während ich ihr im Haushalt half und weniger von ihr bekam.

Seitdem habe ich erkannt, dass ich gerne ihr Lieblingskind gewesen wäre, während sie wiederum von ihrem Adoptivsohn geliebt werden wollte. Sie versuchte, sich seine Liebe zu erkaufen, indem sie ihm alles gab, weil er ihr keinerlei Zuneigung zeigte und manchmal sogar sehr grob zu ihr war.

Ich vergab mir selbst, indem ich anerkannte, dass ich durch meine Verletztheit ungeduldig mit meiner Großmutter gewesen war. Und danach kam es mir nicht mehr in den Sinn, das Wort "bösartig" zu benutzen.

Nur das Leid in uns kann anderen Leid zufügen.
Wenn wir glücklich sind, fügen wir niemandem Leid zu.

Bei Beratungsterminen bin ich häufig Menschen begegnet, die es nicht schafften, sich selbst zu vergeben. Ich gab dann das Beispiel, das ich weiter oben schon angeführt habe:

"Stell dir vor, du besuchst eine Freundin im Krankenhaus, der es sehr schlecht geht. Du trittst an ihr Bett, und in ihrem Leid gräbt sie ihre Nägel in deine Haut und tut dir damit weh. Würdest du ihr das übel nehmen?"

"Nein."

"Warum nicht?"

"Weil es ihr sehr schlecht geht!"

"Und wenn dieser Mensch im Krankenbett du selbst wärst, würdest du ihm vergeben?"

Meistens erkannte derjenige dann, dass es sein eigener Schmerz war, der ihn dazu gebracht hatte, den anderen zu verletzen, und nahm es sich selbst nicht mehr übel.

Im Rahmen meiner therapeutischen Arbeit, in der ich Erwachsene angeleitet habe, ihr inneres Kind in einem schmerzhaften Moment zu trösten, ist es vorgekommen, dass dieses Kind diesen Zuspruch gar nicht wollte.

Ein kleines Mädchen hatte zum Beispiel einer Freundin Buntstifte gestohlen. Der Lehrer rief ihren Vater an, um ihn zu fragen, ob sie sie wirklich genommen habe. Als der Vater die Stifte der Freundin fand, wurde er so zornig, dass er seine Tochter schlug und gegen die Treppe stieß. Ich bat meine Seminarteilnehmerin, auf ihr kleines Mädchen zuzugehen, um sie zu trösten. Sie antwortete mir: "Mein kleines Mädchen will nicht, dass ich sie tröste."

Das Mädchen hatte sich selbst als schlecht verurteilt, weil sie die Buntstifte ihrer Freundin gestohlen hatte, und glaubte, dass sie es nicht verdiente, geliebt zu werden.

Wie sie haben auch wir schon oft geglaubt, es nicht zu verdienen, geliebt zu werden, aber wenn wir jemanden lieben, sind wir bereit, alles für seine Liebe zu tun.

Müssten wir nicht eigentlich genau das Gegenteil tun? Uns also selbst bedingungslose Liebe schenken? Wir erwarten von anderen, dass sie uns bedingungslos akzeptieren, aber sind wir bereit, uns selbst bedingungslose Liebe zu schenken?

Der zweite Schritt besteht darin, nicht mehr von uns selbst zu verlangen, perfekt zu sein. Manchmal glauben wir, perfekt sein zu müssen, um geliebt zu werden. Durch dieses Streben nach Perfektion stellen wir sehr hohe Ansprüche an uns selbst und somit auch an andere. Wir sind selten mit unseren Leistungen zufrieden. Wir kritisieren uns selbst, mögen unsere Kleidergröße nicht, unser Gewicht, unsere Haare oder unsere Brüste, die wir zu groß, zu klein oder nicht fest genug finden. Wir empfinden uns als Versager, die anderen nicht gewachsen sind. Wir gestehen uns selbst nicht das Recht zu, Fehler zu machen, und wenn wir das Gefühl haben, erfolglos zu sein, werten wir uns selbst ab.

Wenn eine Sonnenblume eine Rose sein will, wird sie ihr Leben lang unglücklich sein. Aber wenn sie akzeptiert, eine Sonnenblume zu sein, wird sie den ganzen Reichtum ihrer Verschiedenheit entdecken und glücklich sein.

Ich habe jahrelang immer wieder gehört, ich wirke wie ein Snob. Eines Tages sprach ich Lise Bourbeau auf dieses Thema an, als ich gerade an der Schulung "Höre auf deinen Körper" teilnahm. Lise antwortete mir: "Also wirklich, du hast doch das gute Recht, wie ein Snob zu wirken!" Ihre Antwort erstaunte mich! Ich, die gedacht hatte, von ihr in der Idee bestärkt zu werden, dass die anderen völlig zu Unrecht so über mich dachten, verwies mich stattdessen wieder auf mich selbst!

Dadurch erkannte ich, dass ich, solange ich mir selbst nicht das Recht zugestand, wie ein Snob zu wirken, es auch anderen nicht zugestand, so über mich zu denken. Stattdessen wünschte ich mir, ich könnte die anderen ändern, damit sie nicht so über mich dachten.

Indem ich es akzeptierte, gestand ich den anderen das Recht zu, so über mich zu denken, und ich handelte nicht mehr mit Blick auf die anderen, sondern wandte mich wieder mir selbst zu.

Es waren nicht mehr die anderen, die ich ändern musste, damit sie ihre Sichtweise auf mich änderten. Es lag an mir selbst herauszufinden, was ich ausstrahlte, dass die anderen dieses Bild von mir bekamen.

Als ich mich wieder mir selbst zuwandte, wurde mir bewusst, dass ich in meiner Angst vor Ablehnung immer erpicht darauf war, in allem erfolgreich zu sein, damit ich über Menschen, die mich nicht mochten, denken konnte: "Wofür halten die sich eigentlich, mich so abzulehnen?" So bekam ich eine innere Haltung, die als hochnäsig wahrgenommen wurde, obwohl ich in Wirklichkeit von Zweifeln über meinen Selbstwert geplagt wurde.

Ich gestand mir das Recht zu, Angst vor Ablehnung zu haben, und versuchte herauszufinden, von wem ich mich wann abgelehnt gefühlt hatte. Mir fiel mein Erlebnis in der Schule ein, als ich mich von meiner Lehrerin beschuldigt und von meinen Klassenkameraden abgelehnt gefühlt hatte. Ich arbeitete mit meinem inneren Kind und half ihm zu verstehen, dass niemand es abgelehnt hatte, sondern es selbst sich in seiner Scham distanziert hatte.

Als ich mich von meiner Angst vor Ablehnung befreite, konnte ich mehr ich selbst sein, und ich habe nie mehr jemanden über mich sagen hören, ich wirke wie ein Snob.

Wenn wir zu jemandem sagen: "Akzeptiere mich gefälligst, wie ich bin, hör auf, mich ändern zu wollen!", erkennen wir nicht, dass wir selbst den anderen ändern wollen, damit er uns akzeptiert, wie wir sind.

Andere ändern zu wollen, ist sinnlos. Der einzige Mensch, den wir ändern können, sind wir selbst. Es ist besser, wenn wir uns uns selbst zuwenden und uns fragen: "Akzeptiere ich mich so, wie ich bin, oder versuche ich zu sein, wie ich glaube, dass er oder sie mich gerne hätte?"

> Wer sich selbst akzeptiert,
> den akzeptiert die ganze Welt.
>
> Laotse

Gestehst du dir selbst das Recht zu, genauso zu sein, wie du bist, oder verurteilst oder kritisierst du dich selbst?

Denkst oder sagst du dir manchmal:

“Ich darf nicht rauchen.”

“Ich darf nicht so viel essen.”

“Ich darf mich nicht aufregen.”

“Ich hätte ihm das nicht sagen dürfen.”

“Ich hätte so nicht handeln dürfen.”

“Ich hätte aufmerksamer sein müssen.”

Was würdest du davon halten, dir anzugewöhnen, dir Folgendes zu sagen:

“Ich habe das Recht, nicht immer in Form zu sein.”

“Ich habe das Recht, nicht einverstanden zu sein.”

“Ich habe das Recht, anders zu sein.”

“Ich habe das Recht, auf meine Weise leben zu wollen.”

“Ich habe das Recht, anders zu denken.”

“Ich habe das Recht, mich amüsieren zu wollen und nicht immer ernst zu sein.”

“Ich habe das Recht, enttäuscht zu sein.”

“Ich habe das Recht zu leiden.”

“Ich habe das Recht, Zeit zu brauchen, um etwas zu verstehen, um eine Entscheidung zu treffen.”

"Ich habe das Recht, erfolgreich sein zu wollen."

"Ich habe das Recht, Begeisterung und Leidenschaft für etwas zu hegen, das ich liebe."

Wenn du dieses Recht hast, haben auch andere das Recht zu sein, wie sie sind. Das bedeutet aber nicht, dass du etwas ertragen oder dich an etwas anpassen musst, was dir nicht gefällt.

Hier ein Beispiel:

Es war der Morgen meines Geburtstags. Ich bereitete mich auf den Kurs vor, den ich geben würde, und suchte ein Blatt, das ich für meine Kursteilnehmer ausdrucken wollte. Mein Partner hatte das Frühstück zubereitet. In ungeduldigem Tonfall sagte er zu mir: "Ich möchte jetzt frühstücken ..." Ich verstand nicht, warum er so darauf bestand. Er arbeitete nicht und hatte alle Zeit der Welt. Ich war diejenige, die gestresst war. Er bohrte weiter:

"Ich möchte jetzt aber frühstücken."

"Dann frühstücke doch einfach, du brauchst mich doch nicht dazu! Du hast doch alle Zeit der Welt und hast es nicht eilig ..."

"Du machst immer alles in letzter Minute. Dein tolles Blatt hättest du doch auch schon gestern suchen können."

"Bitte tu mir heute Morgen den Gefallen und hör auf ..."

Ich sagte das, weil ich keine Lust hatte, meinen Geburtstag mit einem Streit zu beginnen.

Er explodierte:

"Alles muss immer so laufen, wie du es willst, du bist unfähig, Rücksicht auf andere zu nehmen, du bist eine kleine verwöhnte Göre, die nur an sich denkt ..."

Seine rüden Worte verletzten mich. Schweren Herzens ging ich los, ohne mein Frühstück zu essen. Mittags ging ich mit einer Freundin essen und vertraute ihr an: "Ich kenne ihn, meinen

Mann, wenn ich zurückkomme, hat er mir ein tolles Essen gezaubert und einen schönen Tisch mit Blumen und Geschenken vorbereitet ..."

Ich sollte recht behalten. Als ich zurückkam, hatte er tatsächlich ein tolles Essen gekocht und einen schönen Geburtstagstisch vorbereitet, auf dem mich Blumen und Geschenke erwarteten. Zu anderen Zeiten hätte ich gedacht 'Ach, er ist so lieb!' und hätte über die Sache mit dem Frühstück hinweggesehen.

Dadurch hätte ich ihm das Recht gegeben, verbale Gewalt auszuüben. Aber hätte ich mich selbst geliebt, wenn ich ihm das zugestanden hätte?

Nein, ich hätte mich nicht selbst geliebt, denn ich hätte mir selbst keinen Respekt gezollt, und bei nächster Gelegenheit wäre alles wieder von vorn losgegangen.

Jemanden zu verlassen, der uns gegenüber gewalttätig ist, ist nicht immer die beste Lösung. Denn wenn wir nicht verstanden haben, was wir in dieser Situation lernen müssen, riskieren wir, danach erneut mit einem Partner zusammenzukommen, der diesmal psychologische Gewalt gegen uns ausübt.

Mich selbst zu lieben bedeutete, das Verhalten, das mir nicht passte, nicht stillschweigend hinzunehmen.

Ich setzte mich an den Tisch und sagte zu ihm: "Danke, dass du das Essen gekocht hast und so einen schönen Geburtstagstisch vorbereitet hast. Aber ich will, dass du weißt, dass ich keine Lust habe zu essen, was du Schönes gekocht hast, und auch keine Lust, die Geschenke auszupacken, die du mir gekauft hast, weil ich gerade traurig bin. Deine rücksichtslosen Worte haben mich verletzt. Ich will, dass du weißt, dass ich das ab jetzt nicht mehr akzeptieren werde. Wenn das noch einmal vorkommt, ist es aus zwischen uns."

Indem ich ihm meine Gefühle mitteilte und ihm sagte, dass ich so ein Verhalten nicht akzeptierte und nicht mehr akzeptieren würde, hielt ich ihm den Spiegel vor. Er hatte das Recht, sich aufzuregen, unüberlegte Worte zu sagen, aber er musste auch die Konsequenzen dafür tragen.

Er bat mich um Entschuldigung. Ich akzeptierte seine Entschuldigung und versuchte zu verstehen, was ihn so verärgert hatte. Er sagte mir, dass er früh aufgestanden war, um mir mein Lieblingsgebäck zu kaufen, und dass er der Erste hatte sein wollen, der meinen Geburtstag mit mir feierte.

Er hatte sich also ein ganzes Szenario aufgebaut, das mir nicht bewusst gewesen war. Da ich nicht darauf reagiert hatte, fühlte er sich in seinen Bemühungen abgelehnt, mir eine Freude zu machen. Und genau das hatte diese Verärgerung in ihm ausgelöst, die er mit verbaler Gewalt zum Ausdruck gebracht hatte.

Dass ich das nicht stillschweigend hinnahm, war ein Akt der Selbstliebe und brachte mir den Respekt meines Partners ein. Mit diesem Respekt sind wir beide gewachsen. Uns war klar geworden, dass wir uns manchmal nicht sagten, was wir wirklich meinten.

Mit den Worten "Ich möchte frühstücken" wollte er mir sagen: "Ich möchte der Erste sein, der deinen Geburtstag mit dir feiert."

Wenn er mir gesagt hätte, was er wirklich meinte, hätte ich darauf verzichtet, nach diesem Blatt zu suchen, und wäre glücklich gewesen, diesen Moment mit ihm zu teilen.

Wir versprachen uns, darauf zu achten, uns zu sagen, was wir wirklich meinten. In meiner Beziehung davor hatte mir mein Mann wenige Wochen vor der Scheidung gestanden: "Ich habe festgestellt, dass ich sehr oft an etwas denke und dir etwas anderes sage."

Ich hatte so oft das Gefühl gehabt, dass wir in unterschiedlichen Sprachen redeten! Wir liebten uns, aber wir verstanden uns nicht.

Diesmal war ich bereit, meinem Partner zu helfen, seine Gedanken besser in Worte zu fassen, und ich versprach ihm, dass ich nie mehr an meinem Geburtstag arbeiten würde.

Selbstliebe bedeutet, genug Selbstachtung zu haben, um niemandem zu erlauben, uns respektlos zu behandeln.

> Selbstachtung ist eine der wichtigsten Quellen für Lebensfreude. Sie erlaubt es, uns selbst zu akzeptieren, uns selbst zu lieben und andere lieben zu können.
>
> Verfasser unbekannt

Wie können wir uns selbst achten?

Erstelle eine Liste mit mindestens zehn Dingen, zu denen du dich gerne beglückwünschen würdest.

Dich selbst wertzuschätzen bedeutet, dich selbst zu beglückwünschen, statt dich selbst abzuwerten oder herabzuwürdigen. Manche Menschen verbringen ihre Zeit damit, schlecht über sich selbst zu reden, aber ertragen nicht die geringste Kritik.

Man hat uns beigebracht: "Was du nicht willst, das man dir tu, das füg auch keinem andern zu." Aber nie ist uns gesagt worden: **"Was du nicht willst, das man andern tu, das füge auch dir selbst nicht zu."** Wenn wir dieses große Gebot achten wollen, andere wie uns selbst zu lieben, ist diese Wahrheit von maßgeblicher Bedeutung.

Wenn wir andere nicht lieben, wie können wir dann von anderen verlangen, uns zu lieben? Alles, was wir uns selbst zufügen, gestatten wir auch den anderen, uns zuzufügen, im Guten wie im Schlechten. Wenn wir nie an uns selbst denken, uns für andere selbst vernachlässigen, werden die anderen uns ebenfalls vernachlässigen.

Eine Seminarteilnehmerin sagte mir einmal: “Ich habe mein Leben damit verbracht, immer an meinen Mann und meine Kinder zu denken. Als eines meiner Kinder auf die Welt kam, was hätte ich da gegeben, um von meinem Mann einen kleinen Blumenstrauß zu bekommen! Aber er hat mir nie einen geschenkt!” Ich fragte sie: “Hast du noch nie daran gedacht, im Blumenladen anzurufen und dir einen Strauß liefern zu lassen?” Sie blickte mich baff an.

Nein, sie hatte noch nie daran gedacht, denn sie glaubte, dass zu lieben bedeutete, sich für andere selbst zu vernachlässigen, und dass es egoistisch war, an sich selbst zu denken. Aber wenn sie sich den Blumenstrauß hätte liefern lassen, hätte ihr Mann gewusst, dass ihr das Freude machte, und hätte ihr dann vielleicht bei einer anderen Gelegenheit einen geschenkt.

Was du dir selbst zufügst,
gestattest du auch den anderen, dir zuzufügen.
Die Welt, die uns umgibt, ist unser Spiegel.

- Wenn du dich selbst verurteilst oder kritisierst, werden andere dich ebenfalls verurteilen oder kritisieren. Bevor du sagst: “Er kritisiert mich”, prüfe, ob du dich vielleicht selbst kritisierst. Falls das der Fall ist, werde toleranter dir selbst gegenüber. Dann wirst du sehen, dass die anderen ebenfalls nachsichtiger mit dir werden.
- Wenn du dir Vorwürfe machst, werden andere dir ebenfalls welche machen, und wenn du dich auch noch schuldig fühlst, werden die Vorwürfe anderer deinen Selbsttadel in seiner Wirkung noch verstärken.

- Wenn du dir selbst gegenüber unverantwortlich bist, werden andere sich in ihren Beziehungen mit dir ebenfalls unverantwortlich zeigen.
- Wenn du nicht auf deine Gefühle hörst, wird niemand auf sie hören.
- Wenn du nicht für dich selbst einstehst, wird es auch niemand sonst tun.
- Wenn du nicht viel Selbstachtung hast, wie kannst du dann von anderen erwarten, dass sie dich achten?
- Wenn du kein Selbstvertrauen hast, wie kannst du dann darauf hoffen, dass andere dir Vertrauen schenken?
- Wenn du dich ständig selbst vernachlässigst, wirst du anderen nicht vorwerfen können, dich zu vernachlässigen.
- Wenn du dich nicht selbst respektierst, wirst du anderen nicht vorwerfen können, respektlos zu dir zu sein.

> Niemand kann dich ohne dein Einverständnis dazu bringen, dich minderwertig zu fühlen.
>
> Eleanor Roosevelt

- Wenn du dich selbst liebst, werden auch die anderen dich lieben.
- Wenn du Respekt vor dir selbst hast, werden auch die anderen dich respektieren.
- Wenn du Selbstvertrauen hast, werden auch die anderen dir vertrauen.
- Wenn du dich selbst wertschätzt, werden auch die anderen dich wertschätzen.

- Wenn du ehrlich zu dir selbst bist, werden auch die anderen ehrlich zu dir sein.
- Wenn du gütig und freundlich zu dir selbst bist, werden auch die anderen dich mit Freundlichkeit behandeln.
- Wenn du nachsichtig mit dir selbst bist, werden auch die anderen es mit dir sein.
- Wenn du dir selbst zuhörst, wirst du auch den anderen zuhören können, und die anderen werden dir zuhören.
- Wenn du an dich selbst denkst, werden auch die anderen an dich denken.

Die Welt als unser Spiegelbild zu sehen, verschafft uns auch die wunderbare Gelegenheit, positive Spiegelungen zurückzuerhalten.

Denke an alles, was du in deinem jetzigen Leben liebst und wertschätzt.

DIE EREIGNISSE UND MENSCHEN IN DEINEM LEBEN SIND DA, WEIL DU SIE ANGEZOGEN HAST.

Sie hätten keinen Platz in deinem Leben, wenn sie kein Spiegelbild deiner selbst wären.

Behandle dich ab heute so, wie du deinen besten Freund behandeln würdest.

Wenn du dir Dinge sagst, die nicht besonders anerkennend sind, frage dich selbst: "Würde ich das auch zu meiner besten Freundin sagen?"

Wenn du zögerst, etwas zu tun, stell dir selbst die Frage: "Wenn ich mich selbst liebe, ..."

"Wenn ich mich selbst liebe, werde ich dann jetzt an mich selbst denken oder mich selbst vernachlässigen?"

"Wenn ich mich selbst liebe, werde ich mir dann jetzt dies oder das selbst schenken?"

"Wenn ich mich selbst liebe, werde ich dann jetzt akzeptieren oder ablehnen?"

"Wenn ich mich selbst liebe, werde ich dann jetzt meinen ganzen freien Tag lang arbeiten oder werde ich mir eine schöne Zeit machen, um mich zu entspannen und zu amüsieren?"

Vervollständige nun die Sätze unten, die mit "Ich liebe mich selbst nicht, wenn ..." anfangen.

Hier einige Beispiele:

"Ich liebe mich selbst nicht, wenn ich anderen erlaube, meine Freundlichkeit auszunutzen."

"Ich liebe mich selbst nicht, wenn ich es anderen erlaube, mich zu manipulieren."

"Ich liebe mich selbst nicht, wenn ich mir Selbstvorwürfe mache."

"Ich liebe mich selbst nicht, wenn ich glaube, dass alles meine Schuld ist."

"Ich liebe mich selbst nicht, wenn ich ...."

"Ich liebe mich selbst nicht, wenn ich ...."

"Ich liebe mich selbst nicht, wenn ich ...."

"Ich liebe mich selbst nicht, wenn ich ...."

"Ich liebe mich selbst nicht, wenn ich ...."

> Niemand auf der Welt, so liebevoll er auch sein mag, kann dich an deiner statt lieben.
>
> Gregory Mutombo

Wir fassen zusammen:

Selbstliebe bedeutet, uns selbst das Recht zuzugestehen, so zu sein, wie wir sind, und unsere eigenen Erfahrungen zu machen.

Selbstliebe bedeutet, Selbstachtung zu haben.

Selbstliebe bedeutet, unseren Selbstwert anzuerkennen.

Selbstliebe bedeutet, uns selbst zu respektieren und niemandem zu erlauben, uns respektlos behandeln.

Selbstliebe bedeutet, auf unseren Körper, unsere Gesundheit und unser Wohlbefinden zu achten.

Selbstliebe bedeutet, uns Zeit zu nehmen, um uns zu entspannen und uns selbst eine Freude zu machen.

Selbstliebe bedeutet, uns dem zu öffnen, was das Beste für uns ist.

Selbstliebe bedeutet, uns selbst unsere Fehler zu vergeben und uns von jeglichem Groll zu befreien, der uns fesselt.

Selbstliebe bedeutet, immer zu versuchen, uns selbst zu verbessern, um uns selbst noch mehr zu lieben.

Selbstliebe bedeutet, das Göttliche in uns zu sehen, um es auch bei anderen besser zu sehen.

Je mehr wir uns selbst lieben,
desto mehr werden wir
in Selbstachtung wir selbst!

8. KAPITEL

Ich lerne, andere zu lieben

Der Wunsch nach Liebe ist in jeder menschlichen Existenz tief verwurzelt. Er entsteht, weil wir alle ganz grundlegend miteinander in Verbindung stehen und voneinander abhängig sind.

S. H. der Dalai Lama

“**Liebe**” ist ein tiefes Gefühl, das die Schwingungen des Menschen erhöht, der sich an ihr labt. Liebe verwandelt, verschönert, verjüngt, bringt Freude, Frieden und Glück.

Im Französischen wird das Verb “lieben” verwendet, um sowohl den eigenen Geschmack und eigene Vorlieben (“Ich liebe scharfes Essen”, “Ich liebe Sportwagen”) als auch Gefühle (“Ich liebe meine Mutter”, “Ich liebe meine Kinder”) auszudrücken. Oder auch um “Ich liebe dich” zu sagen.

Im Englischen und Deutschen hat man die Wahl zwischen: ***I like / Ich mag*** und ***I love / Ich liebe***. Ersteres wird für etwas verwendet, das man allgemein liebt, während die zweite Variante verwendet wird, wenn man von Liebe zu einem Menschen spricht, der einem am Herzen liegt.

Die Griechen wiederum hatten drei Bezeichnungen für Liebe:

Eros: Daher stammt unser Wort "Erotik". Es ist die Form von Liebe, bei der wir von der Schönheit der Formen angezogen werden, sowie der Ausdruck von Sinnlichkeit und Sexualität.

Philos: Daher stammt unser Wort "Philosophie", das "Freund der Weisheit" bedeutet. Es ist die Liebe zum Wissen und zur Wissenschaft. Von *philos* stammt auch die Vorsilbe "phil", etwa in "Philanthropie" (Menschenliebe).

Agape: Dieses Wort bezieht sich auf die Form von Liebe, bei der Empfindungen eine Rolle spielen, und ist gleichbedeutend mit dem englischen beziehungsweise deutschen *I love / Ich liebe.*

Manchmal müssen wir mit verschiedenen Ausdrücken von Liebe experimentieren, um die Liebe zu entdecken, die uns erhebt und verwandelt und auch "wahre Liebe" genannt wird.

Liebe ist die stärkste Anziehungskraft

Es ist diese Anziehungskraft, die das gesamte Universum in seiner Einheitlichkeit zusammenhält. Im Buch Genesis heißt es: "Am Anfang schuf Gott Himmel und Erde." Aus taoistischer Sicht ist der Himmel gleichbedeutend mit Yang (dem männlichen Äquivalent) und die Erde mit Yin (dem weiblichen Äquivalent). Durch die Verschmelzung beider erhalten wir ein drittes Element. Wenn die Sonne die Erde erwärmt, erhalten wir als Produkt Feuchtigkeit. Kondensierte Feuchtigkeit wird zu Regen, um die Erde zu befruchten und wiederum Pflanzen entstehen zu lassen. So sehen wir, dass es stets die Vereinigung von zwei sich ergänzenden Kräften ist, die alle manifestierten Produkte erschaffen hat und weiterhin erschafft, sowohl auf der Erde als auch im gesamten Universum. Ohne Anziehungskraft ist keine Vereinigung möglich und folglich auch keine Schöpfung.

Sehen wir uns zwei Menschen an, die einander lieben. Je stärker ihre Liebe ist, desto mehr wird diese Kraft im Spiel sein und desto mehr werden sie den Wunsch haben, eins zu sein, sich in der heiligen Geste der Sexualität zu vereinen.

Wenn wir diese Wirklichkeit verstehen, erkennen wir, dass Liebe ein Gesetz des Austauschs ist, des Gebens und Nehmens. Das Männliche ist von Natur aus gebend. Der Himmel verweist auf die Sonne, die der Erde ihr Licht und ihre Wärme schenkt. Deshalb wird die Sonne mit dem Vater assoziiert. Der weibliche Aspekt wiederum empfängt und gebiert, weshalb wir die Erde mit der Mutter assoziieren.

In der kontinuierlichen Bewegung dieses Austauschs, im Einklang mit dem Metronom des Lebens, wohnt Gleichgewicht und Harmonie. Wenn wir diese Bewegung stören, werden wir dadurch in unterschiedlichem Maße betroffen. Im schlimmsten Fall bedeutet es unseren Untergang. Diese Bewegung besteht im Nehmen und Loslassen, so wie die Atmung das Einatmen und das Ausatmen umfasst, was wir instinktiv tun und was lebenswichtig für uns ist.

Die Luft, die wir atmen, ist Liebe. Wir müssen sie zurückgeben, um uns an die Bewegung des Lebens und des Universums anzupassen. Was würde geschehen, wenn jemand aus Angst davor, keine Luft mehr zu bekommen, die eingeatmete Luft nicht mehr ausatmen wollte? Das wäre mit Sicherheit sein Tod.

Die Sonne ist Liebe. Sie schenkt uns Wärme und Licht. Sehen wir uns an, wie die Natur sich öffnet und in Schönheit erblüht, sobald die Sonne sie mit ihren Strahlen überflutet. Die Sonnenblume ist ein wunderbares Beispiel dafür, da sie sich zur Sonne hinwendet. Dies ist die Art und Weise der Natur, der Sonne etwas zurückzugeben. Selbst die Katze, die in der Sonne schläft, gibt ihr etwas zurück durch die Wertschätzung, die sie der Sonne dadurch schenkt. Ein strahlendes menschliches Wesen ist eines, das der Sonne zurückgibt, was es von ihr empfängt. Dadurch wird dieser Mensch schöner und strahlt vor Gesundheit. Auch Geld, die Früchte der Erde und die materiellen Güter sind ein Teil dieses Gesetzes des Austauschs. Je großzügiger wir daher sind, desto mehr erhalten wir. Wenn jemand aufgrund seiner Armut und des Mitleids, das er dadurch erregt, nur nimmt und nichts zurückgibt, wird er immer ärmer. Doch selbst der Ärmste hat immer noch etwas zu geben (und sei es nur ein Lächeln oder eine Wildblume).

Ich habe einige Zeit in Indien verbracht, wo ich überall Bettler beobachten konnte, die ihre Hand ausstreckten. Einige von ihnen machten, nachdem sie das wenige Geld, das ich ihnen geben konnte, eingesteckt hatten, eine gewohnheitsmäßige Geste und begaben sich eilig auf die Suche nach dem nächsten Samariter. Oder sie legten uns etwas in die Hand und drangsalierten uns, um etwas dafür zu bekommen. Einen von ihnen aber sah ich jeden Tag, wenn ich auf dem Weg zum Unterricht des Meisters war. Die Lepra hatte alle seine Finger und Zehen zerfressen. Ob ich ihm etwas gab oder nicht, stets grüßte er mich mit seinen verstümmelten Händen und schenkte mir sein schönstes Lächeln. Er war zur Gelassenheit gelangt, zur völligen Akzeptanz seines Schicksals, und das Glück stand ihm ins Gesicht geschrieben. Man erhält nicht immer genau das, was man gegeben hat. Ich kann Zeit geben und Geld dafür bekommen. Ich kann Liebe geben und Ruhm dafür bekommen. Man bekommt auch nicht immer unbedingt etwas von dem Menschen, dem man etwas gegeben hat. Ich kann einem Menschen meine Liebe schenken und von einem anderen Liebe bekommen. Ich kann einem Menschen an einem Tag helfen, und wenn ich einmal in Not bin, hilft mir ein anderer. Wichtig ist, dass ich geben kann um der einfachen Freude am Geben willen, ohne irgendetwas dafür zurückzuerwarten, und dass ich in Dankbarkeit empfangen kann.

Unser Herz zu öffnen bedeutet, uns empfänglich zu machen. Wenn ich gebe, damit der andere mich liebt, aber gleichzeitig mein Herz verschließe, um mich selbst zu schützen, entsteht kein wirklicher Austausch. Früher oder später fühle ich mich dann leer vom Geben. Ich könnte meinem Partner seine unersättlichen Ansprüche vorwerfen, aber wo ist da der Austausch? Vielleicht kommen die unersättlichen Ansprüche meines Partners ja daher, dass das, was ich ihm gebe, ihn nicht satt macht und er ist deshalb immer so ausgehungert.

In einer Liebesbeziehung ist dieses Gesetz des Austauschs unerlässlich, damit die Liebe fortbesteht. Am Anfang einer Beziehung will jeder dem anderen etwas geben und weiß zu schätzen, was der andere für ihn tut. Aber manchmal kommt es vor, dass die Partner, sobald sie den Bund der Ehe geschlossen haben oder zusammenleben, anfangen, sich darüber Gedanken zu machen, was sie vom anderen erhalten. Will sie heute Abend mit mir schlafen? Wird er an unseren Hochzeitstag denken? Ganz allmählich vergessen wir die liebevollen Worte und zärtlichen Gesten vom Anfang. Die Arbeit gewinnt die Oberhand. Wir stellen den Kauf materieller Güter in den Vordergrund. Und auch der andere wird zu einem Objekt der Befriedigung. Wir wollen, dass er unseren Erwartungen entspricht, uns unsere Wünsche erfüllt, und wenn er sich dem nicht beugt, machen wir ihm Vorwürfe. Wenn der Austausch endet, endet die Liebe.

Andere zu lieben hat nichts damit zu tun zu erhalten, was wir von anderen erwarten. Manch einer verwechselt "Ich liebe dich" mit "Ich liebe, was du mir gibst", "Ich liebe es, dass du mir Sachen sagst, die ich gerne höre", "Ich liebe es, dass du Dinge machst, die mir gefallen" und so weiter.

Andere zu lieben hat auch nichts mit dem Wunsch zu tun, andere zu besitzen. Die Liebe, die uns in unserer Erziehung beigebracht wurde, war für die meisten von uns mehr auf dieses

Bedürfnis ausgerichtet, den anderen zu besitzen: "Er ist **mein** Mann", "Sie ist **meine** Frau", "**Meine** bessere Hälfte", "Sie sind **meine** Kinder". Diese Form von besitzergreifender Liebe ist höchst einschränkend.

"Auf keinen Fall fährt **meine** Frau ohne mich in Urlaub, da wir verheiratet sind."

"Auf keinen Fall geht **mein** Mann freitagabends mit seinen Freunden aus, seine Familie kommt zuerst."

"Auf keinen Fall bricht **mein** Sohn die Schule ab. Solange er noch nicht im erwerbsfähigen Alter ist, geht er in die Schule, ob es ihm passt oder nicht."

"Auf keinen Fall trifft **meine** Tochter sich mit einem Schwarzen. Solange sie darauf nicht verzichtet, darf sie nicht ausgehen."

Die Possessivpronomen "mein" und "meine" bedeuten: Du gehörst mir, du bist mein und du wirst tun, was ich sage, weil ich dich liebe und will, dass du die Erwartungen erfüllst, die ich an dich habe."

Früher habe ich geglaubt, dass zur Liebe eine gewisse Dosis Besitzdenken und Eifersucht dazugehört. Wenn ein damaliger Partner von mir nicht eifersüchtig auf die Avancen eines anderen Mannes reagierte, dachte ich, dass er kein Interesse an mir habe und mich also nicht liebe. Aber auf meinem Weg habe ich festgestellt, dass diese Form von Liebe eine kindische Liebe war und wahre Liebe vollkommene Freiheit bedeutet.

Was die Luft für die Flamme ist, ist die Freiheit für die Liebe. Ohne Luft erstickt die Flamme, ohne Freiheit stirbt die Liebe.

Freiheit bedeutet, die Wahl zu haben

Das schließt nicht aus, dem anderen unsere Sicht der Dinge mitzuteilen, unsere Sorgen über ihn, unsere Unterstützung, um ihm zu helfen, Aspekte zu sehen, die er vielleicht nicht beachtet hat. Eine meiner Seminarteilnehmerinnen, deren Ehemann eine außereheliche Affäre hatte, hatte große Probleme mit diesem Begriff der "Freiheit" in der Liebe. "Wenn ich meinen Mann liebe, wie du die Liebe siehst", sagte sie zu mir, "dann muss ich ihn seine Sexualität außerhalb unserer Beziehung ausleben lassen."

Freiheit ist eine Sache, Verpflichtung eine andere. "Ja, dein Mann ist frei, mit seinem Körper zu tun, was er möchte, sein Körper gehört ihm. Aber auch du bist frei, dich für die Art von Verpflichtung zu entscheiden, die dir passt." Eine Verpflichtung ist ein Versprechen oder Übereinkommen, das Menschen aneinander bindet. "Auf welcher Grundlage wurde eure Beziehung geschlossen? Auf einer Grundlage der Monogamie oder der Polygamie?"

Der andere ist frei, aber das erspart ihm nicht die Konsequenzen aus seinen Entscheidungen. Wenn er sich entscheidet, seine Verpflichtung nicht zu achten, muss er damit rechnen, dass diese Verpflichtung gelöst wird.

Dem anderen Freiheit zu geben bedeutet, ihm das Recht zu geben zu sein, wer er ist, Entscheidungen zu treffen, die er treffen möchte, und Erfahrungen zu machen, die seiner Entwicklung entsprechen. Es bedeutet nicht, einverstanden mit seinem Verhalten oder seinen Entscheidungen zu sein. Mein Partner sagte zu mir: "Wenn du mich liebst, akzeptierst du mich so, wie ich bin, statt mich ändern zu wollen." Damit ließ er eine Einstellung erkennen, die nicht zu mir passte.

Ich antwortete ihm: "Ich liebe dich, aber diese Einstellung entspricht nicht dem, was ich leben möchte. Deshalb hast du die Wahl: Du behältst diese Einstellung und suchst dir eine Freundin, zu der das passt, oder du machst es dir bewusst und entscheidest, deine Einstellung zu ändern."

Natürlich haben wir das Recht zu sein und zu handeln, wie es uns gefällt, aber wir müssen dafür auch die Konsequenzen tragen. Was für uns gilt, gilt auch für andere.

Wenn Liebe **Freiheit** bedeutet, bedeutet sie auch **Respekt.** Sich zu lieben heißt auch, sich zu respektieren. Wenn ich anderen erlaube, mich respektlos zu behandeln, dann liebe ich mich selbst nicht genug. Und dadurch, dass ich ihre Respektlosigkeit akzeptiere, werde auch ich wiederum andere respektlos behandeln. Ich werde es vielleicht nicht auf dieselbe Weise tun, aber das Ergebnis wird dasselbe sein.

Mein früherer Partner schob seine eigenen Wünsche mir zuliebe viel zu oft beiseite. Wenn er "nein" sagen wollte, sagte er lieber "jein". Ich hörte nicht das "Nein", das sich hinter dem "Ja" versteckte. Ich hörte nur das "Ja", so dass wir dann immer machten, was ich vorschlug. Der Gefallen, den er mir zu tun glaubte, indem er seine eigenen Interessen zurückstellte, wurde für uns beide meistens zu Missfallen. Im Laufe der Jahre erkannte ich, wie sehr dieser Mann sich selbst nicht respektierte. Was ich aber nicht gesehen hatte, war, wie sehr diese Seite meines Mannes das Spiegelbild meines eigenen mangelnden Selbstrespekts war. Ich hatte es nicht gesehen, weil ich nicht auf dieselbe Weise handelte. Ich wusste sehr gut auszudrücken, was ich wollte und nicht wollte. Nicht im Ausdrücken meiner Wünsche war ich respektlos, sondern eher in meiner Furcht vor Konflikten. Um Konflikte zu vermeiden, schwieg ich in zahlreichen Situationen, dir mir nicht passten. Statt zum Beispiel einen Konflikt zu riskieren, indem ich ihn um Hilfe bat, zog ich es vor, mich nicht zu beklagen und doppelt oder sogar dreimal so viel zu arbeiten wie mein Partner, um unseren gemeinsamen Verpflichtungen oder unseren Aufgaben im Haushalt nachzukommen. Ich schwieg auch, um zu vermeiden, ihn zu kränken, ihn zu ärgern oder ihm zu missfallen. Ich nenne das "sich Frieden erkaufen".

Mit diesem mangelnden Selbstrespekt brachte ich auch ihm keinen Respekt entgegen, da ich nicht genügend berücksichtigte, was er mir mitzuteilen versuchte. Da ich nicht darauf hörte, was in mir vorging, hörte ich auch nicht darauf, was in ihm vorging.

Das erklärt wahrscheinlich, warum ich am Ende unserer Beziehung an Tinnitus litt.

Seitdem habe ich erkannt, dass sich Frieden erkaufen zu wollen etwas sehr Weibliches ist, denn das Weibliche verabscheut Konflikte, im Gegensatz zum Männlichen, das seine Kräfte im Konflikt misst. Das Weibliche meidet Konflikte, wann immer es geht. Genau das haben wohl die Frauen meiner Generation als Unterwürfigkeit ihrer Mütter abgelehnt. Es hat dazu geführt, dass wir unsere männliche Polarität zulasten unserer weiblichen Polarität entwickelt haben. Aber die Stärkung unserer männlichen Polarität hat uns trotzdem nicht von der Angst vor Konflikten befreit. Viele Männer haben in der Folge auch ihre männliche Polarität zugunsten ihrer weiblichen Polarität zurückgewiesen, weil sie wie die Frauen Konflikte vermeiden wollten, und sind deshalb, wann immer es ging, jeder Konfrontation mit ihrer Partnerin aus dem Weg gegangen. Einige Männer haben es dabei vorgezogen, subtil zu provozieren, um ihre Partnerin zu einer Reaktion zu bewegen und sie so für den Konflikt verantwortlich zu machen. Es ist ein Machtspiel, bei dem das Männliche sich daran freut, seine Kräfte mit anderen zu messen.

Das Paradoxe an all dem ist, dass ich früher eine Yang-Frau war, eine männliche Polarität, die ihrem eigenen Willen Vorrang einräumte, alle Entscheidungen traf, eine wahre Kämpferin war, aber große Angst vor Konflikten hatte. Heute habe ich meine Weiblichkeit wiedergefunden, den Yin-Teil in mir, der immer mehr auf seine Intuition hört, sich von seinen Empfindungen leiten lässt – auch wenn er sie nicht immer versteht – und den Ereignissen des Lebens vertraut, und ich habe keine Angst mehr vor Konflikten. Heute kann ich ohne Zorn und ohne Angst zu meinem Partner sagen: "Das passt mir nicht!", "Ich bin mit dem, was du sagst, nicht einverstanden!", "Du kannst mir diese Absicht unterstellen, aber das ist ungerechtfertigt!"

Indem ich mich selbst mehr liebe, behaupte ich mich selbst mehr und respektiere meinen Partner mehr. Indem ich mich ohne Zorn und ohne Konfrontation selbst behaupte, vereine ich meinen männlichen Teil, der sich verteidigt, mit meinem weiblichen Teil, der in keinen Konflikt geraten will. Beide vereint führen zu wahrer Stärke, und mein Partner oder die anderen können gar nicht anders, als mich zu respektieren.

Ohne Selbstliebe, die immer mit Selbstrespekt gekoppelt ist, hätte ich nicht verstanden, was **"andere lieben wie mich selbst"** wirklich bedeutet.

Liebe ist ein Geschenk. Vielen Menschen fällt es schwer, es entgegenzunehmen. Das liegt daran, dass sie niemals etwas kostenlos oder ohne Erwartungen tun oder hergeben. Sie erwarten immer etwas zurück, und sei es nur die Wertschätzung oder die Liebe des anderen. Wenn wir geben und dabei etwas erwarten, dann fühlen wir uns verpflichtet, etwas zurückzugeben, wenn wir selbst etwas erhalten. Und da die meisten Menschen Angst davor haben, anderen etwas zu schulden, ziehen sie es vor, nichts zu verlangen und nichts zu erhalten.

Wenn wir gelernt haben, kostenlos zu empfangen,
können wir kostenlos geben.

Jemand anderen zu lieben beinhaltet, nichts zu erwarten, ja sogar, völlig losgelöst zu sein. Würdest du den Menschen, den du auf der Welt am meisten liebst, in völliger Akzeptanz und Losgelöstheit für immer gehen lassen, weil er andere Erfahrungen machen muss, in denen du keine Rolle spielst? Wenn du die Frage mit "ja" beantworten kannst, dann liebst du ihn wirklich. Der größte Ausdruck von Liebe ist es, **mit offenen Händen zu lieben.** Den anderen zu lieben wie einen Vogel, der sich auf deine Hände gesetzt hat, ihm das Beste von dir zu geben und die Hände geöffnet zu lassen, damit er zu gegebener Zeit wieder losfliegen kann. Ihn festhalten zu wollen, ist keine Liebe, sondern der Wunsch, deine eigenen Bedürfnisse zu befriedigen. Dieser Vogel kann dein Kind sein, dein Partner, dein Vater, deine Mutter oder dein Freund ...

Wir sind immer allein, wenn wir Liebe erwarten.
Wir sind niemals allein, wenn wir Liebe zu geben haben.

Jemand anderen zu lieben wie uns selbst, bedeutet ...

- ihm unser Herz zu öffnen.
- ihm einen Platz in unserem Herzen einzuräumen.
- ihm das Recht zuzugestehen, auf seine Weise und in seinem Rhythmus zu leben und seine Erfahrungen zu machen.
- ihn an unseren Erkenntnissen teilhaben zu lassen, damit auch er davon profitieren kann.
- ihm den Weg aufzuzeigen, nach dem wir jahrelang gesucht haben.
- ihm mit unserem Herzen zuzuhören.
- ihm Aufmerksamkeit zu schenken.
- ihn anzunehmen und nicht zu verurteilen oder zu kritisieren, wenn er gegen Regeln verstoßen hat, die wir uns selbst auferlegt haben.
- ihm zu vergeben, auch wenn er uns verletzt hat oder uns Kummer gemacht hat.
- glücklich zu sein, dass er glücklich ist, auch wenn das nicht unser Verdienst ist und wir nichts dazu beigetragen haben.
- nachsichtig zu sein, auch wenn er uns zum zehnten Mal dasselbe sagt.
- ihm aufrichtig zu seinem Erfolg zu gratulieren, wenn wir selbst Misserfolg hatten.

- ihm "AufWiedersehen" oder "Mach's gut" zu sagen, wenn er gehen will oder uns verlässt.

Wenn wir jemand anderen wirklich im tiefsten Sinne lieben können, erreichen wir die dritte Stufe der Liebe.

Liebe ist aus Teilen, gegenseitiger Hilfe,
Verständnis, Respekt und Freiheit gemacht.

Sorge dich nicht so sehr darum, von anderen geliebt zu werden, sondern konzentriere deine Energie darauf, dich selbst und die Wesen um dich herum zu lieben. Dann wirst du den tiefen Sinn dieser Worte erkennen:

Je mehr du liebst, desto mehr wirst du geliebt werden,
und die Liebe wird dich mit ihren
Segnungen überschütten.
Du wirst Leben in seiner ganzen Fülle geben
und empfangen. In deiner Nähe werden Kranke
wieder gesund werden.
Die Liebe ist die Wissenschaft aller Wissenschaften.
Intelligenz ohne Liebe ist nichts als Torheit.

Auszug aus "Möge die Liebe dein Schild sein"
Verfasser unbekannt

Keine Freude, kein Frieden, kein Glück kann ohne dieses Gesetz des Austauschs existieren. Achte darauf, was den anderen glücklich macht, ohne dich dabei selbst zu vergessen. Wenn du denkst: "Wenn er nett zu mir ist, dann bin ich auch nett zu ihm", ist das, als würdest du zur Erde sagen: "Gib mir zuerst deine Früchte, dann gebe ich dir danach die Saaten." Wenn du empfangen willst, gib zuerst, und wie die Erde wird man dir zurückgeben, was du gegeben hast. Das sind die Grundlagen der Liebe. Ohne diese Grundlagen werden wir die Liebe lange in vielen verschiedenen Beziehungen suchen, von denen eine enttäuschender sein wird als die andere.

Im Kapitel über das emotionale Gedächtnis haben wir gesehen, dass aus allen unseren (angenehmen wie unangenehmen) Erfahrungen Gleichungen entstanden sind, die in diesem Gedächtnis gespeichert wurden.

Unsere Eltern waren unsere ersten Vorbilder, um lieben zu lernen, und aus unseren ersten Erfahrungen mit der Liebe haben sich Gleichungen für uns ergeben.

Als ich mir die Frage gestellt habe: "Auf welche Weise habe ich zu lieben gelernt?", war die erste Antwort, die mir in den Sinn kam: durch Warten und auf Distanz. Ich habe sehr früh begonnen, auf meine Mutter zu warten. Schon mit sechs Jahren hatte sie mich in ein Internat gegeben, das wir nur an Weihnachten und in den Sommerferien verließen. Ansonsten sahen wir unsere Eltern nur sonntags im Besuchszimmer. Jede Woche lebte ich in der Hoffnung, dass meine Mutter an diesem Sonntag kommen würde, aber sie kam nicht. Dann verließ ich das Internat. Meine Mutter arbeitete viel, war praktisch nie zu Hause und wenn sie da war, hatte sie nie Zeit für mich.

Als ich elf Jahre alt war, erlaubte sie mir, sie freitagabends auf die Arbeit zu begleiten, um ihr dort zu helfen. Diese Momente neben ihr im Bus, wenn wir zu ihrer Arbeitsstelle fuhren, waren meine einzigen gemeinsamen Momente mit ihr. Meine Schlussfolgerung daraus war: *Arbeit = Vertrautheit.*

Daraus entstanden die Gleichungen: ***Liebe = Warten und Distanz*** und ***gemeinsame Arbeit mit dem anderen = Nähe, Teilen.***

Und das habe ich dann mit allen Männern erlebt, die ich geliebt habe. Ich habe auf sie gewartet, litt unter der Distanz zu ihnen und die schönsten gemeinsamen Momente mit ihnen fanden bei der Arbeit statt. Außerhalb der Arbeit gab es für mich diese schöne Vertrautheit mit ihnen nicht.

Trotzdem verspürte ich nach einiger Zeit immer das Bedürfnis, mich von meinem Partner zu distanzieren, um die Flamme wieder zu entfachen, die durch die etwas zu permanente Nähe niederzubrennen begann. Durch die Distanz lebte sie wieder auf, denn so hatte ich gelernt zu lieben – auf Distanz und durch Warten.

Als mir das bewusst wurde, erkannte ich, dass ich lernen musste, aus der Nähe statt auf Distanz zu lieben. Ich schloss daraus, dass *Liebe durch Warten* gleich *Leid* war und *Liebe aus der Nähe* gleichbedeutend mit *Fülle* war. Nähe bedeutet nicht, ständig zusammen zu sein, sondern uns in Liebe vereint zu fühlen, egal, was wir tun und wo wir sind. Ich fühlte mich von meiner Mutter getrennt, aber sie war mir mit ihrer Liebe immer nahe.

Für meine Mutter war ***Liebe*** gleichbedeutend mit ***Ernährung***. Zu arbeiten, um ihre Kinder zu ernähren, bedeutete für sie, sie zu lieben.

Wie oft habe ich sie sagen hören: "Meine Kinder sind nie mit leerem Magen ins Bett gegangen." Bei diesen Worten von ihr dachte ich manchmal: *"Nicht mit leerem Magen, Mama, sondern mit leerem Herzen ..."* Ich wartete immer darauf, dass sie Zeit für mich hatte.

Ich habe diese Gleichung meiner Mutter nie gekannt, bis ich nach Marokko reiste und eine Marokkanerin mir sagte, dass für Marokkaner Liebe durch den Magen geht. Deswegen schreibt man dem Essen so eine große Bedeutung zu. Die Familien versammeln sich um einen großen, reich gedeckten Tisch. Ich verstehe jetzt, warum meine Mutter immer schon Wochen im Voraus das Essen vorbereitete, das sie an Ostern oder Silvester servieren wollte.

Liebe bedeutet, seine eigenen Bedürfnisse für den geliebten Menschen außer Acht zu lassen!

Mein Partner wiederum hatte gelernt, in **Resignation** zu lieben. Wenn seine Mutter ihn als Kind um etwas bat und er sich nur ein klein wenig sträubte, sagte sie zu ihm: "Tu es für deine Mama ..." Für ihn bedeutete das: "Wenn du mich liebst, wirst du etwas für mich tun, auch wenn du keine Lust dazu hast." Er schloss daraus: **Liebe bedeutet, seine eigenen Bedürfnisse außer Acht zu lassen.** Und genau das tat er den Großteil seines Lebens: Er nahm die Menschen, die er liebte, wichtiger als sich selbst. Das hatte zur Folge, dass er sich als Verlierer fühlte und rebellierte, noch zusätzlich zu dem Dilemma, in das er dadurch geraten war: ***in einer Liebesbeziehung leben = sich selbst aufgeben*** und ***allein leben = nur für sich selbst existieren.***

Einerseits wünschte er sich eine schöne Liebesbeziehung, aber gleichzeitig wusste er nicht, wie er darin nur für sich selbst existieren konnte. Bevor er mit mir zusammenkam, hatte er Beziehungen geführt, die alle nur von kurzer Dauer gewesen waren. Da ich gelernt hatte, auf Distanz zu lieben, ließ ich ihm genügend Freiraum, um an sich selbst zu denken. Auf diese Weise konnten wir eine dauerhafte Beziehung führen.

Liebe bedeutet zu dienen!

Imen ist Muslimin. Von ihrer Mutter hat sie gelernt, dass einen Mann zu lieben bedeutet, ihm zu dienen und ihm jeden Wunsch von den Augen abzulesen. Eines Tages, als sie auf der Hochzeit eines Cousins waren, stellte ihr Mann sie einem seiner Freunde vor und sagte: "Darf ich dir meine Sklavin vorstellen ..." Und Imen fügte hinzu: "Und ich bin stolz darauf."

Wir im Westen beklagen uns manchmal über diese Frauen, die sich ihrem Mann oder ihrer Familie voll und ganz unterwerfen.

Wir würden ihnen wünschen, dieselbe Freiheit genießen zu können wie wir. Aber Imen hatte überhaupt nicht das Gefühl, schlecht behandelt zu werden. Sie hatte gelernt, auf diese Weise zu lieben: indem sie sich selbst zurückstellte, um sich um ihren Ehemann zu kümmern.

Wenn wir kaum Rücksicht auf uns selbst nehmen, schaffen wir die Voraussetzungen dafür, dass auch andere wenig Rücksicht auf uns nehmen. Genau das musste Imen lernen.

Paola hat gelernt, durch Konflikte zu lieben

Paola ist in einem konfliktreichen Umfeld aufgewachsen. Ihr alkoholabhängiger Vater stritt oft mit ihrer Mutter, wenn er betrunken war. Aber wenn er wieder nüchtern war, bereute er alles, und dann war er ein netter, humorvoller, witziger und sogar anhänglicher Mann. Paolas Gleichung lautet: ***lieben*** = ***andere verstehen*** und ***Konflikte*** = ***andere noch besser verstehen,*** *also* ***noch mehr lieben***. Das galt auch umgekehrt: ***keine Konflikte*** = ***Monotonie und Abwesenheit von Liebe***.

Paola heiratete einen Mann, der viele Probleme hatte. Sie stritt viel mit ihm und versuchte, ihn zu verstehen und ihm zu helfen. Dann wurde ihr eines Tages klar, dass diese Beziehung ihr ihre ganze Energie raubte. Sie dachte: “Wenn ich weiter mit diesem Mann zusammenbleibe, ersticke ich gefühlsmäßig.” Sie beendete die Beziehung.

Dann begegnete sie einem Mann, mit dem sie eine feste Beziehung einging. Anfangs war alles harmonisch zwischen ihnen. Sie fragte sich: “Liebe ich ihn? Diese Beziehung bringt mich ja gar nicht aus der Fassung und tut mir nicht weh?” Dann kam es zu einem großen Streit. Es hagelte Verletzungen und Drohungen auf beiden Seiten. Beide beschlossen, sich zurückzuziehen und nachzudenken. Dieser Mann kam zu ihr zurück, genauso wie ihr

Vater wie ein begossener Pudel immer wieder zu ihrer Mutter zurückgekommen war. Sie schloss ihn in die Arme und fühlte in diesem Moment all ihre Liebe zu ihm. Ihr Leben war eine Abfolge aus Streit und Versöhnung.

Paola wurde sich dessen bewusst und sagte zu mir: "Mir wird klar, wie oft ich Streit provoziert habe, um mich zu vergewissern, dass ich diesen Mann liebte. Denn wenn wir eine Zeit lang nicht mehr gestritten hatten, hatte ich nicht mehr das Gefühl, ihn zu lieben. Konflikte waren für mich eine Art Stimulation, das i-Tüpfelchen unserer Beziehung. Aber mir war nie aufgefallen, dass ich gelernt habe, auf diese Weise zu lieben."

Marlène hat verstanden, dass Liebe bedeutet, tapfer zu sein

Sie hatte ihre Mutter zum Vorbild, die alleinerziehend mit mehreren Kindern gewesen war. Sie stand früh auf und arbeitete bis zur Erschöpfung, um ihre Familie zu ernähren. Marlène war sich nicht bewusst, dass sie das Szenario ihrer Mutter wiederholte, indem sie ein Leben führte, das ihr sehr wenig Zeit ließ, um sich zu entspannen oder eigenen Hobbys nachzugehen. Sie tröstete sich damit, dass sie ihre Kinder und ihre Arbeit über alles liebte.

Susana hat gelernt, dass Liebe bedeutet, anderen eine Freude zu machen

Susana hat eine depressive Mutter, die dazu neigt, sich in ihrem Zimmer einzuschließen. Um zu kompensieren, was sie Susana an Aufmerksamkeit nicht geben kann, gibt sie ihr Geld, womit Susana sich Kleidung und Dinge kauft, die ihr Freude machen. Ihr Vater besitzt eine große Firma und ist kaum zu Hause, aber wenn er da ist, kocht Susana ihm leckeres Essen und versucht, so gut sie kann, ihm eine Freude zu machen.

Susana heiratete einen Mann ganz wie ihr Vater, der oft beruflich nicht zu Hause war, sie aber wie ihre Mutter mit Geld überhäufte. Susana verbrachte einen Großteil ihres Lebens damit, sich damit zu trösten, öfters das Auto oder das Haus zu wechseln und häufig shoppen zu gehen, um sich selbst, ihrem Mann oder ihren Kindern eine Freude zu machen. Aber gleichzeitig fühlte sie eine Leere in sich, die all das Geld und das, was sie damit anstellte, nicht füllen konnten.

Susana hatte sich wegen eines Gewichtsproblems an mich gewandt, sich aber nie gefragt, auf welche Weise sie zu lieben gelernt hatte. Ihre Gleichung lautete: ***Liebe = anderen eine Freude machen und sich darüber hinwegtrösten, was andere dir nicht geben können.***

Wenn wir wie Susana die Gleichung ***Liebe = anderen eine Freude machen*** verinnerlicht haben, dann fällt es uns sehr schwer, anderen etwas abzuschlagen oder nein zu ihnen zu sagen. Denn mit dieser Gleichung gilt für uns entsprechend auch die Gleichung ***anderen keine Freude machen = andere enttäuschen und sie nicht lieben***.

Und du, auf welche Weise hast du zu lieben gelernt?

Was sind deine Gleichungen in Sachen Liebe?

Hast du vielleicht gelernt zu lieben wie ich, auf Distanz und durch Warten? Oder wie die Männer in meinem Leben, durch Resignation und Selbstvernachlässigung? Oder auch durch Zuvorkommenheit und indem du dich selbst zurückstellst? Vielleicht wie Paola durch Streit oder wie Susana durch Hinwegtrösten und den Wunsch, anderen eine Freude zu machen?

Ich habe gelernt, durch .... zu lieben.

Die daraus folgende Gleichung lautet: ....

Und ihre Umkehrung lautet: ....

Zeigst du auf diese Art und Weise immer noch deine Art zu lieben oder fühlst du dich auf diese Art und Weise immer noch geliebt?

Ist diese Art zu lieben förderlich für dich?

Falls nicht, wie könntest du die jeweiligen Gleichungen umwandeln?

Mein Partner hat beschlossen, dass er lernen wird zu lieben, ohne sich selbst zu vernachlässigen.

Paola hat beschlossen, dass sie von nun an lernen wird, in Frieden und Harmonie zu lieben.

Susana hat beschlossen, dass sie lernen wird, durch echtes Teilen zu lieben, bei dem ein Austausch stattfindet und es keine Einbahnstraßen gibt.

Und ich habe beschlossen, aus der Nähe statt auf Distanz zu lieben.

Und du, was wirst du beschließen? Für welche Erfahrungen möchtest du dich jetzt in deinem Leben entscheiden?

Ich lerne von jetzt an, durch .... zu lieben.

Die Liebe ist das Wasser,
das den Garten deines Lebens bewässert
und ihm Blumen und Früchte beschert.

Nimm sie an, auf dass deine Werke groß werden
und zur Weiterentwicklung des Menschen beitragen.

Auszug aus "Möge die Liebe dein Schild sein"
Verfasser unbekannt

9. KAPITEL

Ich mache mir meine schöpferische Kraft bewusst

Man darf nicht an das Ziel denken,
man muss nur vorankommen wollen.
Auf diese Weise ist es einem sogar möglich,
die doppelte Strecke mühelos zurückzulegen.

Bernard Werber

Uns wird schon lange gesagt, der Mensch sei ein Ebenbild Gottes in dem Sinne, dass nur der Mensch Schöpfungskraft besitzt. Genauer wäre es, von "Materialisierung" zu sprechen, denn wie Antoine Laurent de Lavoisier es formuliert hat: "Nichts geht verloren, nichts wird geschaffen, alles verwandelt sich." Auch die Quantentheorie bestätigt das, denn sie lehrt uns, dass das Licht Welle und Teilchen zugleich ist. Einstein hat die Welt der Wissenschaft mit seiner Relativitätstheorie $E = mc^2$ revolutioniert, der zufolge Energie Masse (Materie) erzeugen kann und umgekehrt. Die großen Weisen stimmen voll und ganz mit Einstein überein, erklären es aber auf eine andere Weise.

Vor Jahren habe ich einmal einen Vortrag des Meisters Swami Satchidananda besucht. Er nahm einen Schal und fragte die Gruppe, was sie sah. "Einen Schal", antworteten die meisten. Dann löste er die miteinander verwobenen Fäden. Nun hatte er einen ganzen Haufen Fäden vor sich und fragte die Gruppe erneut, was sie diesmal sah. "Fäden", antworteten die Teilnehmer. Der Meister verbrannte die Fäden und fragte die Gruppe: "Wo ist der Schal hin? Ist er verschwunden?" Alle stimmten überein, dass der Schal eine Verwandlung in Fäden und dann in Asche durchlaufen hatte. Dies bestätigt Lavoisiers Theorie, dass nichts verloren geht, nichts geschaffen wird und sich alles verwandelt. Es bestätigt auch Einsteins Theorie, der zufolge alles relativ ist in dem Sinne, dass alles, was existiert, nur eine vorübergehende Manifestation von Energie ist und diese Energie Masse erzeugen kann oder umgekehrt. Wenn man zum Beispiel Masse verbrennt, wird dadurch Energie erzeugt.

* Unsere Gedanken sind Energie

Um sich zu materialisieren, ziehen unsere Gedanken die Teilchen an, die dem Bild entsprechen, das sie in sich tragen. Dies lässt sich als Anziehungskraft definieren.

Wir schwimmen ständig in einer Flut aus Gedanken, die wir frei sind, zu akzeptieren oder abzulehnen. Diese Gedanken unterscheiden sich je nach der Schwingungsfrequenz, die wir akzeptieren. Wenn wir zum Beispiel eine Kirche betreten und uns von der Schwingung dieses Ortes erfüllen lassen, werden wir wahrscheinlich nicht dieselben Gedanken haben, wie wenn wir auf dem Börsenparkett in New York stehen.

Unsere Empfindungen und Interessen (worauf wir unsere Aufmerksamkeit lenken) bestimmen also die Schwingungsqualität der Gedanken, die wir in unser Schwingungsfeld ziehen. Wenn unsere Interessen auf uns selbst gerichtet sind, haben wir keine altruistischen Gedanken, sondern eher egozentrische. Wenn aber umgekehrt unsere Interessen darauf abzielen, anderen nützlich zu sein, ziehen wir Gedanken an, die in diese Richtung gehen.

Diese Gedanken kommen zu uns, ohne dass wir uns darum bemühen müssten. Von diesen Gedanken behalten wir diejenigen, die uns interessieren oder die in Resonanz mit unserem Unbewussten treten. Diejenigen, für die wir uns kaum oder gar nicht interessieren, bewegen sich wieder von uns weg ins große Gedankenmeer.

Für ein besseres Verständnis dieses Phänomens können wir uns vorstellen, dass alle Informationen von elektromagnetischen Wellen transportiert werden. Wir können eine Vielzahl von Informationen empfangen, indem wir uns auf ihre jeweiligen Schwingungsfrequenzen einstellen. Um Zugang zu ihnen zu erhalten, müssen wir nur über einen Empfänger mit Antenne verfügen.

Dann erhalten wir je nach der Radiofrequenz, auf die wir uns einstellen, die entsprechende Information. Wenn ich mich auf eine Frequenz einstelle, auf der eine Sendung mit Sportnachrichten ausgestrahlt wird, sind die Chancen gering, dass ich etwas über Spiritualität höre, aber ich erhalte Informationen, die mit Sport zu tun haben.

Genau das passiert in der Welt der Gedanken oder der Welt des Geistes. Wir schwimmen in einem Gedankenmeer. Um Zugang dazu zu erhalten, brauchen wir einen funktionierenden Empfänger. Dieser Empfänger ist unser Gehirn. Je nach der Schwingungsfrequenz, auf die wir uns einstellen, erhalten wir Zugang zu bestimmten Gedanken und zu anderen eher nicht. Die großen Meister schwingen auf einer Frequenz, die bewirkt, dass allein ihre Gegenwart oder die Berührung eines Gegenstandes, mit dem sie Kontakt hatten, unser Leben verändern kann.

Einen Film anzusehen, Musik zu hören, ein Buch zu lesen oder mit Menschen zu sprechen, trägt uns unweigerlich in eine Gedankenflut, die auf der Frequenz des Films schwingt, den wir ansehen, des Buches, das wir lesen, der Musik, die wir hören, oder des Gespräches, das wir mit jemandem führen. Unser Leben kann eine neue Wendung nehmen, einfach, nachdem wir einen Film angesehen haben, ein Buch gelesen haben oder einem Menschen begegnet sind.

Hier ein Beispiel: Es war ein Samstagabend wie so viele, ich sah mir im Fernsehen einen Film an. Der Film hieß *Rückkehr nach Peyton Place*. Ich war elf Jahre alt. Es war die Geschichte einer jungen Schriftstellerin, die einen Roman über die Geschehnisse in ihrem Heimatdorf schrieb. Unter anderem schilderte sie ein Drama, das sich dort abgespielt hatte: Ihre beste Freundin war von ihrem Stiefvater missbraucht und von ihm schwanger worden. Der Arzt des Dorfes hatte ihr geholfen abzutreiben. Von seinem Erscheinen an schlug das Buch hohe Wellen und brachte ihr einen Prozess ein.

Es war ein zutiefst berührender Film, der großen Einfluss auf mein Leben hatte, da ich mich mit der Schriftstellerin identifizierte. Ihr Verleger hatte ihr dazu geraten, den Eindruck einer vernünftigen Person zu vermitteln, was bedeutete, dass sie weder Alkohol trinken noch rauchen durfte. Dieser Einfluss kann wahrscheinlich erklären, warum ich nie der Zigarette verfiel. In meiner Jugend rauchten alle meine Freundinnen, und ich galt als die Unbefleckte, weil ich nicht rauchte.

Am Ende dieses Spielfilms dachte ich: “Später werde ich Schriftstellerin.” Dieser gefasste Gedanke, dieser Entschluss war wie ein kleines Saatkorn, das von mir genährt werden konnte, damit es aufging. Alle unsere Gedanken besitzen das Potenzial zur Materialisierung. Doch wie Saatkörner materialisieren sich manche Gedanken schneller als andere. Karottensamen reifen in der Erde schneller als Eicheln.

Ich ging das Wagnis ein, einem Lehrer von diesem Wunsch zu erzählen. Der Lehrer erwiderte ironisch: "Du und Schriftstellerin? Du bringst doch noch nicht mal zehn Zeilen ohne 40 Rechtschreibfehler zustande, wie willst du da Schriftstellerin werden? Träum weiter ..."

Ich senkte den Kopf, fast beschämt, dass ich zu glauben gewagt hatte, ich könnte Schriftstellerin werden. Ich schob meinen Traum beiseite und erzählte niemandem mehr davon.

Jahrelang schlummerte dieser Wunsch in mir. Noch nicht einmal bei meiner Berufsorientierung dachte ich daran, überzeugt, dass ich nicht das Potenzial hatte, ihn zu verwirklichen. Stattdessen entschied ich mich für die wissenschaftliche Richtung.

Aber eines Tages kehrte der Traum zurück, und mich packte wieder die Lust zu schreiben. Ich weiß noch, wie ich mir sagte, als ich mich ganz zu Anfang dem Zentrum für persönliche Entwicklung anschloss: "Ich bin hier, um zu finden, was ich eines Tages schreiben werde."

Wenn unsere Interessen und Motivationen uns in eine Flut entsprechender Gedanken führen, werden unsere Gedanken uns hin zu Situationen oder Ereignissen derselben Art lenken. Deshalb heißt es: "Wenn der Schüler bereit ist, erscheint der Meister." Nicht der Meister entscheidet, zu einem bestimmten Schüler zu gehen. Nein! Es handelt sich vielmehr um eine Anziehungs- oder Einstellungsenergie. Der Radiomoderator spricht über ein Thema nicht, weil ein Hörer das Bedürfnis dazu hat, sondern es ist der Hörer, der durch sein Bedürfnis dahin gelenkt wird, sein Empfangsgerät genau in diesem Moment einzuschalten und sich auf diese Frequenz einzustellen, um genau das zu hören, was seinem Bedürfnis entspricht.

Mein kleines Saatkorn hatte das Bedürfnis, ermutigt zu werden, um zu wachsen. Also beschloss ich, an einem Seminar namens "Lebensbewältigung" teilzunehmen. Dieses Seminar wurde von Dr. Herbert Beierle geleitet. Ich weiß absolut nicht mehr, was er auf diesem Seminar zu uns gesagt hat. Ich erinnere mich nur noch, dass er uns singen ließ: *"Dream the impossible dream..."* ("Träum den unmöglichen Traum ...").

Ich holte meinen Wunsch zu schreiben wieder hervor, der 22 Jahre lang in mir geschlummert hatte, und schuf mir ein geistiges Bild, das diesem Traum entsprach. Ich schloss die Augen und sah mich am Ende eines Vortrags, den ich gerade gehalten hatte. Viele Menschen traten auf mich zu, um mich um eine persönliche Widmung in dem Buch zu bitten, das ich geschrieben hatte.

Als ich mir dieses geistige Bild erschuf, hatte ich noch nie einen Vortrag gehalten oder irgendeinen Text geschrieben. Das Bild materialisierte sich fünf Jahre später. In diesen fünf Jahren nährte ich das kleine Saatkorn dieses geistigen Bildes.

> Man bekommt niemals einen Traum,
> ohne auch die Kraft zu haben,
> ihn wahr werden zu lassen.
>
> Richard Bach

Allen Gedanken, die wir uns zu eigen machen, wohnt die Möglichkeit inne, das in ihnen enthaltene Bild zu materialisieren. Diese Gedanken sind sowohl unsere Ideen, Wünsche, Träume, Glaubenssätze und Entscheidungen als auch unsere Zweifel, Unsicherheiten, Befürchtungen, Ängste und so weiter. Die Materialisierung dieser Gedanken hängt von ihrer Entwicklung ab. Nur diejenigen Saatkörner, die gehegt und gepflegt werden, werden wachsen und Früchte tragen.

Der Ehemann einer meiner Seminarteilnehmerinnen war begeistert von einem Seminar namens "Immer der Gewinner" zurückgekommen. Maximal motiviert sagte er zu uns: "Auf diesem Seminar habe ich erkannt, dass ich einen Großteil meines Lebens mit negativem Denken und Schwarzmalerei verbracht habe. Aber das wird sich jetzt ändern. Ich habe die Absicht, positiv und zuversichtlich zu werden."

Ein Jahr später sah ich diesen Mann wieder. Seine Situation hatte sich nicht verändert. Nach dem Seminar war er absolut entschlossen gewesen, Saatkörner der Zuversicht und des Erfolgs zu säen, aber bei den ersten Schwierigkeiten hatte er aufgehört, sie zu nähren, und sich wieder um Saatkörner des Zweifels und der Schwarzmalerei gekümmert.

Wenn wir uns dieser Schöpfungs- oder Materialisierungskraft nicht bewusst sind und unter dem Einfluss unseres Geistes stehen, der zweifelt, Angst hat oder Worte und Absichten anderer negativ interpretiert, dann nutzen wir diese Schöpfungskraft, um uns unangenehme oder schmerzhafte Situationen zu erschaffen.

Und so sind unsere Materialisierungen oft genau das Gegenteil von dem, was wir uns eigentlich wünschen.

Die Ängste, die wir hegen, werden sich früher oder später materialisieren

Wenn ich durch ein Schulgebiet fuhr, hatte ich immer große Angst davor, mit einem Kind zusammenzustoßen. Eines Tages holte ich meine Tochter von der Schule ab, als ein kleiner Junge die Kontrolle über sein Fahrrad verlor und vor mein Auto stürzte. Zum Glück war ich langsam gefahren, und dem Kind war nichts passiert. Mir wurde diese Angst bewusst, die ich hegte, und ich legte sie ab, indem ich mir sagte: Sollte ich ein Kind umfahren, dann musste dieses Kind die Erfahrung machen, was aber natürlich nicht ausschloss, weiterhin vorsichtig zu sein. Befreit von diesem angsterfüllten Gedanken, schenkte ich ihm keine Energie mehr.

* Was geschieht mit Gedanken, die wir nicht mehr hegen?

Gedanken, die wir nicht mehr nähren, lösen sich von uns, um von Menschen angezogen zu werden, die auf derselben Frequenz wie sie schwingen.

Wenn wir zuversichtlich sind und eine positive Geisteshaltung pflegen, setzen wir uns nicht dem Einfluss von Gedanken aus, die von Entmutigung und Misserfolg geprägt sind und von Gemütern dieser niedrigen Ebene erzeugt werden.

Ein Optimist, der an Erfolg glaubt, bringt sich selbst in Einklang mit den Gedanken von Menschen, die wie er denken, was sein eigenes Zutrauen noch größer werden lässt. Wenn einen Menschen, dessen Gemüt ohnehin schon niedergeschlagen und depressiv ist, negative Gedanken erreichen, wird sein Zustand sich weiter verschlechtern. Wir ziehen also Gedanken an, die dieselbe Qualität haben wie unsere eigenen.

Ein Channel oder ein Medium zu sein bedeutet, die Fähigkeit zu haben, sich auf Schwingungsfrequenzen einzustimmen, die der zu übermittelnden Botschaft entsprechen. Deshalb können wir Medien begegnen, die uns Gedanken mit sehr hoher Schwingungsfrequenz übermitteln, die unser Leben zum Besseren wenden können, während uns andere Medien negative oder angstvolle Gedanken übermitteln können, die Zweifel in uns nähren und uns damit auf niedrigen Schwingungsfrequenzen halten.

"An ihren Früchten sollt ihr sie erkennen", sagte Jesus.

Seit 22 Jahren arbeite ich als Channel, um Unterweisungen zu geben. Ich beginne auf der Grundlage eines Kurses, einfach, um mir und meinen Teilnehmern geistige Sicherheit zu geben. Aber während ich unterweise, werde ich selbst unterwiesen. Anfangs wusste ich nicht, dass ich sozusagen eine Antenne zwischen den höheren Ebenen und meinen Teilnehmern war, aber während der Unterweisung dachte ich manchmal: "Mein Gott, wie interessant das ist, was ich ihnen da gerade erzähle!" Ich wusste nicht, woher es stammte und woher mein Wissen kam. Alles, was ich wusste, war, dass es richtig und vernünftig war. Manchmal bat ich meinen Partner zu notieren, was ich ihnen sagte, denn ich erinnerte mich nicht immer daran, was ich ihnen mitgeteilt hatte, während ich auf diese Frequenz eingestellt gewesen war.

Ich brauchte lange, um mich selbst als Channel zu erkennen, denn alle Medien, denen ich bisher begegnet war, mussten erst in Trance oder in einen veränderten Zustand eintreten, um diese Aufgabe als Antenne auszuführen. Ich trat ganz natürlich darin ein und kam auch ganz natürlich wieder heraus. Das führte dazu, dass meine Teilnehmer nicht zwischen den Unterweisungen aus dem Kurs und den Mitteilungen des geistigen Wesens unterscheiden konnten, dessen Sprachrohr ich war. Dadurch kam es zu Identifikationsproblemen, denn meine Teilnehmer verwechselten die Energie, die ich channelte, mit meiner Persönlichkeit. Sie erwarteten von mir, ständig dieser Jemand zu sein, den sie so wunderbar fanden, wenn ich mit diesen hohen Frequenzen verbunden war. Ganz abgesehen davon, dass das ohne mein Zutun geschah, sondern einfach dadurch, dass ich mich empfänglich für diese Frequenzen machte. Ich konnte diese Frequenzen wenige Momente oder mehrere Stunden lang channeln. In diesem Zustand spürte ich weder Müdigkeit noch Durst noch Hunger und verlor mein Zeitgefühl. Selbst meine Haut und mein Gesicht verwandelten sich unter der Einwirkung dieser hohen Frequenzen und wurden schöner.

Vielleicht hast du das ja selbst auch schon erlebt. Zum Beispiel hat ein Mensch, dem du geholfen hast, zu dir gesagt: "Ich weiß nicht, ob du noch weißt, was du zu mir gesagt hast, als ich zu dir gefahren bin. Das hat mir unglaublich geholfen. Es waren genau die Worte, ich hören musste!" Du bist völlig baff und fragst dich, was du wohl zu ihm gesagt hast, denn du kannst dich nicht mehr erinnern. Du kannst dich deshalb nicht mehr erinnern, weil in diesem Moment dein ehrlicher Wunsch, ihm behilflich zu sein, ohne etwas dafür zurückzuerwarten, dich auf hohe Frequenzen katapultiert hat. Genau dort hattest du Zugang zu diesem weisen Gedanken oder Satz, den du zu ihm gesagt hast.

In meinem Seminar "Erweckung zur Spiritualität" gab ich dieses Beispiel: "Jene, die wir spirituelle Meister nennen, sind vergleichbar mit Menschen, die es vermocht haben, die Sonne in ihre Heimstatt zu lassen. Wir suchen ihre Nähe und sind fasziniert von ihrem Strahlen, denn sie sind von der Sonne erleuchtet, die in ihnen scheint. Die Sonne ist Gott oder die Göttlichkeit in ihnen, und das offene Fenster ist ihr volles Bewusstsein. Einige Menschen möchten unbedingt solchen Meistern begegnen, aber sie vergessen dabei: Würden sie die Vorhänge vor ihrem Bewusstsein beiseiteschieben, dann würde die Sonne auch bei ihnen hineinscheinen wie bei den Meistern, und auch sie könnten andere mit ihrem Licht und ihrer Weisheit erhellen."

Um also Zugang zu Gedanken höherer Ebenen zu erhalten, müssen wir die Schwingungsfrequenz unserer Empfindungen und Motivationen erhöhen. Am meisten erhöhen können wir unsere Schwingungsfrequenz durch das Praktizieren von Geduld, Toleranz, Mitgefühl, Großzügigkeit, bedingungsloser Liebe und auch Bescheidenheit. Je mehr diese Eigenschaften in uns entwickelt werden, desto größer und losgelöster wird die Liebe, die wir ausstrahlen, und desto mehr haben wir Zugang zu diesem Wissen, das Weisheit ist und das uns mit unserer Göttlichkeit verbindet.

Aber wie schon Hermes Trismegistos sagte: **“Wie oben, so unten – wie unten, so oben.”**

Wenn unsere Gedanken eine niedrige Schwingungsfrequenz haben (Gedanken, die von Hass, Rache, Groll, Neid, Eifersucht, Zweifeln, Angst oder Stolz geprägt sind), ziehen sie weitere Gedanken mit niedriger Schwingungsfrequenz an, die von Milliarden auf diese Frequenz eingestellten Gehirnen ausgesendet werden.

So wie ein ins Wasser geworfener Stein Wellen erzeugt, die zu ihm zurückkehren, geschieht dies auch mit den Gedanken, die wir aussenden. Gedanken erzeugen Wellen, die sich im großen Gedankenmeer ausbreiten, das uns umgibt, und kehren verstärkt zu uns zurück.

Und da jeder Gedanke Anziehungskraft besitzt, ziehen Gedanken die entsprechenden Situationen in unser Leben.

Wenn ich den Gedanken hege, dass **das Leben ein Kampf ist,** wird mein Leben aus ständigen Kämpfen bestehen. Dann kann ich das Gefühl haben, mein Leben damit zu verbringen, mich mit irgendetwas herumzuschlagen.

Wenn ich den Gedanken hege, dass **man hart arbeiten muss,** um Geld zu verdienen oder Erfolg zu haben, ist es mehr als wahrscheinlich, dass ich viele Anstrengungen unternehmen muss, um ein anständiges Gehalt oder eine Beförderung zu bekommen.

Wenn ich den Gedanken hege, dass **man leiden muss, um zu wachsen**, kann es sein, dass ich mein Leben damit verbringe, Mühen und Schwierigkeiten zu überwinden.

Wenn ich denke, dass **die Welt schlecht ist,** kann es sein, dass ich besonders viel über Gewalt, Verbrechen, Suizide oder Kriege höre, was mich in meinem Denken bestätigen wird. Das kann dazu führen, dass ich in einer gewissen Entmutigung lebe, durch die Niederlagen, Schwierigkeiten und Probleme in meine Welt gezogen werden.

Nachrichtensendungen im Fernsehen transportieren eine Energie, die vorherrschend negativ ist. Es ist nichts Schlechtes daran, Nachrichten auf den großen Fernsehsendern zu sehen, vor allem wenn es wichtige Nachrichten sind. Aber es ist etwas ganz anderes, sie Tag für Tag zu konsumieren. Niemand zwingt uns, diese Nachrichten zu sehen, es ist unsere eigene Wahl. Mach dir nur einmal bewusst, auf welche Frequenz du dich einstellst, wenn du eine solche Fernsehsendung einschaltest, und mit wie vielen schwarzmalerischen, negativen Gedanken du in Resonanz trittst. Wenn du dir jeden Tag diese Nachrichten ansiehst und dich manchmal entmutigt fühlst, ohne genau zu wissen, warum, dann hast du deine Antwort und entscheidest dich vielleicht, achtsamer mit deinen feinstofflichen Körpern umzugehen.

Jede Fernsehsendung schwingt mit einer ihr eigenen Frequenz, mit der du in Resonanz trittst, wenn du ihr deine Aufmerksamkeit schenkst. Diese Schwingungsfrequenz lässt in dir eine Energie und Gedanken derselben Art entstehen.

Wenn den Menschen mehrheitlich bewusst würde, welche negativen Auswirkungen Fernsehsendungen mit Gewaltszenen auf Kinder, auf sie selbst und auf unsere Welt haben können, dann gäbe es solche Sendungen nicht mehr.

Leider braucht unsere Welt wohl immer noch Gewalt und Verbrechen, damit es eines Tages genügend Menschen gibt, die Frieden wollen. Krieg hat kein anderes Ziel als den Verkauf von Waffen und die Bereicherung jener, die die Macht zur Manipulation unserer Welt besitzen. Den einen liefert man Waffen, den anderen leiht man Geld, um sich Waffen zu kaufen. Und alle, die nichts von diesen Ränken von höchster Stelle (aber mit niedriger Schwingungsfrequenz) wissen, machen mit in ihrem Spiel, im

Namen eines Patriotismus, mit dem man sie vorher gründlich indoktriniert hat.

Wenn du jedoch in dir den Gedanken hegst, dass die alte Welt gerade dabei ist, sich in eine bessere Welt zu verwandeln, sendest du in diesem Moment positive Gedanken aus, die dich in Resonanz mit analogen Schwingungsfrequenzen bringen werden. Vielleicht wirst du daraufhin von Friedensbewegungen hören, von Betrieben, die sich für den Umweltschutz einsetzen, oder von Gruppen, die sich für das Gemeinwohl engagieren, und vielleicht wirst du dich auch selbst daran beteiligen? Deine Welt wird sich auf dem Glauben an und der Hoffnung auf eine bessere Welt aufbauen, was dich zuversichtlich und gelassen machen kann, trotz der traurigen Ereignisse, die praktisch überall auf der Welt geschehen.

Die Entwicklung der sozialen Netzwerke im Internet ist meiner Ansicht nach eine tolle Sache, denn durch sie können wir uns mit Menschen austauschen, die auf derselben Frequenz sind wie wir. Dadurch können wir objektivere und ermutigendere Informationen über die Geschehnisse in der Welt erhalten.

* Unsere Gedanken erschaffen unsere Realität

Dem Philosophen William James zufolge ist die größte Entdeckung seiner Generation, dass Menschen ihr Leben verändern können, wenn sie ihre Gedanken verändern.

Und du, was denkst du über das Leben? Was haben deine Eltern über das Leben gedacht oder gesagt?

Meine Mutter hat immer gesagt: "Man tut im Leben nicht, was man will, sondern was man kann." Und genauso lebte sie auch. Ihre Arbeit machte ihr keinen Spaß, sie führte nicht die Beziehung, die sie sich wünschte, und sie verbrachte ihr Leben damit, sich irgendwie anzupassen. "Man tut, was man kann", sagte sie.

Oder sie sagte zu mir: "Mein armes Töchterchen, man kann im Leben nicht alles haben", "Als Diener ist man kein König", "Geld fällt nicht vom Himmel" und so weiter. Und alles, was sie sagte, erlebte sie auch, ohne eine Sekunde daran zu denken, dass sie sich diese Realität selbst erschuf.

Als ich ihr von einem großen Projekt erzählte, das ich gerne verwirklichen wollte, erwiderte sie: "Mein armes Töchterchen, du träumst ja in Farbe!" Ich weiß nicht mehr, ob ich es nur gedacht oder ihr auch gesagt habe, aber ich dachte: "Mama, ich träume lieber in Farbe als in Schwarz-Weiß!"

Obwohl ich versuchte, ihre Schwingungsfrequenz abzuwehren, übernahm ich einige ihrer Glaubenssätze, die mich dann jahrelang begleiteten. Neben ihren Worten war da auch immer das Beispiel, das sie mir gab.

Meine Mutter arbeitete von morgens bis abends und oft bis an den Rand der Erschöpfung, um ihren Kindern das Beste zu bieten. Sie vermittelte uns also das Bild der tapferen Mutter. Die Gleichung, die sich daraus für mich ergab, war: ***hart arbeiten* = *Tapferkeit***. Und ihre Umkehrung traf ebenfalls zu: ***nicht arbeiten* = *Faulheit, mangelnde Tapferkeit.***

Außerdem war ***Tapferkeit* = *verdienstvoll***. Damit unser Handeln also verdienstvoll war, musste es uns harte Arbeit abverlangen. Was uns wenig Mühe oder **keine Mühe** abverlangte, war **nicht verdienstvoll.**

Der Einfluss, den das auf mein Leben hatte, sah so aus, dass ich mir selbst auferlegte, viel zu arbeiten, was mir viel Mühe abverlangte, so dass ich das Gefühl hatte, tapfer und verdienstvoll zu sein. Auf diese Weise zog ich Situationen an, in denen ich mir sagte, dass ich in diesem Leben ganz sicher noch Tapferkeit lernen musste. Ein Buch schrieb ich komplett per Hand, obwohl ich es auch am Computer hätte schreiben können. Wohl unbewusst versuchte ich, mir mehr Mühe abzuverlangen, um mir selbst einen größeren Verdienst dafür zuzuschreiben.

Auch der Umkehrschluss traf zu: Was mir durch das Channeling leicht zufiel, schenkte ich anderen, ohne mir selbst zuzugestehen, wie wertvoll es war. Und so nutzten andere meine Arbeit zu ihrem eigenen Vorteil, während ich mir viel Mühe gab, um weniger dafür zu erhalten.

Was du über dich selbst oder das Leben denkst,
bestimmt, was du jetzt gerade erlebst.

Jetzt möchte ich dich dazu einladen, einmal die folgende Übung zu machen:

Was denke ich über mich selbst?

Was denke ich über das Leben?

Was denke ich über meine Arbeit?

Was haben meine Eltern über das Leben und sich selbst gedacht oder gesagt?

Ähnelt das, was du gerade erlebst, eher dem, was du denkst, oder dem, was deine Eltern über das Leben gedacht oder gesagt haben?

Welche neuen Gedanken willst du dir von jetzt an zu eigen machen?

Gedanken wie:

"Das Leben ist mein Freund."

"Das Leben meint es gut mit mir."

"Das Leben ist ein wunderbares Abenteuer, bei dem wir entdecken, wer wir wirklich sind."

"Je mehr ich das Leben liebe, desto besser meint das Leben es mit mir."

“Das Leben ist Tag für Tag ein Geschenk.” Und so weiter.

Solche Gedanken sind förderlicher für uns als schwarzmalerische Phrasen wie:

“Das Leben ist hart.”

“Das Leben ist ein Kampf.”

“Jedem Tag seine Sorgen.”

Warum sollte uns jeder Tag nicht seinen Anteil Freude oder Glück bescheren? Glück besteht aus vielen kleinen Dingen, für die wir Dankbarkeit empfinden.

Und nun frage dich: “Was denke ich über die Menschen in meinem Umfeld (meinen Partner, meine Kinder, meine Arbeitskollegen, meinen Chef, meine Nachbarn und so weiter)?”

Wie wir gesehen haben, haben unsere Gedanken eine magnetische Anziehungskraft. Welcher Gedanke auch ausgesendet wird – er zieht die entsprechende Energie an. Wenn ich als Mann denke, dass Frauen nur auf Männer aus sind, die Geld haben, und ich keines habe, dann kann es sein, dass ich unter Einsamkeit leiden werde. Vielleicht werde ich auch feststellen, dass alle Frauen, die mich interessieren könnten, in einer Beziehung mit einem Mann sind, der finanziell gut gestellt ist, was mich in meinem Denken bestätigen wird. Denn unsere Gedanken ziehen Umstände zu uns hin, die unseren Gedanken recht geben.

Wie oft wurde mir schon, als ich jemandem seine Gedanken bewusst machen wollte, von demjenigen gesagt: “Aber das sind nicht meine Gedanken, das ist die Realität. Ich bin nicht der Einzige, dem es so geht.”

Warum erleben alle diese Menschen dieselbe Situation? Vielleicht deshalb, weil sie alle auf dieselbe Frequenz eingestellt sind? Vielleicht deshalb, weil sie alle dieselbe Lektion im Leben lernen müssen?

Andere behandeln uns der Schwingungsfrequenz entsprechend, auf die wir ihnen gegenüber eingestellt sind. Probiere das doch einmal mit einem Menschen aus, mit dem du gerade in einem Konflikt bist. Sende ihm gedanklich deine besten Gefühle. Bitte ihn (gedanklich) um Entschuldigung, falls du ihn im Affekt verletzt hast, oder vergib ihm, falls er dir in seinem Schmerz wehgetan hat. Dann beobachte, was passiert.

Eine Frau war in einem Konflikt mit ihrer Tochter. Diese hatte sie in den letzten fünf Jahren kein einziges Mal besucht, so sehr hatte sie sich ihrer Mutter gegenüber verschlossen. In einer Therapie erkannte die Mutter, warum ihre Tochter sich von ihr distanziert hatte, und öffnete ihr wieder ihr Herz. Einige Tage nach dieser Therapie rief ihre Tochter sie an, die keine Ahnung von der Therapiearbeit ihrer Mutter hatte, und sagte ihr, dass sie sie gerne wiedersehen würde. Die Mutter schrieb mir, dass es ihr gesundheitlich nun viel besser gehe und wie sehr sie sich freue, ihre Tochter wiedergefunden zu haben.

Eine Mutter bezeichnet ihr Kind als unerträglich, wohingegen sein Lehrer es ganz bezaubernd findet. Die Mutter fragt den Lehrer: "Was machen Sie bloß mit ihm, dass er freundlich zu Ihnen ist? Zu mir ist er unerträglich!" Der Junge ist tatsächlich unerträglich zu seiner Mutter, weil sie, statt sich Zeit zu nehmen, um ihr Kind besser zu verstehen, es zurückweist und denkt, dass es unerträglich ist. Der Lehrer hingegen versteht das Kind und hört ihm zu, und das Kind ist sehr freundlich zu ihm.

Verständnis statt Verurteilung

Durch sein Verständnis gelangen der Lehrer und damit auch sein Schüler auf hohe Frequenzen. Die Mutter hingegen verweilt mit ihren Gedanken über ihr Kind auf niedrigen Frequenzen, was ihr nur Beziehungsprobleme mit ihm einbringen kann.

Verändere deine Gedanken gegenüber anderen,
und du wirst sehen, wie sie sich dir gegenüber verändern.
Wer daran arbeitet, Harmonie zu schaffen,
schafft die Bedingungen dafür,
dass ihm die besten Dinge passieren.
Wer hingegen Disharmonie schafft,
schafft die Bedingungen dafür,
dass die besten Dinge sich in Luft auflösen.

* Und erst all die Glaubenssätze!

Wenn die Gedanken, die wir hegen, unsere Wirklichkeit formen, was ist dann mit unseren Glaubenssätzen? Wie viele Glaubenssätze haben wir uns bisher angeeignet, die ohne unser Wissen weiter eine Anziehungskraft haben, die uns im Leben nicht förderlich ist?

Glaubenssätze wie:

- Wer schön sein will, muss leiden.
- Geld allein macht nicht glücklich.
- Mit Schönheit kann man sich nichts zu essen kaufen.
- Man kann nicht alles haben.
- Je reicher, desto einsamer.
- Man muss sich sein Brot im Schweiße seines Angesichts verdienen.
- Die Großen fressen die Kleinen.
- Ein Unglück kommt selten allein.
- Man muss bezahlen, wenn man etwas lernen will.

- Das Leben ist kein Spaziergang.
- Das ist zu schön für die Ewigkeit.
- Ohne Fleiß kein Preis.
- Es gibt nur eine Gerechtigkeit auf der Welt, und das ist der Tod!

Es gab eine Zeit, in der ich unbewusst einige dieser falschen Glaubenssätze akzeptiert hatte. Damals sagte ich mir zum Beispiel oft: **"Man muss bezahlen, wenn man etwas lernen will."** Ich musste erst 50 000 Dollar Schulden anhäufen, bis ich mir wirklich der Macht dieser Affirmation bewusst wurde. Seitdem habe ich sie ersetzt durch: **"Man bezahlt mich, um etwas zu lernen."** Und so erlebe ich es heute.

Ein weiterer Glaubenssatz, den ich akzeptiert hatte, war: **"Man kann nicht alles haben."** In einer bestimmten Zeit fragte ich mich, warum ich in meinem Leben keinen Partner hatte, der zu mir passte. Mir wurde klar, dass ich, wenn ich diesen Partner hätte, alles haben würde. Ich habe diesen Glaubenssatz verändert und diesen Partner gefunden.

Kürzlich habe ich festgestellt, dass ich immer gesagt und gedacht habe: **"Frieden hat seinen Preis."** Mir ist bewusst geworden, dass ich mir während eines Großteils meines Lebens "Frieden erkauft" habe, wenn man das so nennen kann. Für mich war das Erkaufen von Frieden gleichbedeutend mit Konfliktvermeidung. Ich muss gestehen, dass dieser Frieden einen sehr hohen Preis für mich hatte. Als ich einen früheren Partner verließ, überließ ich ihm praktisch alles, was ich besaß, um ja in keinen Konflikt mit ihm zu geraten. Dasselbe machte ich auch mit meinen Kindern, meinen Freunden und meinen Lieben. Um nicht viel Aufhebens zu machen, schwieg ich und zahlte. Allerdings hatte ich das Gefühl, dass es sich dabei sehr oft um eine Einbahnstraße handelte und letztendlich immer ich es war, die mehr bezahlte als die anderen. Als mir das bewusst wurde, änderte ich es und sprach laut die folgende Affirmation: **"Ab jetzt glaube ich daran, dass Frieden gratis ist!"**

Wenn du solche falschen Glaubenssätze akzeptierst, werden sie in deinem Leben ihre Wirkung entfalten.

Von welchem falschen Glaubenssatz willst du dich als Erstes befreien?

Was wird dein neuer Glaubenssatz sein?

Jedes Mal, wenn du eine unangenehme Situation erlebst, frage dich, ob du vielleicht einen nachteiligen falschen Glaubenssatz im Zusammenhang mit dieser Situation hegst. Auf diese Weise kannst du jeden falschen Glaubenssatz verwandeln, der dir bewusst wird.

Auch unsere Worte erschaffen unsere Realität

Ein in Worten ausgesprochener Gedanke, dem wir Glauben schenken, ist gleichbedeutend mit einem Befehl, den wir unserem Unterbewusstsein erteilen.

Eine Kollegin sagte einmal zu mir: "Wenn ich genug Geld habe, um meine Rechnungen zu bezahlen, bin ich schon zufrieden." Und tatsächlich hatte sie immer genügend Geld, um ihre Rechnungen zu begleichen, aber niemals mehr als das.

Eine andere sagte: "Ich brauche ein Dessert nur anzusehen, und schon wiege ich ein Kilo mehr." Eine andere erwiderte: "Ich esse alles, was ich will, und nehme kein Gramm zu." Erstere war ständig auf Diät, während die andere problemlos ihr Gewicht halten konnte.

Viele Menschen verwenden gerne mal die Floskel: "In meinem Alter ist es normal, ..."

"In meinem Alter ist es normal zuzunehmen."

"In meinem Alter ist es normal, weniger Energie zu haben."

"In meinem Alter ist es normal, dass die Sehfähigkeit nachlässt."

Oder auch:

"In den Wechseljahren ist es normal, nachts Schweißausbrüche zu haben."

"In den Wechseljahren ist es normal, Hormone zu nehmen."

Was wir als "normal" betrachten, ist das, dem wir Glauben schenken. Was wir als Glaubenssatz hegen, wird über kurz oder lang genauso eintreten.

Wenn du glaubst, dass ein bestimmtes Medikament gut für dich ist, wird es das sein, während es für jemand anderen schädlich sein kann.

Wenn du glaubst, dass eine bestimmte Ernährung dich länger gesund oder jung hält, wird sie dich tatsächlich länger gesund oder jung halten.

Wenn du denkst, dass du stark gealtert bist, wirst du tatsächlich älter wirken.

Eine Freundin nannte ihren Mann "Alter". Obwohl er erst 32 Jahre alt war, sah er aus wie ein alter Mann.

Ohne unser Wissen kann es manchmal passieren, dass wir uns damit identifizieren, was andere zu uns sagen.

Einmal trat ich aus meinem Beratungsraum und begegnete einer Bekannten. "Du siehst müde aus!", sagte sie zu mir. Ich entgegnete leicht erschöpft: "Ja, ich bin gerade auch ziemlich müde." Während ich ihr das sagte, fühlte ich mich wirklich müde. Auf dem Weg zu meinem Auto lief ich einer weiteren Bekannten über den Weg, die zu mir sagte: "Oh, hallo Claudia, du sieht aber fit aus!" Das tat mir gut, und ich stimmte ihr zu und antwortete: "Stimmt, ich bin gerade ziemlich gut in Form." Und während ich ihr das sagte, fühlte ich wirklich, wie mein Energielevel anstieg. Ich staunte nicht schlecht.

Mach doch einmal selbst die Erfahrung. Sag dir innerlich mehrmals: "Ich bin müde!" und schau dir an, wie du dich fühlst. Sag dir dann innerlich mit voller Überzeugung: "Ich bin total fit!" und fühle den Unterschied.

Jacques Salomé sagte einmal: "Wenn ich mir selbst zuhören würde, würde ich mich selbst verstehen." Wenn wir uns selbst mehr zuhören würden, würden wir feststellen, wie wir Tag für Tag unsere Realität erschaffen.

Früher habe ich mir oft gesagt: "In letzter Minute laufe ich immer zu Höchstform auf!" Jahrelang, wenn ich etwas sehr Wichtiges zu schreiben hatte, geriet ich immer entweder in unvorhergesehene Schwierigkeiten oder ich war, wenn ich gerade Zeit hatte, nicht in der richtigen Geistesverfassung, so dass ich immer erst in letzter Minute den Artikel oder das Buch schrieb, den oder das ich abgeben musste. Heute sage ich mir: "Früh dran, kein Stress! Und besser bin ich dann auch noch."

Einmal schrieb ich: "Das Leben ist eine lange Treppe. Schade, dass so viele Leute auf den Aufzug warten." Ich schrieb das in einem Hotelzimmer im neunten Stock. Am Tag darauf wollte ich das Hotel verlassen. Ich hatte einen sehr wichtigen Termin. Ich wartete auf den Aufzug, der nicht kam, und erfuhr, dass es einen Stromausfall gab. Selbst das Notstromaggregat funktionierte nicht. Ich musste also mit meinem Gepäck zu Fuß die Hintertreppe nehmen.

Dann kam ich zu Hause an, damals wohnte ich im siebten Stock eines Hochhauses, und bekam direkt das nächste Beispiel präsentiert. Ich stand vor einem defekten Aufzug. Ich dachte: "Was ist denn bitte mit den ganzen Aufzügen los?" In diesem Moment fiel mir der Satz ein, den ich geschrieben hatte. Ich verwarf ihn und akzeptierte, dass das Leben zwar eine lange Treppe ist, aber man auch den Aufzug nehmen kann. Seit diesem Tag hatte ich nie mehr Probleme mit Aufzügen.

Zahlreiche Menschen, die sogar Bücher über die Macht des Unterbewusstseins gelesen haben, verwenden in ihrer Sprache trotzdem weiterhin Worte mit niedriger Schwingungsfrequenz, die ihnen genau das einbringen, was sie ihrem Unterbewusstsein befehlen.

Es sind Worte wie:

- Es läuft nicht so **schlecht,** was bedeutet: “Es läuft schlecht, aber nicht allzu sehr.”
- Es ist die **Mühe** nicht wert bedeutet: “Es macht Mühe.”
- Mir geht es **mies.**
- Das ist **verrückt.**
- Das ist **erschreckend.**
- Das ist **unmöglich.**
- Das ist **furchtbar.**
- Das ist **unglaublich.**
- Das macht mich **fertig.**
- Das macht mich **irre.**
- Das macht mich **krank.**
- Das **belastet** mich.
- Das macht mir **Angst.**

Und dann sind da noch all die Ausdrücke mit negativer Konnotation wie:

- Eine **verdammt gute** Idee!
- Das ist ja **schrecklich schön!**

- **Heilige Scheiße** – als hätte Scheiße etwas Heiliges!
- **Hier ist ja die Hölle los** = Die Atmosphäre hier heute Abend ist ja höllisch gut.
- **Ein Dreck!** Um zu sagen, was uns missfällt.
- **Verflucht!** Um etwas Unangenehmes oder Enttäuschendes zum Ausdruck zu bringen.
- **Elender Mist!** Um ein Problem oder etwas Enttäuschendes zum Ausdruck zu bringen.

Ich kannte einmal jemanden, der den Sprachtick hatte, immer "Super!" zu sagen. In jedem Satz von ihm fand sich ein "Super", und in seinem Leben lief auch alles einfach immer SUPER. Seitdem habe ich nicht nur das Wort "super" übernommen, sondern auch andere Wörter wie "wunderbar", "toll", "genial", und genau so erlebe ich es heute.

Achte also einmal etwas mehr auf diese Floskeln oder Ausdrücke und verändere sie:

- "Es läuft nicht so schlecht" zu "Es läuft ziemlich gut oder nicht ganz so gut" (je nach Fall)
- "Es ist die Mühe wert" zu "Es ist die Freude, den Spaß, den Versuch oder die Kosten wert"
- "Das macht mich fertig" zu "Das berührt mich"
- "Ich habe Schwierigkeiten oder Probleme" zu "Es fällt mir nicht so leicht"
- "Das ist erschreckend" zu "Das ist erstaunlich"
- "Das ist ja furchtbar" zu "Das ist ja schade oder traurig" (je nach Fall)
- "Das ist ja unglaublich" zu "Das ist ja überraschend!"

- "Das ist unmöglich" zu "Das ist ja ungewöhnlich! Fantastisch!"
- "Das ist zu viel!" zu "Das ist ja herrlich!"
- "Das ist verrückt" zu "Das ist ja verblüffend!"
- "Das ist die Hölle" zu "Das ist mehr, als ich erwartet habe!"
- "Das ist eine verdammt gute Gelegenheit" zu "Das ist eine hervorragende Gelegenheit!"

In Frankreich verwendet man häufig den Ausdruck **"à la limite"** ["wenn es wirklich sein muss; bestenfalls; unter Umständen; wörtlich: **"an der Grenze"**], zum Beispiel, wenn man jemandem vorschlägt: "Unter Umständen ('an der Grenze') könnten wir uns am Dienstagmorgen treffen." Durch diesen Ausdruck riskiert man, Situationen anzuziehen, in denen man sich eingeschränkt fühlt.

[Anm. d. Übers.: Im Deutschen wird ganz ähnlich der Ausdruck **"notfalls"** gebraucht, wodurch man Situationen anziehen könnte, die Zeitnot oder Stress verursachen.]

* Wir ziehen an, was wir denken

Ich sah einmal eine Fernsehsendung, in der diskutiert wurde, ob es akzeptabel ist, wenn der Chef das 20- bis 50-Fache eines Arbeiters verdient. Das erinnerte mich an ein Kartenspiel namens *Le Concierge* ["Der Hausmeister"]. Es wird mit vier Spielern gespielt. Der erste übernimmt die Rolle des Präsidenten, der zweite ist Vizepräsident, der dritte Sekretär und der vierte Hausmeister. Das Kartenspiel wird unter den Spielern folgendermaßen aufgeteilt: Der Präsident gibt seine zwei schlechtesten Karten dem Hausmeister, während dieser dem Präsidenten seine zwei besten Karten gibt. Der Vizepräsident wiederum gibt seinem Sekretär seine weniger gute Karte, der seinerseits dem Vizepräsidenten seine bessere Karte gibt. Bemerkenswerterweise zieht also jemand einfach dadurch, dass er die Rolle des Präsidenten innehat, die besten Karten an. Wohingegen derjenige mit der Rolle des Hausmeisters die schlechtesten Karten des Spiels anzieht. Obendrein muss er von den seltenen guten Karten, die er bekommt, die zwei besten an den Präsidenten abgeben und erhält von diesem auch nur dessen weniger gute Karten.

Es ist zwar nur ein Spiel, aber dieses Spiel zeigt zweifelsfrei, wie wir anziehen, was unseren Gedanken entspricht und dem, was wir denken, wert zu sein. Warum spielen wir in unserem Leben eine Rolle eher als eine andere? Was hat man uns glauben gemacht, wert zu sein, oder was glauben wir selbst, vom Leben erhalten zu können?

René Angélil, der Manager und Ehemann von Céline Dion, sagte einmal zu einer Journalistin: "Ich habe Céline von Anfang an wie eine große Künstlerin behandelt."

Nicht das, was du bist, hindert dich daran,
deine innigsten Wünsche zu verwirklichen,
sondern die Gedanken, die du hegst.

Solange ich den Glaubenssatz hegte, ich hätte kein Potenzial zum Schreiben, versuchte ich es noch nicht einmal.

Mach es dir also zur Gewohnheit, deinen positiven Gedanken Nahrung zu geben. Dann wirst du förderliche Situationen anziehen, um die Tür in ein neues Leben voller Freude, Glück und Erfolg zu öffnen:

- Das Beste ist für mich.
- Ich begegne immer ganz wunderbaren Menschen.
- Ich habe Talent.

- Ich bin in meinem Beruf anerkannt und werde geschätzt.
- Ich bin in Frieden mit mir selbst.
- Ich habe großes Potenzial.
- Ich habe ein hervorragendes Gedächtnis.
- Der Himmel beschützt mich.
- Mein Leben ist wundervoll.
- Ich werde geliebt.
- Meine Gesundheit verbessert sich von Tag zu Tag.
- Ich bin topfit.
- Ich bin jung und voller Ideen.
- Ich habe Erfolg in allem, was ich tue.

Ein kurzer, mit Entschlossenheit und Bestimmtheit wiederholter Satz ist mehr wert als eine schöne Affirmation, die ohne Überzeugung wiederholt wird. Jesus hat gesagt: **"Dir geschehe nach deinem Glauben."**

Das Schöne ist, dass wir die Wahl haben, diese Energie so zu nutzen, dass sie uns förderlich ist oder nachteilig für uns ist. Wenn ich eine neue Arbeitsstelle antreten muss und Angst habe, ihr nicht gewachsen zu sein, habe ich die Wahl, mir selbst zu sagen: "Das werde ich niemals schaffen, das ist zu viel für mich, das ist schwieriger und komplizierter, als ich dachte." Mit solchen Gedanken werde ich anziehen, dass der Chef mir mitteilt, dass ich die Kriterien der Stelle nicht erfülle, und mich entlässt.

Wenn ich aber, auch wenn ich Angst habe, es nicht zu schaffen oder der Stelle nicht gewachsen zu sein, mir selbst immer wieder sage: "Ich habe alles in mir, um erfolgreich zu sein, und ich werde erfolgreich sein", dann werden diese Worte in mir einen Motivationseffekt auslösen, und ich werde positive Energien anziehen, die mich unterstützen und mich zum Erfolg führen werden.

Du kannst dir auch angewöhnen, ein Buch mit positiven Gedanken auf deinen Nachttisch zu legen und vor dem Einschlafen einige Seiten darin zu lesen. Dein Unterbewusstsein wird sich während der Nacht positiv damit beschäftigen. Menschen, die Angst vor Mangel hatten, habe ich oft vorgeschlagen, sich vor dem Einschlafen immer wieder zu sagen: **“Lieber Gott (oder liebe göttliche Energie), schenk mir alles, was ich brauche, mit einer göttlichen Zugabe.”**

Wie oft wurde uns immer wieder gesagt, dass alles Schöne ein Ende hat. **Aber warum sollte alles Schöne nicht dauerhaft sein?** Wir haben dieses Buch angefangen mit: “Alles beginnt mit einem Entschluss!” Warum sollte nicht auch alles mit einem Entschluss weitergehen?

Hier sind einige Entschlüsse, die ich dir vorschlagen möchte. Wiederhole sie an 21 aufeinanderfolgenden Tagen, damit dein Unterbewusstsein sie akzeptiert und in die Tat umsetzt:

Ich weiß, dass ich, wenn ich Liebe säe,
Glück ernten werde.

Ich weiß, dass ich, wenn ich Geduld säe,
Schönheit ernten werde.

Ich weiß, dass ich, wenn ich Dankbarkeit säe,
Fülle ernten werde.

Ich weiß, dass ich, wenn ich Freundlichkeit säe,
die Wertschätzung anderer ernten werde.

Ich weiß, dass ich, wenn ich Freude säe,
Vergnügen ernten werde.

Ich weiß, dass ich, wenn ich Vertrauen säe,
Vertrauen in das Leben ernten werde.

Ich weiß, dass ich, wenn ich Verständnis säe,
Weisheit ernten werde.

Ich weiß, dass ich, wenn ich Beharrlichkeit säe,
Erfolg ernten werde.

Ich weiß, dass ich, wenn ich Bescheidenheit säe,
Ehre ernten werde.

Danksagung

Ich schreibe nun schon seit 30 Jahren. Anfangs war ich nur in Québec bekannt. Dann vertrieb DG Diffusions meine Bücher in europäischen Buchhandlungen, was mich in Frankreich, Belgien und der Schweiz bekannt machte. In der Folge interessierten sich weitere Verleger für meine Werke, so dass meine Bücher heute in Kanada, Frankreich, Belgien, der Schweiz, Italien, Spanien, Deutschland, Österreich, Russland, Tschechien, Südamerika und Japan gelesen werden, um nur diese Länder zu nennen.

All das wäre nicht möglich gewesen ohne meine lieben Leserinnen und Leser, die mir mitgeteilt haben, wie sehr meine Bücher ihnen geholfen haben. Ich danke euch von ganzem Herzen, dass ihr sie euren Lieben empfohlen oder geschenkt habt oder in den sozialen Netzwerken darüber gesprochen habt.

All das wäre auch nicht möglich gewesen ohne meine lieben Teilnehmerinnen und Teilnehmer, mit denen ich in meinen Seminaren so viel gelernt habe und die meine Bücher mit ihren Geschichten bereichert haben. Ich bin euch unendlich dankbar.

Auch möchte ich den Autorinnen und Autoren danken, die mich mit ihren Werken bereichert haben, und vor allem der Göttlichkeit, die mich in dem inspiriert, was ich schreibe und lehre.

Ein besonderer Dank geht an meinen Weggefährten Yvan Herin, der mich beim Schreiben unterstützt.

Und schließlich mein aufrichtiges Dankeschön an all die Menschen, die in so vielen Jahren dazu beigetragen haben, meine Bücher zu verlegen, zu drucken, zu vertreiben und zu verkaufen.

Über die Autorin

Claudia Rainville ist die Gründerin der Metamedizin und erfolgreiche Autorin. Ihre Bücher wurden in zahlreiche Sprachen übersetzt, wovon bislang mehrere hunderttausend Exemplare weltweit verkauft wurden. Die wissenschaftliche Ausbildung Rainvilles in medizinischer Mikrobiologie war die Grundlage für die Entwicklung der Methode, aber erst die langjährige Arbeit als Therapeutin, die auf der intensiven Zusammenarbeit mit dem Patienten beruht, rundete das Konzept ab.

Anhand ihrer eigenen Krankheitsgeschichte sowie an der ihrer Patienten kam sie den wahren Ursachen der Krankheiten auf die Spur, die immer tief in uns selbst liegen. Die Erforschung dieser Ursachen und ihre Transformation kann nicht nur zu Gesundheit, sondern auch zu großer Gelassenheit führen. Der Traum und das Ziel von Claudia Rainville waren es, dass alle therapeutischen Disziplinen ihre Anstrengungen vereinen und zusammenarbeiten, um gegenseitig voneinander profitieren zu können. Die Zusammenarbeit von Ärzten, Krankenschwestern, Homöopathen, Psychologen und allen anderen Therapeuten, die sich gegenseitig respektieren und helfen, würde zudem auch den Patienten von großem Nutzen sein. Die Unterschiede anzuerkennen und zu akzeptieren, bedeutet, bewusst die Illusion eines einzig wahren Wissens und die traditionellen Wege aufzugeben.

http://de.metamedecine.com

512 Seiten, gebunden
ISBN 978-3-96933-000-5
€ [D] 30,00

Claudia Rainville

Metamedizin 2.0

Jedes Symptom ist eine Botschaft

Vor 25 Jahren erschien Metamedizin zum ersten Mal. Es wurde zum Bestseller. Seitdem hat sich das Erfahrungsspektrum der Autorin erweitert und eine Überarbeitung erfordert, so ist ein fast neues Buch entstanden: Durch eine Synthese aus therapeutischen Erfahrungen und einer ganzheitlichen Betrachtung hat sie einen neuen Zugang zu Krankheiten gefunden.
So ist Metamedizin 2.0 ein Nachschlagewerk, das über die Symptombeseitigung hinausgeht, indem es den Fokus auf die Suche nach der wahren Ursache der Erkrankung legt.

304 Seiten, broschiert
ISBN 978-3-96933-040-1
€ [D] 25,00

Marilyn Mandala Schlitz, Cassandra Vieten, Tina Amorok

Innig leben

Die Kunst der Transformation

Die Erkenntnisse aus unserem langjährigen Forschungsprogramm über Transformation werden Ihnen helfen, inniger zu leben. Wenn Sie Ihr Leben transformieren, bereichern und vertiefen möchten, werden Sie hier einen wertvollen Leitfaden finden.
Ein Perspektivwechsel, der grundlegende Veränderungen bringt. Alles löst sich in Wohlgefallen auf, weil der Sinn und Zweck des Daseins endlich verstanden wird.
Bewusstseinstransformation ist das Wichtigste, was Sie für sich selbst und die Welt tun können.

320 Seiten, 2-farbig, broschiert
ISBN 978-3-89845-621-0
€ [D] 18,00

Sara Léux

Die neue Weiblichkeit leben

Sei stark, wild und leuchtend

Das neue Gesicht des Weiblichen.
Die neue Weiblichkeit leben ist ein Buch für moderne Frauen. Ein Buch für mutige Frauen und solche, die es werden wollen. Ein Erlebnis für Körper, Seele und Geist, damit deine Weiblichkeit immer stärker hervortreten und leuchten kann.
»Du bekommst mit diesem Buch das gesamte Rüstzeug an die Hand, um dich mit den reinen, hohen Schwingungen der weiblichen Aspekte zu verbinden und sie in dein Leben hineinzunehmen. So ist es ein Erlebnisbuch für dich – für die Erweckung deiner Urweiblichkeit und deiner Selbstheilung.«
Sei frei und lebe deine neue Weiblichkeit.

128 Seiten, 4-farbig, wattiert, gebunden
ISBN 978-3-89845-499-5
€ [D] 15,00

Irene Lauretti

Mit der Kraft deiner Hände

Energieheilgriffe für schnelles Wohlbefinden

Jederzeit schnell und effektiv Ihre Gesundheit stärken, Beschwerden lindern und Ihre Energiereserven auffüllen:
Irene Lauretti zeigt Ihnen, wie Sie Ihre Selbstheilungskräfte mobilisieren. Durch sanftes Halten der Finger und Berühren bestimmter Energiepunkte am Körper erreichen Sie jeden Bereich Ihres Seins. Die Heilgriffe geben Ihnen in jedem Augenblick genau das, was Ihr Körper und Ihre Seele gerade benötigen! Erreichen Sie ab sofort einfach und schnell mehr Wohlbefinden, Gesundheit und Vitalität!

168 Seiten, Klappenbr.
ISBN 978-3-89845-152-9
€ [D] 14,00

Franziska Krattinger

Ein Wort genügt!

... sich einfach umprogrammieren

Schalten Sie einfach um! – Manchmal genügt ein einziges Wort, um verborgene Haltungen ans Licht zu bringen oder Einstellungen zu ändern. Dabei gibt es spezielle Worte, die gleichsam eine magische Wirkung haben, da sie die Schlüssel zu unserem Unterbewusstsein sind: Schaltworte.
Schalten Sie einfach um! – und beobachten Sie die Veränderungen in Ihrem täglichen Leben, ohne dass Sie bewusst daran denken oder eine Vorstellung der Lösung haben müssen. Nutzen Sie die Kraft, eine Situation augenblicklich im besten und idealen Sinn zu verändern.

120 Seiten, 2-fbg., broschiert
ISBN 978-3-89845-452-0
€ [D] 12,95

Silke Gramer-Rottler

Was uns alle trägt

Die Kraft des Urvertrauens in einer reizüberfluteten Welt

Wir leben in einer schnelllebigen Welt, in der Hektik, Ignoranz und Ängste unseren Alltag bestimmen. Silke Gramer-Rottler zeigt uns, wie wir zurückfinden können zur berühmten Leichtigkeit des Seins. Sie erklärt uns, wie wir in unserem Leben wieder Raum schaffen können für die wesentlichen Dinge und wie dadurch die ganzen Unsicherheiten des Alltags verschwinden.
Dieses inspirierende Buch fordert uns alle auf, innezuhalten in unserer schnelllebigen, reizüberfluteten Welt und uns auf den Weg zu machen, unseren Ängsten zu begegnen, um zu erfahren, dass das Leben uns trägt.

168 Seiten, broschiert
ISBN 978-3-96933-006-7
€ [D] 16,00

Ingrid Theresia Bleier

Mit deinen 7 Sinnen zum gesunden Menschsein

Wie wir wieder lernen, uns selbst zu vertrauen

Wie lebe ich gesund und wie orientiere ich mich in turbulenten Zeiten? Das ist die Frage nach gesundem Menschsein und Menschbleiben. Das Wissen um die eigenen 7 Sinne zeigt uns einen einfachen Weg, wie wir zu Achtsamkeit, Balance und Klarheit finden. Der Mensch ist mehr als sein Körper – unser Sinnessystem ist der Zugang zu bewusster Wahrnehmung, Intuition und Selbstbestimmtheit. Das Buch ist ein Leitfaden für jeden, der sich auf seine 7 Sinne verlassen und einen inneren Kompass entwickeln möchte. Es öffnet neue Türen, um jede Herausforderung perfekt zu meistern und zugleich körperlich und seelisch gesund zu bleiben.

96 Seiten, 2-fbg., abgerundete Ecken, broschiert
ISBN 978-3-89845-665-4
€ [D] 12,00

Klaus G. Lieg

Die 7 Säulen der Resilienz

Mit ätherischen Ölen das Immunsystem der Seele stärken

Resilienz ist in aller Munde und Bücher oder Seminare zur Stärkung der psychischen Widerstandskraft boomen. Dabei geht es einfacher, zeitsparender und sanfter – mit der Kraft der ätherischen Öle. Der erfahrene systemische Psychologe und Emotionsregulationstherapeut Klaus G. Lieg stellt in seinem neuen Buch die 7 Säulen der Resilienz in Verbindung mit der Aromatherapie vor – eine Methode, die es uns ermöglicht, eine größere Belastbarkeit und innere Stärke zu entwickeln. Mithilfe der innovativen Kombination aus bewährten psychologischen Übungen und ätherischen Ölen gelingt es, Krisen zu bewältigen, flexibel auf wechselnde Anforderungen zu reagieren und stressreiche, frustrierende oder belastende Situationen souverän zu meistern.

256 Seiten, broschiert
ISBN 978-3-96933-015-9
€ [D] 15,00

Ilona Friederici – Deine Mutmacherin

So geht's mir gut!

Aus Krisen lernen

Ein Buch das zeigt, wie gerade in schwierigen Zeiten Wertvolles entstehen kann und dass Krisen auch zu einem Geschenk werden können. »So geht's mir gut« erzählt von einem Mädchen und einer jungen Frau. Die eine lebt im Himmel und die andere auf der Erde. Sie erleben diese aktuelle Zeit ganz unterschiedlich – oder auch wieder nicht. Du lernst durch die irdische und "himmlische" Sicht, wie das Leben wirklich funktioniert ... und so war es niemals leichter aus jeder Krise einen Ausweg zu finden, wenn man nur den Blickwinkel ändert.

160 Seiten, broschiert
ISBN 978-3-89845-611-1
€ [D] 14,00

Kurt Tepperwein

Vergiss dich nicht

Die 23 Tugenden für ein bewusstes Leben

Seit jeher sehnen wir uns nach Veränderungen. Wir probieren vieles aus und bemerken aber, dass wir immer wieder am gleichen Punkt landen.
Der erfolgreiche Autor Kurt Tepperwein lädt uns dazu ein, etwas genauer hinzusehen und das Leben mit 23 längst vergessenen Tugenden, die aktueller denn je sind, neu zu entdecken.
Dieses Buch geht mit dir den Weg in ein bewusstes Leben. Es rüttelt wach, fängt auf, harmonisiert und begleitet.
Es liegt nur an uns, diese Tugenden wieder zum Leben zu erwecken ...

192 Seiten, 2-farbig, broschiert
ISBN 978-3-96933-001-2
€ [D] 18,00

Peter Berliner

Pension ich

Was ich wirklich brauche

Welche Eigenschaften sind maßgeblich verantwortlich für unser unverwechselbares Profil? Sie sind die essenziellen Begleiter auf unserer Lebensreise.
Stellen Sie sich diese Begleiter wie Zimmer einer Pension vor, der Pension ICH. Sie selbst sind diese Pension. Ausgestattet mit elf Zimmern, die für Ihre Verhaltensweisen und Grundsätze stehen. Sie werden in diesen Räumen Zusammenhänge, Widersprüche und Chancen entdecken. Jeden Tag aufs Neue.
Buchen Sie jetzt und stoßen Sie die Tür weit auf zu einem neuen Leben!

144 Seiten, 2-farbig, broschiert
ISBN 978-3-89845-667-8
€ [D] 10,00

Melani B

Wortinspirationen für neue Blickwinkel

Tagesimpulse, um ins Tun zu kommen

Erlebe dich neu!
Lass dich durch die bunte Vielfalt der Wortinspirationen berühren. Durch eigene Eintragungen unter den Impulsen hast du die wundervolle Möglichkeit, Anregungen, neue Sichtweisen und Ideen sowie einen klaren Blick für eigenes Erfühlen, Erkennen und Handeln zu gewinnen.
Eine spannende Reise zu dir selbst beginnt. Denn die beste Zeit ist immer jetzt.
Neue Blickwinkel lohnen sich immer!